Die strafbefreiende Fremdanzeige gemäß § 371 Abs. 4 AO

Europäische Hochschulschriften
Publications Universitaires Européennes
European University Studies

Reihe II
Rechtswissenschaft

Série II Series II
Droit
Law

Bd./Vol. 4279

PETER LANG
Frankfurt am Main · Berlin · Bern · Bruxelles · New York · Oxford · Wien

Stefanie Zulauf

Die strafbefreiende Fremdanzeige gemäß § 371 Abs. 4 AO

PETER LANG
Europäischer Verlag der Wissenschaften

Bibliografische Information Der Deutschen Bibliothek
Die Deutsche Bibliothek verzeichnet diese Publikation in der Deutschen Nationalbibliografie; detaillierte bibliografische Daten sind im Internet über <http://dnb.ddb.de> abrufbar.

Zugl.: Berlin, Freie Univ., Diss., 2005

Gedruckt auf alterungsbeständigem,
säurefreiem Papier.

D 188
ISSN 0531-7312
ISBN 3-631-54617-3

Printed in Germany 1 2 3 4 5 7

www.peterlang.de

Meinen Eltern

Inhaltsverzeichnis

Abkürzungsverzeichnis

a.A.	anderer Ansicht
Abs.	Absatz
AG	Amtsgericht
AG	Aktiengesellschaft
allg.	allgemeine
Alt.	Alternative
Anm.	Anmerkung
AO	Abgabenordnung
AOStrafÄndG	Gesetz zur Änderung strafrechtlicher Vorschriften der Reichsabgabenordnung und anderer Gesetze
Art.	Artikel
AT	Allgemeiner Teil
Aufl.	Auflage
BayObLG	Bayerisches Oberstes Landesgericht
BayObLGE	Entscheidungen des Bayerischen Obersten Landesgerichts
BB	Betriebsberater
Beschl.	Beschluss
BFH	Bundesfinanzhof
BGB	Bürgerliches Gesetzbuch
BGH	Bundesgerichtshof
BGHSt	Entscheidungen des Bundesgerichtshofes in Strafsachen
BMF	Bundesministerium der Finanzen
BOStB	Berufsordnung der Steuerberaterkammer
BT-Drucks.	Bundestags-Drucksache
BVerfG	Bundesverfassungsgericht
BVerfGE	Entscheidungen des Bundesverfassungsgerichts
bzw.	beziehungsweise
d.h.	das heißt
DB	Der Betrieb
ders.	derselbe
DRiZ	Deutsche Richterzeitung
DStR	Deutsches Steuerrecht
DStZ	Deutsche Steuerzeitung
EAO	Entwurf einer Abgabenordnung

EFG	Entscheidungen der Finanzgerichte
EGInsO	Einführungsgesetz zur Insolvenzordnung
Einl.	Einleitung
EStG	Einkommensteuergesetz
ff.	folgende
FG	Finanzgericht
Fn.	Fußnote
FS	Festschrift
GA	Goltdammer´s Archiv für Strafrecht
GG	Grundgesetz
ggf.	gegebenenfalls
GmbH	Gesellschaft mit beschränkter Haftung
h.M.	herrschende Meinung
Halbs.	Halbsatz
Hrsg.	Herausgeber
i.S.d.	im Sinne des, im Sinne der
i.S.v.	im Sinne von
i.V.m.	in Verbindung mit
InsO	Insolvenzordnung
JW	Juristische Wochenschrift
JZ	Juristenzeitung
KG	Kommanditgesellschaft
KG	Kammergericht
KO	Konkursordnung
LG	Landgericht
LK	Leipziger Kommentar
m.w.N.	mit weiteren Nachweisen
MDR	Monatsschrift für Deutsches Recht
NJW	Neue Juristische Wochenschrift
Nr.	Nummer
NStZ	Neue Zeitschrift für Strafrecht
NStZ-RR	NStZ- Rechtsprechungs-Report-Strafrecht
NWB	Neue Wirtschafts-Briefe für Steuer- und Wirtschaftsrecht
OHG	Offene Handelsgesellschaft
OLG	Oberlandesgericht
OWiG	Ordnungswidrigkeitengesetz
PStr	Praxis Steuerstrafrecht
RAO	Reichsabgabenordnung
RFH	Reichsfinanzhof
RG	Reichsgericht

Rn.	Randnummer
RStBl	Reichssteuerblatt
S.	Seite
sog.	sogenannt
StB	Der Steuerberater
StBerG	Steuerberatungsgesetz
Stbg	Die Steuerberatung
StBp	Die Steuerliche Betriebsprüfung
StGB	Strafgesetzbuch
StGB-E	Entwurf eines Gesetzes zur Änderung des Strafgesetzbuches
StPO	Strafprozessordnung
StraBEG	Strafbefreiungserklärungsgesetz
StuW	Steuer und Wirtschaft
u.a.	unter anderen, unter anderem
v.	vom
v.H.	vom Hundert
vgl.	vergleiche
WiB	Wirtschaftsrechtliche Beratung
WiKG	Gesetz zur Bekämpfung der Wirtschaftskriminalität
wistra	Zeitschrift für Wirtschaft, Steuer, Strafrecht
z.B.	zum Beispiel
ZPO	Zivilprozessordnung
ZRP	Zeitschrift für Rechtspolitik
ZStW	Zeitschrift für die gesamte Strafrechtswissenschaft

Einführung

Die „Probleme beim Umgang mit der Selbstanzeige…"[1] nach § 371 Abs. 1 bis 3 AO sind in der steuerstrafrechtlichen Theorie und Praxis Alltag geworden. Die Zahl fachlicher Abhandlungen und Gerichtsentscheidungen ist seit längerem kaum mehr zu überschauen.

Die Fremdanzeige jedoch, die in Absatz 4 des § 371 AO normiert ist, ist bei den Betrachtungen der Selbstanzeige weitgehend ausgeklammert worden.

§ 371 Abs. 4 AO ordnet an, dass ein Dritter, der die in § 153 AO bezeichneten Erklärungen nicht oder nicht ordnungsgemäß abgegeben hat, strafrechtlich nicht verfolgt werden kann, sofern ein anderer die in § 153 AO vorgesehene Anzeige rechtzeitig und ordnungsgemäß erstattet.

Die strafbefreiende Wirkung tritt demzufolge im Unterschied zur Selbstanzeige nicht bei dem Anzeigeerstatter, sondern ohne eigenes Tätigwerden bei einer dritten Person ein. Zu Gunsten des Dritten entsteht ein Strafverfolgungshindernis[2] und nicht etwa wie bei der Selbstanzeige ein Strafaufhebungsgrund. Darüber hinaus kennt § 371 Abs. 4 AO nur einen Ausschlussgrund, während die strafbefreiende Wirkung der Selbstanzeige in drei Fällen ausgeschlossen ist.

Erstmals im Jahre 1990 setzte sich *Samson*[3] mit der Fremdanzeige näher auseinander. Die erste Dissertation zu diesem Thema erschien 1994 von *Boelsen.*[4] Durch das OLG Stuttgart[5] und das AG[6] und LG Bremen[7] folgten 1996 und 1998 die ersten Gerichtsentscheidungen. Die Gerichte sind sich ebenso wie die Literatur in der Auslegung des § 371 Abs. 4 AO uneinig. Mit der obergerichtlichen Entscheidung des OLG Stuttgart wurde die Diskussion wieder angefacht. Dar-

1 So auszugsweise der Titel eines Aufsatzes von *Theil* BB 1983, 1274 ff.: Die „Probleme beim Umgang mit der Selbstanzeige" sind in der steuerstrafrechtlichen Diskussion inzwischen zu einem geflügelten Wort geworden. Vgl. statt vieler *Bilsdorfer* wistra 1984, 93 ff.; *Schmitz* DStR 2001, 1821 ff.

2 *Rüping* in H/H/S, § 371 AO Rn. 200; *Joecks* in Franzen/Gast/Joecks, § 371 Rn. 221; *Boelsen*, S. 13; *Samson* wistra 1990, 245 (245).

3 *Samson* wistra 1990, 245 ff.

4 *Boelsen*, Die Regelung des § 371 Abs. 4 der Abgabenordnung 1977, 1994.

5 OLG Stuttgart wistra 1996, 190 ff.

6 AG Bremen wistra 1998, 316 f.

7 LG Bremen wistra 1998, 317 f.

aufhin befasste sich *Daude*[8] in ihrer Dissertation intensiver mit dem Institut der Fremdanzeige.

Trotz dieser Erörterungen über die Auslegung der einzelnen Tatbestandsmerkmale des § 371 Abs. 4 AO stellen sich nach wie vor ungelöste Fragen. Insbesondere existiert eine Auseinandersetzung mit den materiellen Prinzipien, die dem § 371 Abs. 4 AO zu Grunde liegen und die deshalb als Auslegungsrichtlinien herangezogen werden könnten, bisher nicht. Die Schwierigkeit einer Einordnung der Vorschrift mag an ihrem steuerpolitischen Ausnahmecharakter liegen; im übrigen regulären Strafrecht ist ein derart weitgehendes Angebot von obligatorisch eintretender Straffreiheit im Fall der Offenbarung durch einen Dritten und der Wiedergutmachung eines bereits eingetretenen Schadens nicht anzutreffen.

Über die Frage, wer „Dritter" im Rahmen des § 371 Abs. 4 AO ist, besteht weder in der Literatur[9] noch in der Rechtsprechung[10] Konsens.

Durch die Reduzierung der Ausschlussgründe im Verhältnis zur Selbstanzeige drängt sich zudem die praktisch äußerst relevante Frage auf, ob es Möglichkeiten gibt, die strafbefreiende Wirkung auch dann noch zu erzielen, wenn die Selbstanzeige bereits ausgeschlossen ist.

---

8 *Daude*, Die strafbefreiende Drittanzeige gemäß § 371 Abs. 4 AO, 2001.

9 Für eine extensive Auslegung: *Samson* wistra 1990, 245 (249 ff.); *Boelsen*, § 371 Abs. 4 AO, S. 72 ff.; *Daude*, Drittanzeige, S. 77 ff.; *Joecks* in Franzen/Gast/Joecks, § 371 Rn. 228 ff.; *Streck*, Die Steuerfahndung, Rn. 290; *Füllsack* wistra 1997, 285 ff.; Klein/*Gast-de Haan*, § 371 Rn. 62; *Quedenfeld/Füllsack*, Verteidigung in Steuerstrafsachen, Rn. 381 f.; *Kottke* DStR 1996, 1350 (1352); *Flore/Dörn/Gillmeister*, Steuerfahndung, S. 304 f.; *Grötsch* Stbg 1998, 559 (562); *Dörn* Stgb 1998, 562 (563); wohl auch *Simon*/Vogelberg, Steuerstrafrecht, S. 204 f. Dagegen für eine restriktive Auslegung: *Jarke* wistra 1999, 286 (287 ff.); *Wassmann*, Kommentar zu § 371 AO, S. 113 f.; *Dumke* in Schwarz, § 371 Rn. 188 ff.; *Rüping* in H/H/S, § 371, Rn. 221 ff.; *Weinreuter* DStZ 2000, 398 (409); *Bilsdorfer* WiB 1996, 961; ders. in Suhr/Naumann/Bilsdorfer Rn. 537; *Kohlmann*, § 371 Rn. 283.3; *Kemper* in Leise/Dietz/Cratz, § 371 Rn. 131; *Brauns* wistra 1985, 171 (174); *Marschall* BB 1998, 2553 (2559); *Bäckermann/van Helden*, Steuerstraftaten, S. 93; wohl auch *Schmitz* DStR 2001, 1821 (1826).

10 Für eine extensive Auslegung: AG Bremen wistra 1998, 316 f.; LG Bremen wistra 1998, 317 f.; für eine restriktive Auslegung: OLG Stuttgart wistra 1996, 190 ff.

Teil 1: Erklärung der Fremdanzeige

Im Folgenden soll zunächst der Versuch unternommen werden, die steuerstrafrechtliche Fremdanzeige systematisch einzuordnen und nach ihrem Sinn und Zweck zu erklären. Die wohl herrschende Ansicht sieht in der Fremdanzeige ein fiskalpolitisches Instrument zur Erhöhung des Steueraufkommens.[1] Denn die in § 371 Abs. 4 S. 2 i.V.m. § 371 Abs. 3 AO angeordnete Nachzahlungspflicht könnten nur rein fiskalische Interessen erklären.[2] Eine andere Ansicht will die Regelung primär strafrechtlich erklären. Der Sinn der Vorschrift liege im Schutz des Anzeigeerstatters vor fremder Denunziation[3]. Die Vorschrift solle verhindern, dass jemand mit der Abgabe der Erklärung nach § 153 AO Dritte der Strafverfolgung aussetzte, die ihrerseits die Abgabe der Erklärung unterlassen oder eine unrichtige oder unvollständige Erklärung angegeben haben. Bliebe die strafrechtliche Verantwortung anderer Personen bestehen, so könnte dies jemanden, der nach § 153 AO verpflichtet ist, eine falsche Erklärung zu berichtigen, davon abhalten, dies zu tun.[4] Wieder andere führen die Vorschrift auf eine Kumulation von fiskalischen und strafrechtlichen Interessen zurück, ohne einer der beiden Interessen Vorrang einzuräumen.[5]

Um Auslegungsrichtlinien gewinnen zu können, soll jedoch zunächst untersucht werden, ob sich die Fremdanzeige in das „System" der Rücktrittsregeln oder als Vorschrift über die tätige Reue einordnen lässt. Ferner soll das Verhältnis der Fremdanzeige zum Täter-Opfer-Ausgleich im Sinne von § 46 a StGB sowie zum Strafbefreiungserklärungsgesetz (StraBEG) erörtert werden.

---

1 *Rüping* in H/H/S, § 371 Rn. 201; *Samson* wistra 1990, 245 (250 f.); *Daude*, Drittanzeige, S. 18 f.; *Jarke* wistra 1999, 286 (289).

2 *Samson* wistra 1990, S. 245 (250).

3 *Joecks* in Franzen/Gast/Joecks, § 371 Rn. 18 ff., insbesondere Rn. 31, Rn. 221; Klein/*Gast – de Haan*, § 371 Rn. 60.

4 Begründung zum Entwurf der AO 1977, BT- Drucks. VI/1982, Band 148, zu § 354 AO, S. 195; *Joecks* in Franzen/Gast/Joecks, § 371 Rn. 221.

5 *Wassmann*, Kommentar zu § 371 AO, S. 109; *Füllsack* wistra 1997, 285.

A) Versuch einer systematischen Einordnung des § 371 Abs. 4 AO

I. Die Einordnung des § 371 Abs. 4 AO in das „System" der Rücktrittsvorschriften

Bisher wurde die Fremdanzeige, anders als die Selbstanzeige, nicht mit den Rücktrittsvorschriften in Zusammenhang gebracht. Lediglich *Samson* und *Boelsen* stellten kurz klar, dass das Strafverfolgungshindernis in § 371 Abs. 4 AO keinerlei Parallelen zum strafbefreienden Rücktritt nach § 24 StGB aufweise.[6] In der Tat unterscheidet sich die Fremdanzeige vom Rücktritt nicht unerheblich.

1. Vergleich des Rücktritts mit der Fremdanzeige

Nach § 24 Abs. 1 S. 1 StGB wird der Täter nicht wegen Versuchs bestraft, wenn er entweder die weitere Ausführung der Tat freiwillig aufgibt oder die Vollendung der Tat durch eigene Tätigkeit verhindert. Wird die Tat ohne Zutun des Zurücktretenden nicht vollendet, so wird er straflos, wenn er sich freiwillig und ernsthaft bemüht, die Vollendung zu verhindern (§ 24 Abs. 1 S. 2 StGB).

a) Dogmatische Einordnung

Der Rücktritt stellt nach der h.M.[7] einen persönlichen Strafaufhebungsgrund, die Fremdanzeige dagegen ein Strafverfolgungshindernis dar. Dieser dogmatische Unterschied ergibt sich schon aus dem Wortlaut des Gesetzes. Während der Täter in § 24 StGB „nicht bestraft" bzw. „straflos wird", bestimmt § 371 Abs. 4 AO ausdrücklich, dass der Täter „strafrechtlich nicht verfolgt" wird. Sowohl ein Strafaufhebungsgrund als auch ein Strafverfolgungshindernis führen zwar im Endergebnis zu einer Strafbefreiung des durch die jeweilige Norm Begünstigten. Der dogmatische Unterschied ist jedoch nicht unerheblich. Persönliche Strafaufhebungsgründe sind in der Person des Täters liegende Umstände, die erst nach begangener Tat eintreten und damit einen schon entstandenen Strafanspruch beseitigen.[8] Der Rücktritt verschafft dem Täter eine Aussicht auf Straffreiheit, die nach Erfüllung einiger Voraussetzungen, insbesondere eines eigenen Willensent-

---

6 *Samson* wistra 1990, 245 (250); *Boelsen*, S. 13.

7 *Tröndle/Fischer*, § 24 Rn. 2; S/S-*Eser*, § 24 Rn. 4; Lackner/*Kühl*, § 24 Rn. 1; LK-*Lilie/Albrecht*, § 24 Rn. 43; *Jescheck/Weigend* AT S. 548; nach a.A. begründet § 24 StGB einen Entschuldigungsgrund. So *Roxin*, Heinitz-FS, S. 251 (273); *Rudolphi*, ZStW 85 (1973), 119 ff.

8 Tröndle/*Fischer*, Vor § 32 Rn. 17; *Kemper* in Leise/Dietz/Cratz, § 371 Rn. 100; *Joecks* in Franzen/Gast/Joecks, § 37 Rn. 32.

schlusses und einer (mit Ausnahme des untauglichen Versuchs) aktiven Abwendung der materiellen Rechtsgutsverletzung zur Straffreiheit führt, d. h. der vorhandene Strafanspruch wird rückwirkend beseitigt. Strafverfolgungshindernisse dagegen lassen Straftat und staatlichen Strafanspruch unberührt, hindern aber die Durchführung eines Strafverfahrens.[9] Das Strafverfolgungshindernis entsteht (außer in Fällen der Manipulation)[10] unabhängig von einem eigenen Willensentschluss des Täters. Im Extremfall weiß der Täter der Steuerhinterziehung bei der Fremdanzeige nicht einmal, dass ein anderer ihn durch die Erfüllung der Pflicht aus § 153 AO vor einer Strafverfolgung bewahrt hat. Der Täter wird nicht wie beim Rücktritt freigesprochen bzw. schon von der Erhebung der Anklage mangels hinreichenden Tatverdachts verschont, vielmehr darf ein Strafverfahren überhaupt nicht eingeleitet werden.

b) Merkmal des Versuchsstadiums

Ein Rücktritt ist nur im Versuchsstadium möglich. Mit Eintritt der Vollendung einer Straftat ist der Rücktritt also ausgeschlossen. Bei der Steuerhinterziehung nach § 370 AO beginnt der Versuch mit Abgabe der Steuererklärung bzw. mit dem vorsätzlichen Unterlassen der Anzeigepflicht aus § 153 AO.[11] Die Vollendung der Steuerhinterziehung tritt grundsätzlich mit der unrichtigen Steuerfestsetzung bzw. mit Ablauf des gesetzlich bestimmten Fälligkeitstages ein.[12] Bei der Nichtabgabe der Steuererklärung tritt der Verkürzungserfolg und damit die Vollendung der Steuerhinterziehung bei Veranlagungssteuern allerdings mit Abschluss der Veranlagung der betroffenen Steuer im Bezirk der zuständigen Finanzbehörde ein.[13]

Die Wirkung der Fremdanzeige wird, zwar nicht zwingend, aber doch in der Regel erst nach Vollendung einer Steuerhinterziehung eintreten. Der durch die Fremdanzeige Begünstigte hat zum Zeitpunkt der Anzeige nach § 153 AO nämlich seinerseits die in § 153 AO bezeichneten Erklärungen nicht, unrichtig oder unvollständig abgegeben. Im Zeitpunkt der Anzeige durch einen Dritten wird die Steuer in der Regel bereits festgesetzt worden und damit die Steuerhinterziehung gemäß § 370 AO häufig voll- oder gar beendet sein.

---

9 *Meyer-Goßner*, StPO, Einl. 143; Tröndle/*Fischer*, Vor § 32 Rn. 19.

10 Zu den Manipulationsmöglichkeiten siehe unter Teil 3: C).

11 *Joecks* in Franzen/Gast /Joecks, § 370 Rn. 261; Klein/*Gast-de Haan*, § 370 Rn. 60; *Rolletschke* in Leise/Dietz/Cratz, § 370 Rn. 153 f..

12 *Hellmann* in H/H/S, § 370 Rn. 150; vgl. *Schuhmann* wistra 1994, 45 (48); Klein/*Gast-de Haan*, § 370 Rn. 61.

13 *Hellmann* in H/H/S, § 370 Rn. 150; *Joecks* in Franzen/Gast/Joecks, § 370 Rn. 37; BGHSt 37, 340 (344 f.).

Es ist allerdings auch eine Fremdanzeige im Versuchsstadium denkbar. Das soll folgendes Beispiel verdeutlichen:

Der Geschäftsführer G 1 reicht vorsätzlich eine zu niedrige Steuererklärung ein und stellt noch vor Festsetzung der Steuer zwei neue Geschäftsführer, G 2 und G 3, ein. Wenn nun G 2 ordnungsgemäß die Berichtigungserklärung nach § 153 AO abgibt, während G 3 dies vorsätzlich unterlässt, dauert das Versuchsstadium bis zur Festsetzung der Steuer noch an.

G 1 begeht eine versuchte Steuerhinterziehung durch aktives Tun gemäß § 370 Abs. 1 Nr. 1, Abs. 2 AO und G 3 durch Unterlassen gemäß § 370 Abs. 1 Nr. 2, Abs. 2 AO. Zu Gunsten von G 3 wirkt jedoch die Fremdanzeige des G 2. Ob auch G 1 in den durch die Fremdanzeige geschützten Personenkreis fällt, ist streitig und soll später ausführlich erörtert werden. Fest steht jedenfalls, dass eine Überschneidung mit den Rücktrittsregeln denkbar ist. G 3 könnte in diesem Fall also entweder die Fremdanzeige wirken lassen oder selbst nach § 24 Abs. 1 S. 1 Alt. 2 StGB zurücktreten, indem er den zuständigen Amtsträger vor Festsetzung der Steuer über die unrichtigen Angaben informiert. Dadurch verhindert er die unrichtige Steuerfestsetzung und damit die Vollendung der durch ihn veranlassten Steuerhinterziehung.

Ferner besteht die Möglichkeit, eine Selbstanzeige nach § 371 Abs. 1 AO zu erstatten, zumal diese vor Festsetzung der Steuer noch nicht nach § 371 Abs. 2 AO ausgeschlossen ist.[14]

Damit bleibt festzuhalten, dass die Fremdanzeige wie der Rücktritt im Stadium des Versuchs Anwendung findet. Allerdings ist eine wirksame Fremdanzeige auch nach Deliktsvollendung möglich, während ein Rücktritt vom vollendeten Delikt ausgeschlossen ist.

c) Merkmal der Freiwilligkeit

Das Kriterium der Freiwilligkeit, welches in § 24 StGB ausdrücklich vorausgesetzt wird, ist bei einer Fremdanzeige nicht vorhanden.

In den Fällen, in denen eine eigenständige Handlung des durch die Fremdanzeige Begünstigten nicht erforderlich ist, kann diese selbstverständlich auch unfreiwillig erfolgen. In den Fällen des § 371 Abs. 4 S. 2 i.V.m. § 371 Abs. 3 AO könnte das Merkmal der Freiwilligkeit allenfalls an die Nachzahlung der verkürzten Steuern anknüpfen. Dagegen könnte jedoch schon sprechen, dass § 371

---

14 Zum Konkurrenzverhältnis von Selbstanzeige und Rücktritt: BGHSt 37, 340 (345 f.), *Rüping* in H/H/S, § 371 Rn. 225 ff.; *Scheurmann-Kettner* in Koch/Scholtz, § 371 Rn. 47; *Joecks* in Franzen/Gast/Joecks, § 371 Rn. 232 ff.; *Kottke* DStZ 1998, 151 ff.; *Pfaff*, Steuerzuwiderhandlungen und Wirtschaftskriminalität, S. 138 f.; *Wassmann*, Kommentar zu § 371 AO, S. 115 ff.

Abs. 3 und 4 AO im Unterschied zu den Rücktrittsvorschriften, welche die Freiwilligkeit des Rücktrittsverhaltens als Voraussetzung für die Straffreiheit bzw. Strafmilderung ausdrücklich fordern, ein solches subjektives Merkmal weder explizit noch inzident aufweisen. Würde man das in § 24 StGB aufgestellte Freiwilligkeitserfordernis auf die Fremdanzeige übertragen, läge darin eine unzulässige Analogie zu Lasten des Täters.[15] Darüber hinaus würde das Rechtsinstitut mit einer Reihe von Unsicherheitsfaktoren belastet, was dem Prinzip der Rechtssicherheit widerspräche. Denn ob die Fremdanzeige bzw. die Steuernachzahlung unfreiwillig erfolgt, ist vornehmlich eine Auslegungsfrage. Um dem Anzeigeerstatter und dem Täter jedes Risiko zu nehmen, verwendet das Gesetz lediglich äußere Tatsachen als Ausschlussgründe, deren Vorhandensein objektiv feststellbar ist.

Ein fehlendes Freiwilligkeitsmerkmal wäre nur dann kein Hindernis für eine systematische Einordnung in die Rücktrittsvorschriften, wenn ein Freiwilligkeitskriterium gar nicht erforderlich wäre. Einige Stimmen in der Literatur halten das in § 24 StGB explizit aufgeführte Tatbestandsmerkmal der Freiwilligkeit für eine rücktrittsdogmatische Einordnung anderer Vorschriften für entbehrlich, da dessen genaue Definition umstritten sei und es in den dem § 24 StGB vorhergehenden Bestimmungen nicht unbedingt Vorläufer finde.[16] In der Tat fällt bei einem Vergleich des § 371 Abs. 4 AO mit §§ 158, 163 Abs. 2 StGB – klassische Regelungen tätiger Reue – auf, dass diese lediglich eine rechtzeitige Berichtigung der falschen Angaben verlangen. Freiwilligkeit der Berichtigung ist bei ihnen nicht erforderlich.[17] Entsprechendes gilt für §§ 239 a Abs. 4, 239 b Abs. 2 StGB. Auch bei diesen Vorschriften über die tätige Reue kommt es nicht auf einen freiwilligen Rücktritt an. Somit ist nicht zwingend ein Freiwilligkeitsmerkmal für eine rücktrittsdogmatische Einordnung zu fordern. Allein das nicht vorhandene Element der Freiwilligkeit steht einer systematischen Einordnung in die Rücktrittsregelungen also nicht entgegen.

d) Merkmal der aktiven Abwendung der Rechtsgutverletzung

Die in den Rücktrittsregeln angeordnete Strafbefreiung hat ihre Ursache stets im persönlichen Verhalten des Zurücktretenden. Die Fremdanzeige nach § 371 Abs. 4 S. 1 AO dagegen kommt einem Straftäter zugute, der selbst keine aktive Abwendung der materiellen Rechtsgutverletzung unternommen hat, um in die Le-

---

15 So bereits zur Selbstanzeige *Rüping* in H/H/S, § 371 Rn. 14, 27; *Lenckner/Schumann/Winkelbauer* wistra 1983, 123 (123).

16 *Löffler*, Selbstanzeige, S. 149 ff.; *Joecks* in Franzen/Gast/Joecks, § 371 Rn. 27.

17 BGHSt 4, 172 (175); *Tröndle/Fischer*, § 158 Rn. 3; S/S-*Lenckner*, § 158 Rn. 4.

galität zurückzukehren. Stattdessen profitiert er von dem pflichtbewussten Verhalten eines Dritten.

Zwar wird in vielen Fällen § 371 Abs. 4 S. 2 i.V.m. § 371 Abs. 3 AO einschlägig sein: Sofern der Täter zum eigenen Vorteil handelte und eine Steuerverkürzung bereits eingetreten ist, wird ihm doch eine eigene Tätigkeit in Form einer fristgerechten Nachentrichtung der verkürzten Steuern abverlangt, um zur Straffreiheit zu gelangen. Eine tatsächlich vergleichbare Situation mit dem Rücktritt ist dennoch in diesem Fall nicht gegeben. Denn bei der Fremdanzeige fehlt es im Unterschied zum Rücktritt an einem eigenen aktiven Anstoß zur Herbeiführung der Straffreiheit. Selbst wenn der durch die Fremdanzeige Begünstigte nach § 371 Abs. 4 i.V.m. § 371 Abs. 3 AO in Form einer Steuernachentrichtung selbst tätig werden muss, um einem Strafverfahren zu entkommen, so ist dies nur die Folge des Tätigwerdens in Form einer Anzeige einer anderen Person. Während also das StGB mit dem Rücktritt eine Abwendung der eigentlichen Rechtsgutverletzung belohnt, lässt § 371 Abs. 3 AO die Schadensbeseitigung bzw. Schadenswiedergutmachung zu, zu der der Steuerhinterzieher durch die erstattete Fremdanzeige gewissermaßen gezwungen wird.[18] Würde der Steuerhinterzieher die Steuern nämlich nicht nachentrichten, würde er auf jeden Fall strafrechtlich verfolgt werden, da die Tat ja bereits angezeigt wurde.

Der Umstand, dass bei der Fremdanzeige nicht der eigentliche Steuerhinterzieher den Anstoß zur Straffreiheit setzt, ist mit den Regelungsgründen des Rücktritts nicht vereinbar.

Damit ist festzustellen, dass eine Einordnung der Fremdanzeige in das System der Rücktrittsvorschriften nicht möglich ist.

2. Vergleich zur rücktrittsdogmatischen Erklärung bei der Selbstanzeige

Allenfalls könnte sich dann etwas anderes ergeben, wenn man die Fremdanzeige in der Zusammenschau mit der Selbstanzeige betrachtet. Bei der Selbstanzeige existieren nämlich sehr wohl Ansätze einer rücktrittsdogmatischen Erklärung.[19] Im Gegensatz zur herrschenden Fiskaltheorie, die auf dem Anreizeffekt aufbaut, stellt dieser Erklärungsansatz stärker auf den Gesetzeswortlaut ab. Das Gesetz fordere vom Täter nicht nur, die zu seinen Gunsten hinterzogenen Beträge zurückzuzahlen und dadurch das staatliche Steueraufkommen zu erhöhen, sondern darüber hinaus, dass er – unabhängig vom fiskalischen Nutzen – sein Unrechtsverhalten richtig stelle, indem er nachträglich gemäß den ihn ursprünglich tref-

18 Vgl. *Lenckner/Schumann/Winkelbauer* wistra 1983, 123.

19 *Löffler*, Selbstanzeige, S. 105 ff.; Tipke/Lang-*Seer*, § 23, Rn. 55; *List*, Selbstanzeige, S. 10 ff.; vgl. auch *Kühn/Hofmann*, § 371 AO Rn. 1.

fenden steuerlichen Pflichten handele. Berücksicht werden müsse ferner, dass das Gesetz – wiederum unabhängig vom fiskalischen Nutzen – das richtige Verhalten dann nicht honoriere, wenn sich der Täter hierzu erst unter dem Eindruck staatlicher Ermittlungstätigkeit bzw. bevorstehender oder schon erfolgter Tatentdeckung entschließe. Deshalb rechtfertige nicht unmittelbar der Schutz des Rechtsguts „staatliches Steueraufkommen“, sondern das Verhalten des Täters als solches die Rechtsfolge „Straffreiheit“.[20]

Zu untersuchen ist, ob diese Ansätze auf die Fremdanzeige übertragen werden können. Das wäre allerdings nur dann möglich, wenn die Selbst- und die Fremdanzeige enger miteinander verbunden wären, als bisher angenommen.[21] Immerhin ist die Fremdanzeige bereits systematisch als Absatz 4 des § 371 AO in die Selbstanzeigeregeln eingegliedert; und § 371 AO ist lediglich mit der amtlichen Überschrift „Selbstanzeige im Steuerrecht“ und nicht etwa „Selbstanzeige und Fremdanzeige im Steuerrecht“ versehen.

Darüber hinaus verweist § 371 Abs. 4 S. 2 AO auf die Selbstanzeigeregelung des § 371 Abs. 3 AO. Sofern der Täter zum eigenen Vorteil handelte und eine Steuerverkürzung bereits eingetreten ist, wird ihm also wie bei der Selbstanzeige und beim Rücktritt eine eigene Tätigkeit abverlangt. Ohne eine fristgemäße Nachentrichtung der verkürzten Steuern tritt ein Strafverfolgungshindernis nicht ein.

Ferner gibt es auch einen inhaltlichen Zusammenhang zwischen den Anzeigen. Eine Selbstanzeige kann nämlich zugleich eine Fremdanzeige darstellen.[22] Das ist dann anzunehmen, wenn der aus § 153 AO Verpflichtete eine Selbstanzeige für den Dritten als Steuerpflichtigen in verdeckter Stellvertretung[23] abgibt. Diese Selbstanzeige stellt dann gleichzeitig eine Fremdanzeige dar. Fest steht also zumindest, dass die Selbst- und die Fremdanzeige sehr wohl miteinander verflochten sind und Ähnlichkeiten aufweisen.

Diese aufgezeigten Verbindungen sind ohne Frage bedeutsam für die Auslegung des § 371 Abs. 4 AO. Allerdings reichen sie nicht aus, um die Fremdanzeige in das System der Rücktrittsvorschriften einzugliedern. Denn gerade die Merkmale, die die Selbstanzeige mit dem Rücktritt vergleichbar machen, fehlen bei der Fremdanzeige.

So handelt es sich sowohl bei der Selbstanzeige als auch beim Rücktritt um einen persönlichen Strafaufhebungsgrund, bei der Fremdanzeige dagegen um ein

---

20 *Löffler*, Selbstanzeige, S. 103 f.

21 Vgl. *Kohlmann*, § 371 Rn. 275, der die Fremdanzeige im Rahmen des § 371 AO als „Fremdkörper“ bezeichnet.

22 OLG Stuttgart wistra 1996, 190 (191); *Füllsack* wistra 1997, 285 (286); *Rüping* in H/H/S, § 371 Rn. 223; *Bornheim/Birkenstock*, Steuerfahndung, S. 146.

23 Zur verdeckten Stellvertretung siehe unter Teil 3: C) 7. e).

Strafverfolgungshindernis. Die dogmatische Einordnung der Selbstanzeige ergibt sich ebenfalls bereits aus dem Wortlaut des Gesetzes.

Ferner wird der Täter der Steuerhinterziehung bei der Selbstanzeige ebenso wie beim Rücktritt selbst aktiv tätig. Der Rücktritt wirkt nur für den Beteiligten, der in seiner Person die Voraussetzungen erfüllt.[24] Bei der Selbstanzeige ist es dem Steuerhinterzieher selbstverständlich unbenommen, die Anzeige höchstpersönlich zu erstatten. In diesem Fall ist eine echte Parallele zum Rücktritt vorhanden. Allerdings ist es für eine wirksame Selbstanzeige auch ausreichend, wenn der Täter die Abgabe der Berichtigungserklärung veranlasst und diese ihm deshalb zuzurechnen ist.[25] Erforderlich ist lediglich, dass der Täter seinen Vertreter nach der Tat und vor Abgabe der Selbstanzeige bevollmächtigt, um für sich Straffreiheit zu erreichen.[26] Bei der Fremdanzeige dagegen wird die Anzeige nie durch den Steuerhinterzieher persönlich erstattet, sondern stets durch den nach § 153 AO Verpflichteten veranlasst. Eine Parallele zum Rücktritt über den Vergleich mit der Selbstanzeige ist also nicht gegeben. In den Fällen, in denen die Fremdanzeige zugleich eine Selbstanzeige darstellt, handelt es sich stets um eine in Vertretung abgegebene Selbstanzeige. Gerade diese Form der Selbstanzeige weist jedoch keine Gemeinsamkeiten mit dem Rücktritt auf.

Aufgrund der elementaren Unterschiede der Fremdanzeige im Vergleich zum Rücktritt kann die Fremdanzeige in das System der Rücktrittsvorschriften nicht eingeordnet werden.

II. Die Einordnung des § 371 Abs. 4 AO als tätige Reue

Als sog. tätige Reue wird das nach (formeller) Deliktsvollendung erfolgende rücktrittsähnliche Verhalten in einigen Vorschriften des Besonderen Teils des StGB als strafbefreiend oder strafmildernd berücksichtigt.[27]

---

24 Tröndle/*Fischer*, § 24 Rn. 2; Lackner/*Kühl*, § 24 Rn. 24 m.w.N.

25 *Bornheim/Birkenstock*, Steuerfahndung, S. 147; *Lohmeyer* DStR 1964, 446 (447); *Joecks* in Franzen/Gast/Joecks, § 371 Rn. 79; *Burghard* StBp 2003, 15.

26 *Joecks* in Franzen/Gast/Joecks, § 371 Rn. 80; *Rüping* in H/H/S, § 371 Rn. 40; *Lohmeyer* DStR 1964, 446; a.A. lediglich *Burghard* StBp 2003, 15 (16).

27 Z.B.: §§ 83 a, 87 Abs. 3, 98 Abs. 2, 99 Abs. 3, 129 Abs. 6, 158, 163 Abs. 2, 239 a Abs. 4, 239 b Abs. 2, 264 Abs. 5, 265 b Abs. 2, 266 a Abs. 5, 306 e, 314 a, 320, 330 b StGB.

1. Deliktsvollendung

Soweit das Strafrecht dem Täter Möglichkeiten eröffnet, Straffreiheit durch ein bestimmtes rücktrittsähnliches Verhalten zu erlangen, nachdem die Tat bereits ins Vollendungsstadium eingetreten ist, handelt es sich in der Regel um Tatbestände, in denen der Zeitpunkt der formellen Vollendung vorverlegt ist und der Eintritt eines bestimmten Erfolges, auf den die Tat abgezielt hat, nicht zu den Voraussetzungen der Verwirklichung des Tatbestandes gehört.[28] Demnach wäre § 371 Abs. 4 AO diesen Regeln nicht zuzuordnen. Denn die Fremdanzeige eröffnet die Möglichkeit, nach materieller Vollendung und Beendigung der Tat in den Genuss der Strafverfolgungsfreiheit zu gelangen. Der Täter braucht also auch Jahre nach der Tat, nachdem er das durch die Nichtanzeige nach § 153 AO ersparte Kapital für sich hat arbeiten lassen und Gewinne erzielen konnte, letztlich keine Furcht vor der Berichtigung durch einen Dritten zu haben. Wenn dieser seiner Berichtigungspflicht aus § 153 AO nachkommt, wird der Täter strafrechtlich nicht verfolgt. Abgesehen von der gemäß § 371 Abs. 3 AO erforderlichen Nachentrichtung der hinterzogenen Steuer zuzüglich der maßvollen Hinterziehungszinsen[29] braucht der Täter nicht einmal damit zu rechnen, dass der aus der Tat gezogene Gewinn abgeschöpft wird.[30]

Allerdings kennt das Gesetz auch einige der tätigen Reue zugeordnete Vorschriften, in denen der Täter ebenfalls den bereits eingetretenen materiellen Erfolg durch eigene Tätigkeit wieder aufhebt bzw. den Schaden wiedergutmacht und dadurch Strafmilderung bzw. Straffreiheit erlangen kann.[31] Zu diesen Vorschriften zählen die §§ 158, 163 Abs. 2, 239 a Abs. 3, 98 Abs. 2, 99 Abs. 3 und 266 a Abs. 6 StGB.

Zum Beispiel ist es bei den §§ 158, 163 Abs. 2 StGB möglicherweise aufgrund der falschen Aussage des Täters bereits zu einer falschen Feststellung eines Sachverhalts gekommen und damit das Rechtsgut der Aussagedelikte verletzt worden. Eine danach erfolgte Berichtigung des Täters hat schadensaufhebenden Charakter.[32] Besonders deutlich wird dies bei § 266 a Abs. 6 StGB, der im Rahmen des 2. WiKG ins StGB eingefügt und durch Art. 8 des Gesetzes zur Erleichterung der Bekämpfung von illegaler Beschäftigung und Schwarzarbeit vom 23.7.2002 neu gefasst wurde. Danach kann ein Täter, der als Arbeitgeber

28 *Brauns* wistra 1985, 171; *Rüping* in H/H/S, § 371 Rn. 15.
29 Die Hinterzeihungszinsen betragen gem. § 238 Abs. 1 AO monatlich 0,5 v.H. des hinterzogenen Betrages, jährlich also nur 6 v.H.
30 Insbesondere die Anordnung des Verfalls gemäß § 73 Abs. 1, § 76 a Abs. 1, 3 StGB scheidet bei einer zwingenden Verfahrenseinstellung aus. (LK-*Schmidt*, § 73 Rn. 15).
31 Vgl. *Riegel/Kruse* NStZ 1999, 325 (326).
32 *Jescheck/Weigend* AT S. 547; *Löffler*, Selbstanzeige, S. 121.

Beiträge zur Sozialversicherung der Einzugsstelle vorenthält, dadurch obligatorische Straffreiheit erlangen, dass er u.a. diese Beiträge innerhalb einer zu bestimmenden Frist nachentrichtet. Hier kann durch schadensbeseitigendes Verhalten obligatorische Straffreiheit erlangt werden.[33]

Damit steht fest, dass einer Einordnung in die Vorschriften über die tätige Reue jedenfalls die materielle Deliktsvollendung nicht zwingend entgegensteht.

Allerdings könnte es dennoch ein systemfremdes Element in § 371 Abs. 4 AO geben.

2. Merkmal der aktiven Abwendung der Rechtsgutverletzung

Die tätige Reue fordert ebenso wie der Rücktritt ein tätereigenes Handeln, also einen eigenen Anstoß zurück in die Legalität. Bei der Fremdanzeige zeigt aber derjenige, dem die Anzeige des aus § 153 AO Berichtigungspflichtigen zugute kommt, selbst keine „Reue". Durch die Steuernachzahlung verhindert er nach § 371 Abs. 4 S. 2 i.V.m. Abs. 3 AO lediglich die sonst zwingend eintretende Einleitung eines Strafverfahrens gegen sich selbst. Eine derartige Regelung findet sich bei keiner der Vorschriften über die tätige Reue wieder. Zwar wird in neuerer Zeit zur Effizienzsteigerung von Ermittlungen, insbesondere im Bereich organisierter und terroristischer Kriminalität, auch für die Aufdeckung von Taten *anderer* Strafmilderung bis hin zu Absehen von Strafe gewährt, wie insbesondere bei § 261 Abs. 10 StGB,[34] wo ebenfalls zwei oder mehr Personen beteiligt sind. Die Konstellation ist aber mit der Fremdanzeige nicht vergleichbar. § 261 Abs. 10 StGB belohnt nämlich den Täter mit Strafmilderung oder Straffreiheit, wenn er durch Offenbarung seines Wissens über seinen Tatbeitrag hinaus die Tat eines anderen preisgibt. Bei der Fremdanzeige ist die Situation umgekehrt. Der Fremdanzeigende ermöglicht nicht, sondern verhindert durch seine Anzeige die Strafverfolgung des Steuerhinterziehers.

Somit existiert keine Vorschrift über die tätige Reue, bei der der Begünstigte selbst keine die Strafbefreiung anstoßende honorierbare Leistung zu erbringen hat.

3. Rechtsfolge

Dass § 371 Abs. 4 AO systemfremd ist, ergibt sich auch aus einem Vergleich der Rechtsfolgen. Bei den Vorschriften über die tätige Reue ist in der Regel wahl-

33 Vgl. *Riegel/Kruse* NStZ 1999, 325 (326); *Bilsdorfer* DStZ 1985, 184 (187); *Löffler*, Selbstanzeige, S. 121 f.; a.A. *Rüping* in H/H/S, § 371 Rn. 15, der auf die zuvor zu erfolgende Mitteilung abstellt.

34 S/S-*Eser*, § 24 Rn. 116.

weise neben einer fakultativen Strafmilderung nur die Möglichkeit des Absehens von Strafe vorgesehen.[35] Bei der Fremdanzeige kommt dem Steuerhinterzieher Straffreiheit über ein zwingendes Strafverfolgungshindernis zugute. Zwar kennt das Gesetz auch Vorschriften über die tätige Reue, durch die der Täter straffrei wird. Dabei handelt es sich jedoch durchweg um persönliche Strafaufhebungsgründe und nicht um Prozesshindernisse. Wenn auch die Rechtsfolge vom Ergebnis her gleich erscheint, so besteht doch gerade unter dem hier zu prüfenden Gesichtspunkt der systematischen Einordnung ein gravierender Unterschied zwischen einem Freispruch und der Nichteinleitung bzw. Einstellung eines Strafverfahrens. Denn sachlich wird weder durch das Einstellungsurteil noch durch die Entscheidung, das Verfahren nicht einzuleiten, Stellung genommen. Daher wird auch die Strafklage grundsätzlich nicht verbraucht.[36] Ist also beispielsweise das Verfahrenshindernis aufgrund der Erstattung einer fehlerhaften Fremdanzeige behebbar, kann der Sachverhalt neu angeklagt werden. Der Freispruch aufgrund eines persönlichen Strafaufhebungsgrundes führt dagegen stets zur materiellen Rechtskraft und damit zum Strafklageverbrauch.[37]

Damit kann die Fremdanzeige nicht als Vorschrift über die tätige Reue qualifiziert werden.

III. Das Verhältnis des § 371 Abs. 4 AO zu § 46 a StGB

§ 46 a StGB, der durch das Verbrechensbekämpfungsgesetz mit Wirkung vom 01.12.1994 eingefügt wurde, sieht fakultativ die Möglichkeit der Strafmilderung bzw. des Absehens von Strafe vor, wenn der Täter den Schaden wiedergutgemacht oder sich zumindest ernsthaft darum bemüht hat.

Die Gemeinsamkeiten von § 46 a StGB und § 371 Abs. 4 AO sind nicht zu verkennen. Bei der Fremdanzeige wird dem Täter eine – allerdings sehr viel weitergehende – Vergünstigung in Form eines Strafverfolgungshindernisses zuteil, wenn er die verkürzten Beträge nachzahlt (§ 371 Abs. 3 AO), nachdem ein Dritter eine Berichtigungserklärung abgab. Hier handelt es sich jedenfalls auch um die Honorierung eines Verhaltens eines Täters nach vollendeter Tat, auch hier kann von einer Wiedergutmachung des (Steuer)-„Schadens" gesprochen werden. Bei beiden Vorschriften tritt die Begünstigung des Täters unabhängig von einem eigenen aktiven Aufklärungsanstoß der bereits vollendeten Straftat

---

35 Z.B.: §§ 83 a, 87 Abs. 3, 98 Abs. 2, 99 Abs. 3, 129 Abs. 6, 158, 239 a Abs. 4, 239 b Abs. 2, 266 a Abs. 5, 306 e, 314 a, 320, 330 b StGB.

36 *Schoreit* in KK StPO, § 260 Rn. 48; vgl. *Meyer-Goßner*, Einl. Rn. 154.

37 *Meyer-Goßner*, Einl. Rn. 172.

ein. Es ist also unschädlich, dass die Tat bereits entdeckt ist, sei es durch die erstattete Fremdanzeige oder aber durch ein bereits laufendes Strafverfahren.

Umstritten ist jedoch, ob § 46 a StGB im Steuerrecht überhaupt anwendbar ist und damit die steuerstrafrechtliche Norm des § 371 Abs. 4 AO dem § 46 a StGB zugeordnet werden kann.

1. Grundsätzliche Anwendbarkeit des § 46 a StGB im Steuerstrafrecht

Die ganz überwiegende Ansicht[38] hält § 46 a StGB im Steuerstrafrecht jedenfalls grundsätzlich für anwendbar. Lediglich *Blesinger*[39] vertritt die Auffassung, dass die Selbstanzeige als lex specialis die Anwendbarkeit des § 46 a StGB ausschließe. Seiner Ansicht nach zeigten die Ausschlusstatbestände des § 371 Abs. 2 AO, dass grundsätzlich nur derjenige

Straffreiheit erlangen solle, der freiwillig in die Steuerehrlichkeit zurückkehre. Wenn der Täter den Eintritt der Sperrwirkung gemäß § 371 Abs. 2 AO abwarten und trotzdem mit der Steuernachzahlung in den Genuss der Vorteile des § 46 a StGB kommen könne, werde die Bereitschaft zur Erstattung von Selbstanzeigen zurückgehen. § 46 a StGB wirke also im Verhältnis zu § 371 AO kontraproduktiv.

Dieser These kann nicht gefolgt werden. Zunächst gelten gemäß § 369 Abs. 2 AO die Regelungen des Allgemeinen Teils des StGB auch für Steuerstraftaten.[40] Auch der Wortlaut des § 46 a StGB enthält keine Beschränkung auf bestimmte Deliktstypen.[41] Im Unterschied zum SPD-Entwurf[42] für eine gesetzliche Realisierung des Täter-Opfer-Ausgleichs sowie der Schadenswiedergutmachung, der in Absatz 1 des geplanten § 24 a StGB eine obligatorische Strafmilderung für gewaltlose Eigentums- und Vermögensdelikte vorsah, ist diese Beschränkung

---

38 *Schwedhelm/Spatscheck* DStR 1995, 1449 (1450); *Woring* DStZ 1996, 459; *Joecks* in Franzen/Gast/ Joecks, § 371 Rn. 240; *Kottke* DB 1997, 549 (550); *Brauns* wistra 1996, 214 (216 f.); *von Briel* Anm. zu BayObLG, Beschl. v. 28.02.1996, NStZ 1997, 33 (34); Klein/*Gast-de Haan* § 371 Rn. 66; *Bornheim/Birkenstock*, Steuerfahndung, S. 164 ff., *Klawitter* DStZ 1996, 553 (554); *Schabel* wistra 1997, 201 (202 f.); *Meier* GA 1999, 1 (7 f.).

39 *Blesinger* wistra 1996, 90 ff.

40 So auch *Bornheim/Birkenstock*, Steuerfahndung, S. 166; *Kottke* DB 1997, 549 (550); *Joecks* in Franzen/Gast/Joecks, § 371 Rn. 240.

41 So auch *Woring* DStZ 1996, 459; *von Briel* Anm. zu BayObLG, Beschl. v. 28.02.1996, NStZ 1997, 33 (34); *Bornheim* PStr 1999, 94 (99); *Schwedhelm/Spatscheck* DStR 1995, 1449 (1450); *Kottke* DB 1997, 549 (550).

42 Gesetzentwurf zur Reform des strafrechtlichen Sanktionensystems der Abgeordneten *J. Meyer* u.a. und der Fraktion der SPD vom 11.11.1993, BT-Drucks. 12/6141, Band 483, S. 4.

bewusst nicht in den § 46 a StGB übernommen worden. Somit ist § 46 a StGB im Steuerstrafrecht grundsätzlich anwendbar.

Er wird auch nicht durch die Selbstanzeige-Regelung im Steuerstrafrecht im Wege der Spezialität verdrängt. Spezialität auf der Ebene der Konkurrenz ist nur dann gegeben, wenn ein Gesetz, das einen schon von einem anderen Gesetz allgemein erfassten Sachverhalt durch Hinzutreten weiterer Merkmale besonders regelt.[43] § 371 Abs. 1 AO regelt jedoch nicht den von § 46 a StGB erfassten Sachverhalt besonders.

Bei der Selbstanzeige handelt es sich um einen Strafaufhebungsgrund, während § 46 a StGB eine Strafzumessungsregel darstellt.[44]

Bei Betrachtung der Rechtsfolgenseite wird deutlich, dass die Auffassung *Blesingers*, dass § 46 a StGB die Selbstanzeige entwerte und damit kontraproduktiv sei, nicht haltbar ist.

Sofern die Tatbestandsvoraussetzungen des § 371 Abs. 1 AO erfüllt sind, erlangt der Täter durch Nachentrichtung der Steuer garantiert Straffreiheit, während im Rahmen des § 46 a StGB die Strafmilderung oder das Absehen von Strafe selbst bei rechnerischer Kompensation des Schadens und darüber hinausgehender Wiedergutmachungsbemühungen fakultativ ist, also keine sichere Rechtsfolge darstellt.[45] Mit anderen Worten: Die Selbstanzeige bietet dem Steuerhinterzieher innerhalb der Grenzen des § 371 Abs. 2 AO die Gewissheit, Straffreiheit zu erlangen, während die Strafmilderung des § 46 a StGB im Ermessen des Gerichts liegt. Demzufolge wird der Anreiz zur Erstattung einer Selbstanzeige erhalten bleiben. Gerade in den Fällen, in denen der Täter keine wirksame Selbstanzeige abgeben kann, z.B. weil ein Ausschlussgrund nach § 371 Abs. 2 AO eingreift, liegt der Anwendungsbereich des § 46 a StGB. Die Normen stehen also nicht in einem Exklusivitätsverhältnis, vielmehr ergänzen sie sich in sinnvoller Weise.[46]

Fraglich ist, ob die These der Kontraproduktivität mit Einfügung der Neuregelung der gewerbsmäßigen oder bandenmäßigen Steuerhinterziehung gemäß § 370 a AO[47] neues Gewicht erlangt hat. Nach § 370 a S. 3 AO liegt ein minder

---

43 Tröndle/*Fischer*, Vor § 52 Rn. 18.

44 Vgl. *Klawitter* DStZ 1996, 553 (554).

45 *Kottke* DB 1997, 549 (551); Klein/*Gast-de Haan* AO § 371 Rn. 66; *Brauns* wistra 1996, 214 (217); *von Briel* Anm. zu BayObLG, Beschl. v. 28.02.1996, NStZ 1997, 33 (34).

46 So auch *Bornheim*, der von einem „Rettungsanker“ spricht, PStr 1999, 94 (99); *Brauns* wistra 1996, 214 (217); *von Briel* Anm. zu BayObLG, Beschl. v. 28.02.1996, NStZ 1997, 33 (34).

47 § 370 a AO trat in seiner ersten Fassung am 28.12.2001 in Kraft und wurde aufgrund massiver Kritik mit Wirkung zum 28.07.2002 geändert, wobei u.a. S. 2 und 3 eingefügt wurden.

schwerer Fall insbesondere vor, wenn die Voraussetzungen des § 371 AO erfüllt sind. § 371 AO löst im Rahmen des § 370 a AO also ausnahmsweise nicht obligatorische Straffreiheit aus, sondern ist als ein minder schwerer Fall ausgestaltet. Noch nicht einmal die Möglichkeit des Absehens von Strafe ist vorgesehen. Deshalb könnte man argumentieren, dass der Anreiz zur Erstattung der Selbstanzeige im Falle des § 370 a AO durch § 46 a StGB entwertet sei, da § 46 a StGB auch noch nach Entdeckung der Tat Aussicht auf Straffreiheit biete, also eine weiterreichende und damit günstigere Rechtsfolge für den Täter aufweise; natürlich nur, sofern aufgrund der Annahme eines minder schweren Falls keine höhere Strafe als Freiheitsstrafe bis zu einem Jahr verwirkt ist.[48]

Allerdings ist zu beachten, dass im Rahmen des § 370 a S. 3 AO, wenn die Voraussetzungen des § 371 AO erfüllt sind, garantiert ein minder schwerer Fall anzunehmen ist. Bei § 46 a StGB besteht dagegen die Unsicherheit, ob überhaupt eine Strafmilderung oder ein Absehen von Strafe gewährt wird, zumal ein Absehen von Strafe nach Begehung eines Verbrechens nach § 370 a AO ohnehin als unwahrscheinlich gilt. Somit kann der Auffassung *Blesingers*, dass die Selbstanzeige durch § 46 a StGB entwertet werde, auch nach der Einführung des § 370 a S. 3 AO nicht gefolgt werden. § 370 a S. 3 AO ist vielmehr als Konkretisierung der Schadenswiedergutmachung nach § 46 a Nr. 2 StGB zu verstehen.[49]

Zusammenfassend ist also festzustellen, dass § 46 a StGB auch im Steuerstrafrecht grundsätzlich anwendbar ist.

Der Anwendungsbereich des § 46 a StGB im Steuerstrafrecht könnte lediglich durch die Umschreibung der in dieser Norm genannten Fallgruppen beschränkt sein.

2. Möglichkeit eines Täter-Opfer-Ausgleichs nach § 46 a Nr. 1 StGB

Ob ein Täter-Opfer-Ausgleich i.S. der Nr. 1 des § 46 a StGB hinsichtlich der Steuerhinterziehung in Betracht kommt, ist umstritten.

a) Ablehnung des § 46 a Nr. 1 StGB

Die Rechtsprechung und der überwiegende Teil der Literatur verneinen die Möglichkeit eines Täter-Opfer-Ausgleichs bei der Steuerhinterziehung. Im Wesentlichen wird angeführt, dass diese Alternative des § 46 a StGB allein auf ei-

---

48 § 46 a StGB ist ausdrücklich nur bis zu einem Strafrahmen von einem Jahr anwendbar.

49 Im Ergebnis auch *Joecks* in Franzen/Gast/Joecks, § 370 a Rn. 42.

nen Ausgleich immaterieller Schäden des Geschädigten abziele.[50] Immaterielle Schäden seien aber mit einer Steuerstraftat nicht verknüpft.[51] Ferner sei eine Wiedergutmachung i.S.d. § 46 a Nr. 1 StGB nicht möglich, wenn wie bei der Steuerhinterziehung Rechtsgüter betroffen sind, die allein dem Staat oder der Allgemeinheit zustehen, da der Staat oder die Allgemeinheit nicht „Verletzter" sein könne. Der vom Gesetz intendierte kommunikative Konfliktausgleich, die Wiederherstellung gestörter Sozialbeziehungen und eine Auseinandersetzung des Täters mit der Tat in einer Begegnung mit dem Opfer seien nicht möglich.[52] Zudem sei nicht ersichtlich, wie der Täter über den Steuerschaden hinausgehende Tatfolgen wieder beseitigen können soll.[53]

b) Befürwortung des § 46 a Nr. 1 StGB

Die Gegenansicht führt an, dass der Ausschluss des Täter-Opfer-Ausgleichs aus Gründen der Gleichbehandlung der Steuerhinterziehung mit anderen Straftaten nicht darauf gestützt werden könne, dass das verletzte Rechtsgut allein dem Staat bzw. der Allgemeinheit zustehe. Eine friedenstiftende Wirkung könne erreicht werden, wenn der steuerpflichtige Täter Einsicht zeige und mit dem Finanzamt eine Lösung suche, wodurch die dem Staat zustehenden Steuern schnell und ohne Vollstreckungsaufwand zur Verfügung stünden.[54] Dadurch könne der Staat erheblichen Zeit- und Personalaufwand sparen.[55] Auch ein kommunikativer Konfliktausgleich sei durchaus möglich, indem der Steuerpflichtige den Angehörigen der Finanzverwaltung als Vertreter des Staates und gleichsam als Sachwalter der Allgemeinheit, in deren Interesse sie das Steueraufkommen verwalten und verwenden, gegenübertritt. Ein kommunikativer Prozess könne beispielsweise durch Rücknahme von Rechtsbehelfen stattfinden.[56] Schließlich finde die Auffassung der Rechtsprechung, dass § 46 a Nr. 1 StGB nur den Ausgleich immaterieller Schäden erfasse, keine Unterstützung im Wortlaut des Gesetzes und führe außerdem zu Wertungswidersprüchen. Derjenige Täter, der sowohl einen materiellen als auch einen immateriellen Schaden herbeiführe, komme im Wege eines kommunikativen Prozesses zwischen Täter und Opfer in die Gunst des

50 BGH wistra 1995, 307 f.
51 BayObLG wistra 1996, 152; BayObLG wistra 1997, 313 (314); BGH NStZ 2000, 205; BGH NStZ 2001, 200 (201); *Klawitter* DStZ 1996, 553 (554); *Woring* DStZ 1996, 459 (460).
52 *Blesinger* wistra 1996, 90 f.; *Schabel* wistra 1997, 201 (203 f.).
53 *Schabel* wistra 1997, 201 (203).
54 Vgl. *Heerspink*, Täter-Opfer-Ausgleich, S. 91.
55 *Schwedhelm/Spatscheck* DStR 1995, 1449 (1450 f.).
56 *Brauns* wistra 1996, 214 (218).

§ 46 a Nr. 1 StGB, während der Täter, der ausschließlich materielle Schäden verursacht, die hohen Anforderungen an die Schadenswiedergutmachung nach § 46 a Nr. 2 StGB erfüllen müsse.[57]

c) Stellungnahme

Für die Rechtsprechung und die überwiegende Literatur, die den Täter-Opfer-Ausgleich im Steuerstrafrecht ablehnen, spricht schon die begriffliche Erklärung des „Täter-Opfer-Ausgleichs" nach § 46 a Nr. 1 und der „Wiedergutmachung" nach § 46 a Nr. 2 StGB. Der Begriff des „Täter-Opfer-Ausgleichs" steht für das Aufeinanderzugehen derjenigen Personen, die an der Straftat selbst beteiligt waren, die Konfrontation des Täters mit dem Opfer und die Konfliktbereinigung. Mit dem Begriff der „Wiedergutmachung" wird demgegenüber die vom Täter für die Wiederherstellung des Rechtsfriedens zu erbringende Leistung in den Vordergrund gestellt[58]. Durch die Gegenüberstellung der Begriffe wird deutlich, dass hinsichtlich des Nachtatverhaltens unterschiedliche Elemente hervorgehoben werden. Beim Täter-Opfer-Ausgleich wird der personale Aspekt betont, während bei der Wiedergutmachung die durch den Täter geschaffene positive Gesamtbilanz vordergründig ist.[59]

Dass im Rahmen des § 46 a Nr. 1 StGB lediglich immaterielle Schäden ausgeglichen werden, ist zwar dem Wortlaut des Gesetzes nicht zu entnehmen, wird aber bei Betrachtung des systematischen Zusammenhangs der beiden Alternativen des § 46 a StGB deutlich.[60] § 46 a Nr. 2 StGB fordert ausdrücklich eine „Entschädigung" des Opfers, die für den Täter erhebliche persönliche Leistungen oder persönlichen Verzicht erfordert, während § 46 a Nr. 1 StGB das Bemühen, einen Ausgleich mit dem Verletzten zu erreichen, genügen lässt. Die verschärften Voraussetzungen bei der zweiten Alternative ließen sich jedoch nicht erklären, wenn auch die erste Alternative auf materielle Schäden anwendbar wäre. Diese Differenzierung führt nicht etwa zu Wertungswidersprüchen, wie es von der Gegenauffassung behauptet wird. Sollte ein Täter sowohl materielle als auch immaterielle Schäden verursacht haben, so steht er keinesfalls besser da als derjenige, der nur materielle Schäden wieder auszugleichen hat. Denn auch ersterer kann selbstverständlich nur dann in den Genuss der fakultativen Strafmilderung/Straffreiheit kommen, wenn er seine selbst verursachten Schäden vollständig im Sinne von § 46 a Nr. 1 *und* 2 StGB wiedergutgemacht hat. Dies ergibt

57 *Dierlamm* Anm. zu BGH, Urt. v. 18.11.1999, NStZ 2000, 536.
58 *Bannenberg,* Wiedergutmachung in der Strafrechtspraxis 1993, 4, 6.
59 Vgl. *Meier* GA 1999, 1 (4 f.).
60 *Klawitter* DStZ 1996, 553 (554).

sich aus einer Gesamtbetrachtung der Nr. 1 und Nr. 2 des § 46 a StGB. Denn wenn der Tatbestand der Nr. 1 und 2 eröffnet ist, müssen auch sämtliche Voraussetzungen beider Tatbestände gegeben sein, um in den Genuss der Rechtsfolge zu gelangen. Ferner besteht die Gefahr des Wertungswiderspruches schon deshalb nicht, weil der Eintritt der Strafmilderung bzw. Straffreiheit im Ermessen des Gerichts liegt.

Der Einwand, dass der Täter-Opfer-Ausgleich aus Gleichbehandlungsgesichtspunkten auch bei Steuerstraftaten gelten müsse, ist ebenfalls nicht überzeugend. Die Berufung auf den Gleichbehandlungsgrundsatz kommt nämlich nur bei vergleichbaren Sachverhalten in Betracht. Daran fehlt es hier. Bei Delikten, in denen „lediglich" die Allgemeinheit oder der Staat geschädigt wird, ist die Situation eine andere als bei Delikten, bei denen zumindest ein personales „Opfer" erkennbar ist. Der Staat bzw. die Allgemeinheit kann keine seelischen oder persönlichen Begleiterscheinungen wie Ehrenkränkungen oder Schmerzen empfinden. Wenn die Gegenansicht hier einwendet, dass ein kommunikativer Prozess durchaus mit den Angehörigen der Finanzverwaltung stattfinden könne[61], so ist ihr in diesem Punkt zu widersprechen. Zwar kann es sich auch um Personen handeln, die nicht in ihren eigenen Rechtsgütern verletzt sind.[62] Voraussetzung ist dann jedoch, dass sie auf sonstige Weise unmittelbar in die Folgen der Tat involviert sind, wie beispielsweise der Geschäftsführer einer kleinen GmbH. Davon zu unterscheiden sind diejenigen, die lediglich als anonyme Vertreter der Verletzteninteressen anzusehen sind,[63] also keinen emotionalen Bezug zum „Opfer" aufweisen, wie zum Beispiel die Allgemeinheit oder Angehörige der Finanzverwaltung gegenüber dem Staat.

Ein Täter-Opfer-Ausgleich ist nach alledem bei Steuerstraftaten nicht möglich.

3. Möglichkeit einer Schadenswiedergutmachung gemäß § 46 a Nr. 2 StGB

Die Nachentrichtung von hinterzogenen Steuern könnte jedoch eine Schadenswiedergutmachung nach § 46 a Nr. 2 StGB darstellen, die vom Täter erhebliche persönliche Leistungen oder einen persönlichen Verzicht erfordern.

Zu klären sind hier also zwei Fragen, erstens, ob die Steuernachzahlung überhaupt eine Wiedergutmachung darstellen kann und zweitens, wie erhebliche persönliche Leistungen bei der Begleichung der Steuerlast auszusehen haben,

---

61 *Brauns* wistra 1996, 214 (218); *Heerspink*, Täter-Opfer-Ausgleich, S. 91 ff.

62 So auch BGH NStZ 2000, 205 (205), wonach § 46 a StGB auch auf juristische Personen anwendbar sein soll.

63 *Meier* GA 1999, 1 (8 f.).

damit sie als erhebliche persönliche Leistungen oder als Verzicht im Sinne von § 46 a Nr. 2 StGB angesehen werden können.

a) Rechtsprechung

Die bisher zu diesem Thema vorliegenden Gerichtsentscheidungen[64] haben die erste Frage jeweils offen gelassen, da es in den bislang zu entscheidenden Fällen jedenfalls an den erforderlichen erheblichen persönlichen Leistungen des Täters fehlte.

b) Ablehnung des § 46 a Nr. 2 StGB

Ein Teil der Literatur[65] lehnt neben der Möglichkeit eines Täter-Opfer-Ausgleichs auch die Möglichkeit einer Schadenswiedergutmachung im Steuerstrafrecht strikt ab. Im Wesentlichen wird angeführt, dass der Täter mit der Zahlung der Steuer keine Schadenswiedergutmachung leiste, sondern lediglich einer Verpflichtung nachkomme, die bereits vor seiner Tat begründet war. Er mache keinen aus der Tat resultierenden Schaden wieder gut, sondern vermeide im eigenen Interesse Vollstreckungsmaßnahmen der Finanzverwaltung.[66] Ferner sei auch in der zweiten Alternative des § 46 a StGB ausdrücklich von einer Entschädigung des „Opfers" die Rede. Der Begriff des Opfers sei gleichbedeutend mit dem des „Verletzten", welcher aber den Staat bzw. die Allgemeinheit nicht umfasse.[67] Darüber hinaus liege auch in Fällen, in denen der Täter seine Steuerschuld nur durch besondere persönliche Anstrengungen bezahlen könne, keine besondere persönliche Leistung oder ein Verzicht im Sinne von § 46 a Nr. 2 StGB vor. Der Täter komme lediglich seiner allgemeinen Verantwortung als Steuerbürger nach, es fehle demnach an einem konkreten Bezug zur Tat[68].

---

64 BayObLG wistra 1996, 152; BayObLG wistra 1997, 313 (314); BGH NStZ 2001, 200 (201).

65 Lediglich *Blesinger* wistra 1996, 90 f.; *Schabel* wistra 1997, 201 (204 ff.), *Klawitter* DStZ 1996, 553 (555).

66 *Klawitter* DStZ 1996, 553 (555); *Blesinger* wistra 1996, 90 (90).

67 *Schabel* wistra 1997, 201 (205).

68 *Klawitter* DStZ 1996, 553 (555); *Schabel* wistra 1997, 201 (205).

c) Befürwortung des § 46 a Nr. 2 StGB

Die überwiegende Gegenansicht[69] lässt eine Schadenswiedergutmachung nach § 46 a Nr. 2 StGB auch bei Steuerstraftaten zu.

Ein wieder gutmachbarer Schaden sei vorhanden. Auch wenn bei der Steuerhinterziehung ein Steueranspruch von Anfang an bestanden habe, so trete ein Schaden erst mit Vorhandensein eines durchsetzbaren Zahlungsanspruches ein. Dieser entstehe aber gemäß § 254 Abs. 1 AO frühestens eine Woche nach Abgabe des Leistungsgebots. Diese Situation sei mit den Betrugsfällen vergleichbar, bei denen das Opfer durch Täuschung davon abgehalten werde, einen bestehenden Schaden geltend zu machen.[70]

Besondere persönliche Leistungen oder Verzicht seien auch bei Steuerstraftaten denkbar. Eine regelmäßig vorkommende Anwendungsmöglichkeit sei gegeben, wenn beim Täter für mehrere Jahre Einkünfte hinzugeschätzt werden und dadurch eine so hohe Schuld entstehe, dass der Täter sie weder aus seinen laufenden Bezügen noch aus seinem sonstigen Vermögen begleichen könne, obwohl er sich ernsthaft bemühe und hohe persönliche Opfer in Kauf nehme.[71]

d) Stellungnahme

Im Einzelfall ist auch im Steuerstrafrecht die Anwendung des § 46 a Nr. 2 StGB möglich. Der Einwand der Gegenauffassung, dass ein Schaden nicht gegeben sei, da der Steueranspruch bereits vor der Tat bestanden habe, kann durch den Vergleich mit den Betrugsfällen nach § 263 StGB, bei denen niemand ernsthaft die Möglichkeit einer Schadenswiedergutmachung nach § 46 a Nr. 2 StGB bestreitet, widerlegt werden. Es kann keinen Unterschied machen, ob beim Betrug eine Zahlungsbereitschaft vorgespiegelt oder die Finanzverwaltung über die Realisierungsmöglichkeiten von Steuern getäuscht wird.[72]

Es ist zwar einzuräumen, dass in § 46 a Nr. 2 StGB ausdrücklich von der Entschädigung des „Opfers" die Rede und auf den ersten Blick schwer einzusehen ist, warum nun in der zweiten Alternative der Staat als „Opfer" angesehen werden soll, während er in der ersten Alternative nicht „Verletzter" sein sollte. Hier dürfen die Begriffe jedoch nicht isoliert betrachtet, sondern müssen im Zu-

69 *Schwedhelm/Spatscheck* DStR 1995, 1449 (1451); *Joecks* in Franzen/Gast/Joecks, § 371 Rn. 240; *Kottke* DB 1997, 549 (550); *Brauns* wistra 1996, 214 (219); *Bornheim/Birkenstock*, Steuerfahndung, S. 166; *Meier* GA 1999, 1(8).

70 *Schwedhelm/Spatscheck* DStR 1995, 1449 (1450); *Kottke* DB 1997, 549 (550 f.).

71 *Schwedhelm/Spatscheck* DStR 1995, 1449 (1451); *Kottke* DB 1997, 549 (550).

72 So auch *Schwedhelm/Spatscheck* DStR 1995, 1449 (1450); *Kottke* DB 1997, 549 (550 f.).

sammenhang gesehen werden. Während in der ersten Alternative ein immaterieller „Ausgleich mit dem Verletzten" gefordert wird, geht es in der zweiten Alternative um die Entschädigung des materiell geschädigten „Opfers". Materiell geschädigt kann neben einer individuellen Person aber auch die Allgemeinheit oder der Staat sein. Folglich ist die zweite Alternative der Schadenswiedergutmachung in Bezug auf das Opfer weiter gefasst als die erste Alternative. Als Ausgleich fordert die Schadenswiedergutmachung im Gegensatz zum Täter-Opfer-Ausgleich das Element der erheblichen persönlichen Leistung. Dabei genügt jedenfalls nicht die Nachzahlung des hinterzogenen Steuerbetrages. Die Wiedergutmachungsbemühungen müssen Ausdruck der Übernahme von Verantwortung sein.[73] Nach der amtlichen Gesetzesbegründung kommen hier umfangreiche Arbeiten in der Freizeit, aber auch erhebliche Einschränkungen im finanziellen Bereich in Betracht, soweit diese über die rein rechnerische Kompensation hinausgehen.[74] Warum diese bei Steuerstraftaten nicht möglich sein sollen, ist nicht einzusehen. Zu denken ist hier beispielsweise an umfangreiche Spenden für gemeinnützige Einrichtungen, an die Annahme einer Nebenbeschäftigung[75] oder von gemeinnütziger Arbeit, an die Aufgabe kostenträchtiger Lebensgewohnheiten[76] oder Hobbys, die Veräußerung unpfändbaren Vermögens[77] sowie an Zahlungen über die Pfändungsfreigrenze[78] hinaus.

Damit bleibt festzuhalten, dass § 46 a Nr. 2 StGB im Steuerstrafrecht Anwendung finden kann.

4. Das Verhältnis des § 46 a Nr. 2 StGB zu § 371 Abs. 4 AO

Nach den bisherigen Ergebnissen könnte die Fremdanzeige allenfalls der Schadenswiedergutmachung nach § 46 a Nr. 2 StGB zugeordnet werden. Die Gemeinsamkeit beider Vorschriften liegt (zumindest auch) in der Honorierung des Täterverhaltens nach der Vollendung und nach Kenntnis der Finanzverwaltung von der Tat, genauer gesagt in der Wiedergutmachung des (Steuer)-Schadens.

---

73 BGH NStZ 2001, 200 (201);BGH NStZ 2000, 205 (206); Tröndle/*Fischer*, § 46 a Rn. 11; S/S-Stree, § 46 a Rn. 5.

74 BT-Drucks. 12/6853, Band 490, zu Artikel 1 Nr. 1 (§ 46 a StGB-E), S. 22.

75 Vgl. OLG Stuttgart NJW 1996, 2109 (2010): „Arbeitsmedizinisch nicht zu empfehlende Nachtarbeit" kann wohl ausreichen. (§ 46 a Nr. 2 StGB scheitert dabei allerdings an der fehlenden Kausalität zwischen Begleichung der Summe und der persönlichen Last durch die Nachtarbeit).

76 Vgl. BGH wistra 1995, 308 (308 f.): Verkauf einer Eigentumswohnung und Kündigung einer Ferienmietwohnung zur Begleichung von bisher 77.000,- DM nach einer Vollrauschtat.

77 § 811 ZPO gilt gemäß § 295 AO auch im Steuerrecht.

78 §§ 850 ff. ZPO gelten gemäß § 319 AO auch im Steuervollstreckungsrecht.

Aufgrund der unterschiedlichen Ausgestaltung der Regelungen wird sich jedoch zeigen, dass die Fremdanzeige nicht als reine Wiedergutmachungsnorm gesehen werden kann. Vielmehr ergänzen sich die Vorschriften in sinnvoller Weise und lassen sich lediglich in ein abgestuftes Anwendungssystem einordnen.

Sofern ein Dritter die Fremdanzeige nach § 371 Abs. 4 AO abgibt, dadurch die Finanzverwaltung in Kenntnis von der Tat setzt und der Täter der Steuerhinterziehung die Steuern nachentrichtet, tritt ein obligatorisches Strafverfolgungshindernis zu Gunsten des Täters ein, während bei § 46 a Nr. 2 StGB ggf. eine fakultative Strafmilderung oder ein Absehen von Strafe erfolgt. Damit ist die Fremdanzeige für den Täter erheblich günstiger, da die Einleitung eines Strafverfahrens gegen ihn garantiert nicht erfolgt. In den Fällen, in denen § 371 Abs. 4 AO ausgeschlossen ist, weil dem Täter die Einleitung eines Strafverfahrens bereits vor Abgabe der Berichtigungserklärung durch den Dritten bekannt gegeben worden ist, kann er noch auf die Strafmilderung nach § 46 a Nr. 2 StGB hoffen, sofern er erhebliche persönliche Leistungen oder Verzicht auf sich nimmt.

Sollte der Täter die nachzuzahlenden Steuerbeträge nicht vollständig aufbringen können, kommt § 46 a Nr. 2 StGB nur dann noch als „Rettungsanker“ in Betracht, wenn der Täter den Schaden zumindest zum überwiegenden Teil unter erheblichen persönlichen Leistungen wiedergutmacht.

Damit ergibt sich also insbesondere aus der Ausgestaltung der Rechtsfolgen ein abgestuftes Anwendungssystem von Fremdanzeige und Schadenswiedergutmachung.

Fraglich bleibt jedoch, ob dieser abgestufte Anwendungsbereich auch im Hinblick auf die jeweiligen Tatbestandsvoraussetzungen gerechtfertigt ist. Dagegen könnte sprechen, dass § 371 Abs. 4 AO eine gegenüber § 46 a Nr. 2 StGB für den Täter günstigere Rechtsfolge aufweist, obwohl der für die Wiedergutmachung geforderte Einsatz des Täters geringer ist als bei § 46 a Nr. 2 StGB. Während der Steuerhinterzieher im Rahmen von § 371 Abs. 4 AO lediglich die Steuern nachentrichten muss, fordert § 46 a Nr. 2 StGB vom Täter zusätzlich erhebliche persönliche Leistungen. Dieser vordergründige Widerspruch lässt sich nur aus dem unterschiedlichen Sinn und Zweck der Vorschriften erklären. Die in § 46 a StGB enthaltenen Reaktionsmöglichkeiten des Gerichts zielen auf eine friedenstiftende Wirkung der Ausgleichsmaßnahmen. Auf der Seite des „Opfers“ soll sein Interesse an einer sinnvollen Schadenskompensation stärker zur Geltung gebracht werden. Gleichzeitig soll aber dem Täter, ohne dass in der Allgemeinheit der Eindruck entstehen kann, dass seine Tat ohne Folgen bleibt und er dafür aus der Verantwortung entlassen wird, die Verwerflichkeit seines Handelns und dessen Folgen mit den Ausgleichsmaßnahmen besser als mit der an sich verwirkten Strafe bewusst gemacht werden.[79] Der entscheidende Unterschied zur Fremdanzeige liegt darin, dass im Rahmen von § 371 Abs. 4 AO eine dritte, gemäß § 153 AO berichtigungspflichtige Person beteiligt ist, durch deren Anzeige die Finanzverwaltung erst Kenntnis von der eigentlichen Steuerhinterziehung erlangt. Um den Anzeigepflichtigen aus steuerpolitischen Gründen von Hemmungen zu befreien, die ihn davon abhalten könnten, durch Erstattung der Fremdanzeige die Tat des Steuerhinterziehers aufzudecken und damit dem Staat bisher verborgene Steuerquellen zu erschließen, wird der Täter von der Strafverfolgung verschont;[80] allerdings nur, sofern er die Steuern vollständig nachentrichtet.

Folglich umfasst die Fremdanzeige neben der Wiedergutmachung des Steuerschadens zunächst auch dessen Aufdeckung.

§ 371 Abs. 4 AO kann deshalb auch nicht den Wiedergutmachungsregelungen zugeordnet werden.

IV. Das Verhältnis des § 371 Abs. 4 AO zum StraBEG

Am 30.12.2003 ist das Gesetz zur Förderung der Steuerehrlichkeit in Kraft getreten. Bis zum 31.03.2005 haben Steuerpflichtige danach die Möglichkeit, durch eine der Selbstanzeige bzw. Fremdanzeige ähnliche Berichtigungserklärung Straffreiheit für die Vergangenheit zu erlangen. Die mit dem Amnestiegesetz vorgesehene Nachversteuerung beträgt bei Berichtigungen bis zum 31.12.2004 lediglich 25 v.H., bis zum 31.03.2005 35 v.H..

Der Gesetzgeber verfolgt mit der Steueramnestie das Ziel, dem bisher Steuerunehrlichen eine „goldene Brücke“ zur Steuerehrlichkeit zu bauen. Damit soll die Gleichmäßigkeit der Besteuerung wiederhergestellt und das rechtliche und tatsächliche Erhebungsdefizit ausgeglichen werden. Des Weiteren wird mit der Amnestie auch ein Beitrag zum Rechtsfrieden geleistet, wobei nach Auslaufen der Erklärungsfrist die Ermittlungsmöglichkeiten der Finanzbehörden hinsichtlich der Konten und Depots verbessert werden, um Steuerhinterziehungen zu erschweren.[81]

Verbunden mit der Amnestie ist die Hoffnung, vor allem durch einen Rückfluss von Kapital aus Steueroasen nach Deutschland, Mehreinkünfte in Höhe von 5 Milliarden EUR zu erzielen.[82]

---

79 Vgl. amtliche Begründung aus BT-Drucks. 12/6853, Band 490, zu Artikel 1 Nr. 1 (§ 46 a StGB-E), S. 22.

80 Zur genaueren Untersuchung zum Sinn und Zweck der Fremdanzeige siehe Teil 1:B).

81 BT-Drucks. 15/1521, Band 727, S. 9; *Joecks/Randt*, Steueramnestie, Rn. 1.

82 BT-Drucks. 15/1521, Band 727, S. 9.

1. Vergleich der Voraussetzungen

Nach § 1 Abs. 1 S. 1 StraBEG wird derjenige, der gegenüber Finanzbehörden unrichtige oder unvollständige Angaben über steuerlich erhebliche Tatsachen gemacht oder die Finanzbehörden pflichtwidrig über steuerlich erhebliche Tatsachen in Unkenntnis gelassen und dadurch Steuern verkürzt oder für sich oder einen anderen nicht gerechtfertigte Steuervorteile erlangt hat, nicht nach den §§ 370, 370 a AO, 26 c UStG bestraft, soweit,

1. er nach dem 31.12.2003 und vor dem 01.01.2005 die aufgrund seiner unrichtigen, unvollständigen oder unterlassenen Angaben zu Unrecht nicht besteuerten Einnahmen, wodurch Einkommen-, Körperschaft-, Umsatz-, Vermögen-, Gewerbe-, Erbschaft-, Schenkung-, oder Abzugsteuern nach dem EStG verkürzt wurden, gegenüber der Finanzbehörde erklärt und
2. innerhalb von zehn Tagen nach Abgabe der Erklärung, spätestens aber bis zum 31.12.2004 25 v.H. auf die Summe der erklärten Beiträge entrichtet.

Bei Abgabe der strafbefreienden Erklärung nach dem 31.12.2004 und vor dem 01.04.2005 sind innerhalb von zehn Tagen, spätestens aber bis zum 31.03.2005 35 v.H. der erklärten Einnahmen zu entrichten (§ 1 Abs. 6 StraBEG).

In § 2 StraBEG wird der Kreis der erklärungsberechtigten Personen aufgeführt. Danach sind der Täter und der Steuerschuldner, wenn die Tat durch dessen gesetzlichen Vertreter, Vermögensverwalter oder Verfügungsberechtigten begangen wurde, erklärungsberechtigt. Darüber hinaus können auch gesetzliche Vertreter, Vermögensverwalter oder Verfügungsberechtigte sowie Gesamtrechtsnachfolger eine Amnestieerklärung für Taten, die ihre Vorgänger begangen haben, abgeben.

Es zeigt sich, dass die Regelungen der Steueramnestie denen der Selbst- und Fremdanzeige sehr ähnlich sind. Die Nähe zur Fremdanzeige ergibt sich daraus, dass auch hier ein Dritter durch die Erklärung einer nach § 153 AO anzeigepflichtigen Person Straffreiheit erlangen kann.

Dabei weichen die Voraussetzungen allerdings teilweise voneinander ab.[83] Neben der zeitlich begrenzten Anwendbarkeit der Steueramnestie sind in § 3 StraBEG besondere Formvorschriften geregelt. Beispielsweise muss der Erklärende die strafbefreiende Erklärung im Unterschied zur Fremdanzeige mittels eines amtlich vorgeschriebenen Vordrucks abgeben und den zu entrichtenden Betrag selbst berechnen.

83 Vgl. *Klengel* BB 2003, 2094 (2096 f.); *Burkhard* StB 2003, 371 f.

Des Weiteren ist die Aufzählung der Steuerarten in § 1 Abs. 1 StraBEG abschließend, so dass andere Verkürzungen nicht amnestiefähig sind.[84] Eine Fremdanzeige kann dagegen für sämtliche Steuerarten erstattet werden.

Hinsichtlich der Ausschlussgründe baut die Amnestie gemäß § 7 StraBEG auf den Sperrgründen der Selbstanzeige (§ 371 Abs. 2 AO) auf, wobei noch zwei Erweiterungen vorgenommen worden sind. In § 371 Abs. 4 AO ist lediglich ein Ausschlussgrund enthalten.

Somit unterliegt die strafbefreiende Erklärung insgesamt strengeren Voraussetzungen als die Fremdanzeige.

2. *Vergleich der Rechtsfolgen von § 371 Abs. 4 AO und §§ 1 Abs. 1, 4 Abs. 2 StraBEG*

Zunächst stellt die Steueramnestie einen persönlichen Strafaufhebungsgrund,[85] die Fremdanzeige ein Strafverfolgungshindernis dar. Dieser dogmatische Unterschied ergibt sich bereits aus dem Wortlaut des Gesetzes. Während der Täter in § 1 Abs. 1 StraBEG „nicht bestraft" wird, wird er gemäß § 371 Abs. 4 AO „strafrechtlich nicht verfolgt".[86]

Im Übrigen sind die Rechtsfolgen der Amnestieerklärung weitergehender als die der Fremdanzeige. Der Täter genießt bei Abgabe einer strafbefreienden Erklärung aus politischen und fiskalischen Gründen gegenüber der Fremdanzeige im Wesentlichen drei Vorteile, die anhand eines Fallbeispiels erläutert werden:

A besaß zahlreiche Mehrfamilienhäuser und hat seine Einnahmen aus Vermietung und Verpachtung bewusst nicht erklärt und dadurch eine vorsätzliche Steuerhinterziehung nach § 370 Abs. 1 Nr. 1 AO begangen. A verstarb und beerbte seinen Sohn B, der Beamter ist. Dieser hat die Steuerhinterziehung des A zwar erkannt, korrigierte die Steuererklärungen des A aber nicht und hat dadurch eine Steuerhinterziehung durch Unterlassen nach § 370 Abs. 1 Nr. 2 AO verwirklicht. Wenig später übereignet B seinem Sohn S die Grundstücke. Nunmehr ist S zur Abgabe einer Berichtigungserklärung gemäß § 153 AO verpflichtet und überlegt, ob eine Fremdanzeige oder eine Amnestieerklärung für B vorteilhafter ist.

Bei Abgabe einer Fremdanzeige würde grundsätzlich das Strafverfolgungshindernis zugunsten von B eintreten, vorausgesetzt B zahlt die hinterzogenen Steuern gemäß § 371 Abs. 3 AO nebst Hinterziehungszinsen gemäß § 235 AO

---

84 *Kaligin*, StraBEG, § 1 Rn. 20.

85 So auch *Kaligin*, StraBEG, § 4 Rn. 1.

86 Zu den Unterschieden von persönlichen Strafaufhebungsgründen und Strafverfolgungshindernissen siehe Teil 1: A) I. 1. a).

nach. Sollte sich aber herausstellen, dass B eine gewerbsmäßige Steuerhinterziehung nach § 370 a AO begangen hätte, käme er nach § 370 a S. 3 AO nicht in den Genuss des Strafverfolgungshindernisses aus § 371 Abs. 4 AO. Dann wäre lediglich ein minder schwerer Fall gegeben.

Des Weiteren müsste B als Beamter bei Erstattung einer Fremdanzeige durch S mit der Einleitung eines Disziplinarverfahrens rechnen. Gemäß des BMF-Schreibens vom 10.05.2000 werden im Rahmen des § 371 AO Nebenfolgen disziplinarrechtlicher oder beamtenrechtlicher Art jedenfalls dann zugelassen, wenn die verkürzte Steuer DM 5.000,00 (EUR 2.556,46) oder mehr pro Veranlagungszeitraum beträgt oder wenn bei Steuerverkürzungen von weniger als DM 5.000,00 (EUR 2.556,46) erhebliche kriminelle Energie aufgewandt wurde.[87] Nach dieser Verwaltungsregelung ist eine Durchbrechung des Steuergeheimnisses gemäß § 30 Abs. 4 Nr. 5 AO aufgrund zwingenden öffentlichen Interesses zulässig.[88]

Würde S form- und fristgerecht eine Amnestierklärung abgeben, würde B weder nach § 370 AO noch nach § 370 a AO bestraft. Voraussetzung ist lediglich, dass B bei Zugrundelegung einer reduzierten Bemessungsgrundlage[89] innerhalb von zehn Tagen 25 % bzw. bei Abgabe der Erklärung nach dem 31.12.2004 35 % der Summe der erklärten Beträge nachentrichtet. Nebenleistungen in Form von Hinterziehungszinsen fallen bei der Amnestie nicht an. Auch ein Disziplinarverfahren würde gegen B grundsätzlich nicht eingeleitet werden. § 13 StraBEG stellt eindeutig klar, dass die vorgenommenen Angaben nur zur Durchführung dieses Gesetzes bzw. dessen Überwachung in Veranlagungszeiträumen nach 2002 erfolgen kann. Eine Mitteilung an externe Behörden ist nicht statthaft.[90]

Somit wäre die Abgabe einer Amnestieerklärung für B erheblich vorteilhafter als eine Fremdanzeige, da die Straffreiheit weitergehender, die Nachzahlungssumme geringer und die Gefahr einer disziplinarrechtlichen Verfolgung ausgeschlossen ist.

---

87 BMF-Schreiben v. 10.05.2000, BStBl. I, 2000, 494.

88 Bedenken gegen die Verwaltungsregelung äußern *Joecks* in Franzen/Gast/Joecks, § 371 Rn. 218 c; *Kemper* in Leise/Dietz/Cratz, § 371 Rn. 105; *Dörn*, DStZ 2001, 77 (78 ff.).

89 Nach § 1 Abs. 1-5 StraBEG bietet der Gesetzgeber für die einzelnen Steuerarten ermäßigte Ermessungsgrundlagen an.

90 So auch *Joecks/Randt*, Steueramnestie, Rn. 286; *Kaligin*, StraBEG, § 13 Rn. 11.

3. Nebeneinander von Fremdanzeige und strafbefreiender Erklärung?

Aufgrund der weiterreichenden Rechtsfolgen wird die strafbefreiende Erklärung der Fremdanzeige grundsätzlich vorzuziehen sein. Da aber wegen der teilweise divergierenden Voraussetzungen auch Konstellationen denkbar sind, die zwar Gegenstand einer Fremdanzeige sein können, nicht jedoch einer strafbefreienden Erklärung, stellt sich die Frage, ob § 371 Abs. 4 AO neben dem Straffreiheitsgesetz anwendbar oder ob gar eine steuersparende Kombination aus beiden Instituten möglich ist.

Zunächst ist festzustellen, dass das Straffreiheitsgesetz die Möglichkeit einer strafbefreienden Fremdanzeige grundsätzlich unberührt lässt. Das ergibt sich aus dem Regierungsentwurf, der die Regelungen der §§ 371, 378 Abs. 3 AO für uneingeschränkt anwendbar erklärt.[91]

Damit ist aber noch nicht geklärt, ob die Amnestieerklärung und die Fremdanzeige alternativ zur Verfügung stehen oder miteinander kombinierbar sind.

Relevant wird diese Fragestellung z.B. für den Fall, dass der Steuerpflichtige eine Steuerhinterziehung im Bereich der Einkommensteuer und im Bereich der Grunderwerbsteuer begangen hat. Bezüglich der Einkommensteuer könnte die strafbefreiende Wirkung möglicherweise durch eine Fremdanzeige und/oder strafbefreiende Erklärung herbeigeführt werden. Hinsichtlich der Grunderwerbsteuer käme aufgrund der abschließenden Aufzählung der Steuerarten in § 1 Abs. 1 StraBEG allein die Fremdanzeige in Betracht.

In § 7 Nr. 3 StraBEG ist geregelt, dass eine strafbefreiende Erklärung ausgeschlossen ist, sofern vor deren Eingang bereits eine Berichtigungsanzeige i.S.d. § 153 AO abgegeben wurde. Mit dieser Regelung soll verhindert werden, dass Steuerpflichtige oder nach §§ 34, 35 AO verpflichtete Personen, die bereits eine Berichtigungserklärung abgegeben haben, sich im Nachhinein noch auf das in der Regel steuerlich günstigere Amnestiegesetz berufen können.[92]

Somit ist eine Amnestieerklärung jedenfalls dann ausgeschlossen, wenn ihr eine Fremdanzeige vorausgegangen ist.

Nicht geregelt ist aber, ob eine Fremdanzeige zeitgleich mit oder nach der Abgabe einer strafbefreienden Erklärung zulässig ist.

Jedenfalls nach Ablauf des Amnestiezeitraumes am 01.04.2005 muss eine Fremdanzeige für die nicht von der Amnestie erfassten Steuerarten zulässig sein. Anderenfalls würde das StraBEG die Regelung des § 371 Abs. 4 AO für die Zukunft sperren, was aber den fiskalischen Interessen des Gesetzgebers zuwider

91 BT-Drucks. 15/1521, Band 727, S. 11.

92 So auch *Kaligin*, StraBEG, § 7 Rn. 25.

laufen würde. Darüber hinaus hätte eine solche „Folgesperre“ gesetzlich geregelt werden müssen.

Fraglich ist aber, ob eine Kombination der zwei Institute im Rahmen derselben Veranlagungszeiträume möglich ist. Dagegen könnte angeführt werden, dass der Gesetzgeber letztlich eine Gesamtregelung schaffen wollte, mit der ein Schlussstrich unter die Vergangenheit gezogen und weitgehend Rechtsfrieden erreicht werden soll.[93] Für die Zulässigkeit einer Kombination spricht aber entscheidend, dass das Gesetz auch geschaffen wurde, um bisher noch nicht entdeckte Steuerhinterzieher zu ermuntern, von der Amnestieregelung Gebrauch zu machen und damit das tatsächliche und rechtliche Erhebungsdefizit auszugleichen. Könnte die nach § 2 Abs. 3 StraBEG erklärungsberechtigte Person aber nicht sicher sein, für den Täter der Steuerhinterziehung im Ergebnis vollständige Straffreiheit zu erzielen, würde sie vermutlich von der Abgabe der strafbefreienden Erklärung absehen. Damit hätte aber das Gesetz sein Ziel verfehlt. Somit ist eine Kombination der beiden Institute zuzulassen.

4. Ergebnis

Zusammenfassend ist festzustellen, dass die strafbefreiende Erklärung und die Fremdanzeige nebeneinander anwendbar und kombinierbar sind. Soweit sich der Anwendungsbereich der beiden Institute überschneidet, weist die strafbefreiende Erklärung für den Täter der Steuerhinterziehung grundsätzlich die günstigeren Rechtsfolgen auf.

Da das StraBEG eine zeitlich begrenzte und somit unreguläre Regelung darstellt, verbietet sich eine generelle Zuordnung der Fremdanzeige zur Steueramnestie nach dem StraBEG.

V. Ergebnis

Insgesamt hat sich erwiesen, dass sich die Fremdanzeige nicht in die Systematik der strafrechtlichen Rücktritts- und Strafbefreiungsregeln oder der Amnestie einordnen lässt. Dieses verbieten die erheblichen Unterschiede in der Ausgestaltung der Fremdanzeige im Vergleich zum Rücktritt, zur tätigen Reue, zur Schadenswiedergutmachung und zur zeitlich begrenzen Steueramnestie.

---

93 Vgl. BT-Drucks. 15/1521, Band 727, S. 9.

B) Versuch einer teleologischen Einordnung des § 371 Abs. 4 AO

Der Sinn und Zweck der Fremdanzeige ist umstritten. So ist zweifelhaft, ob die Regelung mit steuerpolitischen oder kriminalpolitischen Erwägungen zu begründen ist. Von der Beantwortung dieser Frage hängt es ab, ob die Tatbestandsmerkmale des § 371 Abs. 4 AO eher extensiv oder restriktiv auszulegen sind und wie weit der Anwendungsbereich der Norm reicht.

I. Strafrechtliche Interpretation

Einige Stimmen in der Literatur versuchen, § 371 Abs. 4 AO kriminalpolitisch zu erklären.[94] Sie berufen sich auf die Begründung zum Entwurf des § 354 AO 1974,[95] wonach die Vorschrift „verhindern soll, dass jemand, der aufgrund des § 153 AO eine Erklärung nachholt oder berichtigt, dadurch Dritte der Strafverfolgung aussetzt, die die Abgabe der Erklärung unterlassen oder eine unrichtige oder unvollständige Erklärung abgegeben haben. Bliebe die strafrechtliche Verantwortung anderer Personen bestehen, so könnte dies jemanden, der nach § 153 AO verpflichtet ist, eine falsche Erklärung zu berichtigen, davon abhalten, dies zu tun. Deshalb sollen auch Dritte bei einer späteren Berichtigung strafrechtlich nicht verfolgt werden, es ei denn, dass ihnen oder ihren Vertretern vorher wegen der Tat die Einleitung eines Straf- oder Bußgeldverfahrens bekannt gegeben worden ist.“ Aus den Gesetzesmaterialien wird geschlossen, dass § 371 Abs. 4 AO den Zweck verfolgt, dem aus § 153 AO Verpflichteten die Anzeige zumutbar zu machen.[96] Die Entstehung von unlösbaren Interessenkonflikten soll verhindert werden.[97] Die Lösung des Konflikts erfolgt demnach auf der Ebene der Schuld.

94 *Joecks* in Franzen/Gast /Joecks, § 371Rn. 31, 221; *Weinreuter* DStR 2000, 398 (398, 408).
95 BT-Drucks.VI/1982, Band 148, zu § 354 AO, S. 195.
96 *Joecks* in Franzen/Gast /Joecks, § 371 Rn. 221.
97 *Weinreuter* DStR 2000, 398 (398, 408).

II. Rein fiskalische Interpretation

Nach einer anderen Ansicht[98] verfolgt § 371 Abs. 4 AO keine strafrechtlichen, sondern ähnlich wie auch die Regelung über die Selbstanzeige[99], rein fiskalische Interessen. Der Anzeigepflichtige solle allein aus steuerpolitischen Gründen von Hemmungen befreit werden, die ihn davon abhalten könnten, durch Erstattung der in § 153 AO vorgeschriebenen Anzeige dem Staat eine bisher verborgene Steuerquelle zu erschließen.[100] Das ergebe sich eindeutig aus § 371 Abs. 4 S. 2 i.V.m. Abs. 3 AO, der durch die Neufassung der AO von 1977 eingefügt wurde. Danach werde nämlich das Gegenmotiv, kein Denunziant werden zu wollen, nur dort durch die Gewährung eines Verfolgungshindernisses bekämpft, wo genügend Mittel zur Nachzahlung der Steuer vorhanden sind, es sich also fiskalisch lohne, auf den Strafanspruch zu verzichten.[101] Sofern also keine Mittel zur Nachzahlung der Steuern bestehen, werde die psychische Konfliktsituation auch nicht beseitigt, da das Strafverfolgungshindernis nach § 371 Abs. 4 S. 2 i.V.m. Abs. 3 AO nicht eingreife.

III. Fiskalisch-strafrechtliche Interpretation

Wieder andere sind der Auffassung, dass § 371 Abs. 4 AO sowohl aus einem kriminalpolitischen als auch aus einem fiskalpolitischen Motiv zu erklären ist.[102] Den Sinn und Zweck der Regelung sollen neben den Zumutbarkeitserwägungen aus der Gesetzesbegründung seit der Einführung des Satzes 2 des § 371 Abs. 4 AO zusätzlich die fiskalischen Interessen des Staates bilden. Dabei wird der Schwerpunkt der zwei unterschiedlichen Begründungen unterschiedlich gesetzt, überwiegend jedoch in den fiskalischen Erwägungen gesehen.[103]

---

98 *Samson* wistra 1990, 245 (250); *Daude*, Drittanzeige, S. 18 f.; *Kohlmann*, § 371 Rn. 275; *Simon*/Vogelberg, Steuerstrafrecht, S. 204; *Rüping* in H/H/S, § 371 AO Rn. 201 f., 215; *Kemper* in Leise/ Dietz/Cratz, § 371 Rn. 108; wohl auch OLG Stuttgart wistra 1996, 190 (191).

99 So die h.M., siehe dazu *Rüping* in H/H/S, § 371 Rn. 10 ff. m.w.N.

100 *Kohlmann*, § 371 Rn. 275; *Kottke* DStR 1996, 1350 (1352).

101 *Rüping* in H/H/S, § 371 Rn. 215; *Samson* wistra 1990, 245 (250); *Daude*, Drittanzeige, S. 19.

102 *Quedenfeld/Füllsack*, Verteidigung in Steuerstrafsachen, Rn. 377; *Wassmann*, Kommentar zu § 371 AO, S. 109; *Jarke* wistra 1999, 286 (289); *Boelsen*, § 371 Abs. 4 AO, S. 18.

103 So *Boelsen*, § 371 Abs. 4 AO, S. 18, *Jarke* wistra 1999, 286 (289); dagegen gehen *Quedeneldt/Füllsack*, Verteidigung in Steuerstrafsachen, Rn. 377 wohl von einer Gleichwertigkeit der zwei Motive aus.

IV. Stellungnahme

1. Kritik an der rein strafrechtlichen Interpretation

Die rein strafrechtliche Erklärung, die auf die Gesetzesbegründung und damit wohl auf den Gesichtspunkt der Zumutbarkeit abstellt, kann nicht überzeugen.

Wollte das Gesetz ausschließlich die für den Anzeigeverpflichteten bestehende Unzumutbarkeit fremder Denunziation beseitigen, dann ist die Regelung über die Nachzahlung gemäß § 371 Abs. 4 S. 2 i.V.m. Abs. 3 AO nicht vollständig zu erklären.[104] Zwar könnte diese Regelung auch auf den Wiedergutmachungsgedanken zurückgeführt werden,[105] allerdings nur kumulativ. Es wird nicht geleugnet werden können, dass hinter dieser Regelung zumindest auch fiskalische Interessen stecken. Denn wenn dem Steuerhinterzieher, der zu seinem eigenen Vorteil gehandelt hat, die finanziellen Mittel zur Nachzahlung der Steuern fehlen, greift das Strafverfolgungshindernis zu seinen Gunsten nicht ein. In einem solchen Fall bleibt der Interessenkonflikt bei dem Anzeigeverpflichteten also bestehen.

Demnach wäre ein rein strafrechtlicher Gesetzeszweck also in einigen Fällen nicht erreichbar.

2. Kritik an der rein fiskalischen Interpretation

Der rein fiskalische Ansatz, wonach allein die Aufdeckung von neuen Steuerquellen mit der Gewährung des Strafverfolgungshindernisses belohnt werde, übersieht, dass die ursprüngliche Gesetzesbegründung auch heute noch Geltung beansprucht.

Das ergibt sich aus der Geschichte des § 371 Abs. 4 AO,[106] Eine mit der heutigen Fassung fast identische Regelung befand sich bereits in § 374 Abs. 2 der Reichsabgabenordnung (RAO) von 1919. Bis zur umfassenden Reform der Reichsabgabenordnung im Jahre 1977 blieb der Wortlaut der Vorschrift weitgehend unverändert, lediglich der Standort der Vorschrift wechselte 1931, 1951 und 1965 innerhalb des Gesetzes. 1977 wurde schließlich § 371 AO neu gefasst, § 371 Abs. 4 S. 2 AO eingefügt.

Die Vorläufer der heutigen Fremdanzeige verfolgten den Zweck, die Anzeigepflicht für den Verpflichteten erträglicher zu gestalten.[107] Nach Einführung

---

104 Vgl. *Samson* wistra 1990, 245 (250).

105 Vgl. *Kohlmann* wistra 1982, 2 (5).

106 Zur ausführlichen Darstellung der Geschichte des § 371 Abs. 4 AO bereits *Boelsen*, § 371 Abs. 4 AO, S. 15 ff. und *Daude*, Drittanzeige, S. 13 ff.

107 Vgl. *Becker*, 1. Aufl. zur RAO von 1919, Nr. 8 zu § 374.

der noch heute gültigen Fremdanzeigeregelung von 1977 wurde eine neue amtliche Begründung zum Entwurf der Abgabenordnung verfasst, welche aber inhaltlich mit der Begründung der früheren Vorschriften identisch geblieben ist.[108] Wenn es also heute ausschließlich um steuerpolitische und gar nicht mehr um kriminalpolitische Erwägungen ginge, wäre die Gesetzesbegründung diesbezüglich auch inhaltlich geändert worden. Dies ist aber nicht geschehen. Folglich gilt zumindest auch das kriminalpolitische Motiv fort. Eine rein fiskalische Erklärung ist deshalb abzulehnen.

3. Eigene Ansicht

Aus der eben bereits aufgezeigten Geschichte des § 371 Abs. 4 AO ergibt sich, dass dem Grunde nach der fiskalisch-strafrechtlichen Interpretation der Fremdanzeige zu folgen ist. Denn mit der Übernahme der ursprünglichen Gesetzesbegründung in die AO von 1977 sollte eine Denunziation des Anzeigeverpflichteten nach wie vor verhindert werden. Zudem wurde die eindeutig fiskalisch motivierte Nachzahlungspflicht durch Hinzufügung des § 371 Abs. 4 S. 2 AO angeordnet. Folglich weist die Fremdanzeige eine dipolartige Struktur auf.

Fraglich ist, auf welchem Gesetzeszweck der Schwerpunkt des § 371 Abs. 4 AO liegt, auf der Interessenkollision oder auf den fiskalischen Erwägungen. Um diese Frage zu klären, ist zu untersuchen, wie die fiskalischen und kriminalpolitischen Erwägungen wirken und ineinander greifen.

a) Der fiskalpolitische Anreizeffekt des § 371 Abs. 4 AO

Der Begriff der „Anreizfunktion“, der bisher vornehmlich im Zusammenhang mit der Selbstanzeige oder teilweise auch bezüglich § 371 AO insgesamt verwendet wurde,[109] gewinnt abgewandelt auch für die Fremdanzeige erhebliche Bedeutung.

Bei der Selbstanzeige wird die Anreizfunktion von der herrschenden Meinung wie folgt beschrieben: Die Selbstanzeigevorschrift will zur Entlastung der Steuerbehörden beitragen und auf eine Vermehrung des Steueraufkommens hinwirken, indem durch die Inaussichtstellung der Straffreiheit ein Anreiz zur nachträglichen freiwilligen Entrichtung hinterzogener Beträge geschaffen

108 Vgl. amtliche Begründung zum Entwurf der AO 1977, BT-Drucks. VI/1982, Band 148, zu § 354 AO, S. 195.

109 BGH St 12, 100 (101); BGH NJW 1974, 2293; BGH wistra 1987, 342 (343); BGH wistra 1991, 223 (225); *Rüping* in H/H/S, § 371 Rn. 11.

wird.[110] Dieser außerstrafrechtliche Erklärungsansatz basiert auf der äußerst ungünstigen Lage, in der sich der Fiskus gegenüber den steuerpflichtigen Bürgern befindet. Denn das Steuerrecht ist durch eine Vielzahl von Mitwirkungspflichten, wie z.B. die Abgabe von Steuererklärungen und Steueranmeldungen, und eine nur geringe Normakzeptanz in der Bevölkerung gekennzeichnet. Darüber hinaus besteht für den Fiskus die Schwierigkeit, die Erfüllung der Steuerpflichten wirksam zu kontrollieren.

Auf die Fremdanzeige lässt sich der Gedanke des Anreizeffektes abgewandelt übertragen. Denn § 371 Abs. 4 AO erfüllt zumindest auch die steuerliche Funktion, für einen Dritten einen Anreiz zur Offenlegung bisher verborgener Steuerquellen zu schaffen. Der Anreiz folgt allerdings aus einer anders gelagerten Motivation heraus als bei der Selbstanzeige. Der Dritte befindet sich in einer psychischen Konfliktsituation: Entweder er kommt seiner Berichtigungspflicht aus § 153 AO nach und belastet dadurch weitere Berichtigungspflichtige bzw. Steuerhinterzieher oder aber er schützt seine Vorgänger oder Mitverpflichteten, verletzt damit seine eigene Anzeigepflicht und begeht selbst eine Steuerhinterziehung durch Unterlassen. Um ihm einen Anreiz in die steuerehrliche Richtung zu geben, sieht § 371 Abs. 4 AO – in einigen Fällen gegen Nachzahlung der Steuern (§ 371 Abs. 4 S. 2 i.V.m. Abs. 3 AO) – ein Strafverfolgungshindernis zu Gunsten der weiteren Berichtigungspflichtigen bzw. der Steuerhinterzieher vor. Dadurch beginnt eine bisher unentdeckte Steuerquelle zu sprudeln. Man könnte nun argumentieren, dass die geforderte Nachzahlungspflicht den Anreizeffekt hemme. Da die Straffreiheit jedoch nur dann von einer Nachzahlung der verkürzten Steuern abhängt, wenn die Hinterziehung zum eigenen Vorteil geschieht, unterliegen nicht alle Täter der Nachzahlungspflicht.[111]

Unterstützt wird der Anreizeffekt bei der Fremdanzeige durch die für den Anzeigenden gute Kalkulierbarkeit der Voraussetzungen des § 371 Abs. 4 AO. Denn im Gegensatz zur Selbstanzeige existiert bei der Fremdanzeige lediglich ein einziger Ausschlussgrund, dessen Bestehen für den Anzeigeverpflichteten leicht nachprüfbar ist. Ob dem Dritten die Einleitung eines Straf- oder Bußgeldverfahrens bereits bekannt gegeben worden ist, kann durch eine kurze Nachfrage bei dem Dritten geklärt werden. Schwierig bzw. unmöglich wäre es für ihn dagegen herauszubekommen, ob die Tat bereits entdeckt ist. Denn darüber könnte nur die Finanzbehörde Auskunft geben. Sollte die Tat noch unentdeckt sein, würden spätestens mit dem Auskunftsersuchen die Nachforschungen in Gang

---

110 RStBl. 1942, 865 (867); BGH St 3, 373 (375); BGH St 12, 100 (101); BayObLG wistra 1985, 117 f.; *Kohlmann*, § 371 Rn. 12; *Bilsdorfer* wistra 1984, 93.

111 Was unter einem Handeln zum eigenen Vorteil zu verstehen ist und welche Täter der Nachzahlungspflicht unterliegen bzw. nicht unterliegen, wird in Teil 2: B) II. 3. näher erläutert.

gesetzt werden. Gäbe es also diesen Ausschlussgrund der Selbstanzeige auch bei der Fremdanzeige, wäre die Wirksamkeit der Fremdanzeige schwer kalkulierbar, damit die Gefahr der Denunziation erheblich höher und die Anzeigebereitschaft folglich um ein Vielfaches geringer.

Es ergibt sich, dass § 371 Abs. 4 AO dem Anzeigeverpflichteten einen erheblichen Anreiz zur Erstattung der Anzeige bietet, wodurch bisher verborgene Steuerquellen aufgedeckt und abgeschöpft werden können.

Schon hier lässt sich also vermuten, dass der Schwerpunkt des § 371 Abs. 4 AO somit wohl auf den fiskalischen Erwägungen liegt.

b) Strafrechtliche Erwägungen des § 371 Abs. 4 AO

Neben dem Anreizeffekt besteht der kriminalpolitische Zweck des § 371 Abs. 4 AO, dass dem Verpflichteten die Anzeige zumutbar gemacht werden soll, grundsätzlich fort. Dieser kann lediglich dann nicht erreicht werden, wenn dem Steuerhinterzieher die Mittel zur Nachzahlung der Steuern fehlen, obwohl er zum eigenen Vorteil gehandelt hat. In diesem Fall kommt dem Dritten das Strafverfolgungshindernis nicht zugute.

§ 371 Abs. 4 AO kommt als Regelung des materiellen Strafrechts allerdings auch eine generalpräventive Funktion zu. Im Unterschied zur Selbstanzeige hat der Anzeigeverpflichtete es hier noch selbst in der Hand, die Berichtigungserklärung pflichtgemäß abzugeben und damit selbst nicht in die Gefahr der Strafverfolgung wegen Steuerhinterziehung zu geraten.

Die Präventivfunktion der Strafsanktion wird neuerdings durch zwei Faktoren erheblich verstärkt. Zum einen wurde im Jahre 2001 durch das Steuerverkürzungsbekämpfungsgesetz der Verbrechenstatbestand des § 370 a AO eingefügt, der einen Strafrahmen von einem Jahr bis zu zehn Jahren vorsieht. Zum anderen ist die Gefahr der Entdeckung erheblich gestiegen, und dieser Trend wird sich fortsetzen. Denn die Möglichkeiten der elektronischen Datenverarbeitung wachsen immer rasanter an. Das Wissen der Rechnergeschwindigkeit verdoppelt sich nach Schätzungen alle 18 Monate. Bis Steuerstraftaten, die für das Jahr 2003 begangen werden, strafrechtlich verjährt sind, wird man voraussichtlich mit den Daten 16mal so schnell arbeiten können wie heute, wobei nicht behauptet werden kann, Datenverarbeitung sei heute langsam. Bei einer Nichtanzeige setzt sich der Verpflichtete also einer nicht zu unterschätzenden Gefahr der Entdeckung seiner Tat aus.

Schließlich bleibt zu berücksichtigen, dass es jedenfalls auch Sinn der Strafvorschriften der Abgabenordnung ist, unbekannte Steuerstraftaten aufzuklären und den Steuerhinterzieher einer Bestrafung zuzuführen, und sie nicht – in der Regel jedenfalls nicht – zu verhindern.

c) Verhältnis der fiskalischen und strafrechtlichen Erwägungen

Aus den bisherigen Untersuchungen ergibt sich, dass der finanzpolitische Aspekt der Vorschrift im Vordergrund steht. Für den Anzeigeverpflichteten soll § 371 Abs. 4 AO zwar die Erklärung nach § 153 AO zumutbar machen. Gleichzeitig und vor allem soll durch das Strafverfolgungshindernis aber eine neue Steuerquelle aufgedeckt werden und im Ergebnis Steuergleichheit und Steuergerechtigkeit erreicht werden.

Die Vorschrift bleibt zwar wie die eigentliche Steuerhinterziehung nach § 370 AO eine Regelung des materiellen Strafrechts, deren Anwendung grundsätzlich dazu verpflichtet, an den anerkannten Regeln des Strafrechts festzuhalten. Der Gesetzgeber war jedoch bereit, zugunsten fiskalischer Zielsetzungen im Strafrecht sonst geltende Regeln außer Kraft zu setzen.

Fiskalische Zielsetzungen müssen wiederum dort zurücktreten, wo ihre Durchsetzung mit strafrechtlichen Grundsätzen unvereinbar ist, soweit der Gesetzgeber nicht ausdrücklich eine Ausnahme hiervon getroffen hat.

Der Ausnahmecharakter des § 371 Abs. 4 AO muss also stets beachtet werden und gewahrt bleiben. Illegitim wäre es, unter Berufung darauf, dass der Gesetzgeber mit der Schaffung dieser Vorschrift ohnehin von strafrechtlichen Grundsätzen abgewichen ist, generell fiskalischen Überlegungen den Vorrang auch dort einzuräumen, wo die Fassung des § 371 Abs. 4 AO der Berücksichtigung strafrechtlicher Grundsätze und Wertungsrichtlinien durchaus Raum lassen würde.

Grenzen ergeben sich auch aus der Struktur des § 371 AO selbst. Die Fremdanzeige ist wie auch die Selbstanzeige eine Ausnahmevorschrift. Die Systematik innerhalb des § 371 AO bietet einen sinnvollen Ausgleich von Anreiz und Druck, um im Rahmen der strafrechtlichen Grenzen die fiskalischen Interessen bei der Fremd- und der Selbstanzeige optimal durchsetzen zu können. Dies wird sich insbesondere bei der Hauptproblematik des § 371 Abs. 4 AO, nämlich der Frage, welcher Personenkreis von dieser Vorschrift erfasst wird, zeigen.

V. Ergebnis

Insgesamt hat sich herausgestellt, dass das Institut der Fremdanzeige sowohl auf fiskalischen als auch auf strafrechtlichen Motiven beruht, wobei der Schwerpunkt im fiskalischen Bereich liegt.

Vornehmlich soll der Anzeigeverpflichtete unter Gewährung des Strafverfolgungshindernisses zugunsten weiterer Berichtigungspflichtiger bzw. Steuerhinterzieher zu der Fremdanzeige bewegt werden, um dem Fiskus neue Steuerquellen zu erschließen.

Um den fiskalischen Interessen möglichst große Geltung zu verschaffen, ist § 371 Abs. 4 AO in diesem Sinne auszulegen. Grenzen ergeben sich zum einen aus strafrechtlichen Grundsätzen und zum anderen aus der Gesetzessystematik des § 371 AO selbst.

Die Ausgestaltung der Fremdanzeige kann also als Ergebnis eines komplizierten Interessenausgleichs verstanden werden, der zu einem gesetzgeberischen Kompromiss geführt hat und die Sonderstellung der Fremdanzeige im Strafrechtssystem rechtfertigt.

Teil 2: Die gesetzlichen Voraussetzungen der Fremdanzeige

A) Steuerliche Pflichten aus § 153 AO

Zentrale Voraussetzung des § 371 Abs. 4 AO ist die Erstattung der in § 153 AO vorgesehenen Anzeige. Nur wenn die Anzeige nach § 153 AO rechtzeitig und ordnungsgemäß abgegeben wird, kann die strafverfolgungshindernde Wirkung der Fremdanzeige eintreten.

§ 153 AO besteht aus drei Absätzen, wobei hier auf § 153 Abs. 1 AO schwerpunktmäßig eingegangen wird, da dieser im Zusammenhang mit der Fremdanzeige die größte Relevanz aufweist.

Sinn und Zweck der Anzeigepflicht aus § 153 AO liegen in der generellen Ergänzung der Erklärung- und Wahrheitspflichten der AO.[1] Gemäß § 150 Abs. 2 AO sind die Angaben in der Steuererklärung „wahrheitsgemäß und nach bestem Wissen und Gewissen zu machen". Nach § 90 Abs. 1 AO haben die Beteiligten „die für die Besteuerung erheblichen Tatsachen vollständig und wahrheitsgemäß offen zu legen...". Sobald der Steuerpflichtige oder sein Gesamtrechtsnachfolger oder eine nach §§ 34, 35 AO verpflichtete Person nach Abgabe der Steuererklärung erkennt, dass der Steuerpflichtige seiner Steuererklärungspflicht nicht gerecht geworden ist, so hat er die Pflicht, die Steuererklärung zu berichtigen.

Die Vorschrift dient also ausschließlich dem fiskalpolitischen Interesse und bezweckt die Inkenntnissetzung der Finanzbehörde von steuerlich erheblichen Umständen.[2]

I. Anzeigepflichtige Personen

1. Steuerpflichtige

Gemäß § 153 Abs. 1 S. 1 AO ist zunächst der Steuerpflichtige zur Anzeige verpflichtet. Der Begriff des Steuerpflichtigen wird in § 33 Abs. 1 AO definiert. Danach ist Steuerpflichtiger, wer eine Steuer schuldet, für eine Steuer haftet, ei-

---

1 *Tipke*/Kruse, § 153 Rn. 1; *Trzaskalik* in H/H/S, § 153 Rn. 2; *Wenzig* DStZ 1986, 375 (378).

2 Vgl. *Möller*, Berichtigungspflicht, S. 38.

ne Steuer für Rechnung eines Dritten einzubehalten und abzuführen hat, wer eine Steuererklärung abzugeben, Sicherheit zu leisten, Bücher und Aufzeichnungen zu führen oder andere ihm durch die Steuergesetze auferlegte Verpflichtungen zu erfüllen hat.

Bereits aus dem Wortlaut ergibt sich, dass nicht nur steuererklärungspflichtige Personen, sondern alle Steuerpflichtigen i.S.v. § 33 Abs. 1 AO, soweit sie Erklärungen – und nicht nur Steuererklärungen – abgeben, zu dem Kreis der anzeigepflichtigen Personen zählen. Dennoch will *Dumke* den Personenkreis auf steuererklärungspflichtige Personen beschränken.[3] Hintergrund dieser Ansicht ist die Annahme, § 153 Abs. 1 Nr. 1 AO sei aufgrund seiner systematischen Stellung im Gesetz auf Erklärungen im Steuerfestsetzungsverfahren und damit insbesondere auf die Steuererklärung zugeschnitten. Folglich könnten auch nur Steuererklärungspflichtige zur Berichtigung fehlerhafter Steuererklärungen verpflichtet werden.[4]

Für diese Einschränkung entgegen dem Wortlaut besteht allerdings kein sachlicher Grund. Zwar begrenzt *Dumke* den Anwendungsbereich des § 153 Abs. 1 AO zutreffend auf Erklärungen im Festsetzungsverfahren:[5] für seine Schlussfolgerung, den Kreis der Adressaten entgegen dem Wortlaut auf Steuererklärungspflichtige zu begrenzen, besteht jedoch kein Bedürfnis. Denn es handelt sich bei den Begriffen „Erklärung“ und „Steuerpflichtiger“ um zwei unterschiedliche Tatbestandsmerkmale, die strikt zu trennen sind.[6] Darüber hinaus spricht gegen die Schlussfolgerung *Dumkes*, dass es durchaus Erklärungen im Rahmen des Festsetzungsverfahrens gibt, die nicht von dem Steuererklärungspflichtigen abgegeben werden müssen. Als Beispiel hierfür seien Auskünfte nach § 93 AO oder Erklärungen nach § 31 Abs. 1 ErbStG genannt.

Demzufolge gehören alle steuerpflichtigen Personen, die Erklärungen abgeben, zu den Anzeigepflichtigen aus § 153 Abs. 1 S. 1 AO.

2. Ehegatten

Fraglich ist, ob auch der zusammenveranlagte Ehegatte Steuerpflichtiger im Sinne von § 33 Abs. 1 AO und damit Anzeigepflichtiger nach § 153 Abs. 1 S. 1 AO ist. Problematisch ist dabei der Fall, in dem ein Ehegatte nach der Zusammenveranlagung erfährt, dass der andere Ehepartner einen Teil seiner Einkünfte verschwiegen hat, die gemeinsame Einkommensteuererklärung also unrichtig war

---

3 *Dumke* in Schwarz, § 153 Rn. 2 c.
4 Vgl. *Dumke* in Schwarz, § 153 Rn. 8 f.
5 Zur Begrenzung auf das Festsetzungsverfahren siehe Teil 2: A) II. 1. d) cc).
6 Vgl. *Möller*, Berichtigungspflicht, S. 41 f.

und es deshalb zu einer Steuerverkürzung gekommen ist. Der vorsätzlich handelnde Ehegatte hat eine Steuerhinterziehung nach § 370 Abs. 1 Nr. 1 AO begangen. Da er bereits bei Abgabe der Steuererklärung – und nicht erst nachträglich – deren Unrichtigkeit kannte, kann er selbst keine Berichtigungsanzeige nach § 153 AO abgeben.[7] Somit kommt allenfalls der nicht vorsätzlich handelnde Ehegatte als Anzeigepflichtiger nach § 153 AO in Betracht. Wenn dieser aber nach § 153 AO tatsächlich zur Anzeige verpflichtet wäre, befände er sich in einer erheblichen psychischen Zwangssituation. Denn wenn er seiner Anzeigepflicht nachkäme, würde er seinen Ehepartner der Gefahr der Strafverfolgung aussetzen (vorausgesetzt § 371 Abs. 4 AO begünstigt nicht den Steuerhinterzieher, sondern nur den nach § 153 AO Verpflichteten, da dem steuerhinterziehenden Ehegatten ansonsten das Strafverfolgungshindernis zugute käme).[8] Selbst wenn der Ehegatte noch zu einer Selbstanzeige überredet werden könnte, so müsste er die hinterzogenen Steuern nach § 371 Abs. 3 AO auf jeden Fall nachentrichten. Aber auch diese vergleichsweise milde Rechtsfolge der Steuernachzahlung würde den Ehefrieden erheblich stören, zumal die in der Einkommensteuer verschwiegenen Steuern ja gerade „gespart" werden sollten.

Käme der zunächst unwissende Ehegatte der Anzeigepflicht nicht nach, beginge er selbst eine Steuerhinterziehung durch Unterlassen nach § 370 Abs. 1 Nr. 2 AO.

Einige Stimmen in der Literatur[9] sind der Auffassung, dass trotz dieser Konfliktsituation auch Eheleute Steuerpflichtige nach § 33 Abs. 1 AO seien. Es wird insbesondere angeführt, dass der Ehegatte Beteiligter sei und die Wertung des § 101 AO auf § 153 AO durchschlage.

Diese Ansicht kann jedoch nicht überzeugen. Denn bei der Zusammenveranlagung ergehen in einem Bescheid zusammengefasste inhaltsgleiche Steuerfestsetzungen gegenüber mehreren Steuerpflichtigen. Es handelt sich folglich um zwei inhaltlich und verfahrensrechtlich selbstständige Bescheide. Nach § 78 Nr. 2 AO wird der Ehegatte daher nicht Beteiligter in einem Steuerfestsetzungsverfahren des anderen Ehegatten, so dass ihm bezüglich der Verhältnisse des an-

---

7 Allg. Meinung zumindest bei unbedingtem Vorsatz : *Kohlmann*, § 370 Rn. 95; *Samson* wistra 1990, 245 (246); *Joecks* in Franzen/Gast/Joecks, § 371 Rn. 223; Tipke/Lang-*Seer*, § 21 Rn. 199, *Schuhmann* wistra 1994, 45 (47); *Brenner* DRiZ 1981, 412; *Krabbe* in Koch/Scholtz, § 153 Rn. 5; *Kühn/Hofmann*, § 153 Rn. 4 a; *Boelsen*, § 371 Abs. 4 AO, S. 43; vgl. zur Vorgängervorschrift auch OLG Hamm NJW 1959, 1504 (1505).

8 Zu dieser Problematik ausführlich Teil 3: A).

9 *Söhn* in H/H/S, § 101 Rn. 9 b; *Dumke* in Schwarz, § 101 Rn. 2 b; *Szymczak* in Koch/Scholtz, § 101 Rn. 4 f.

deren Ehegatten ein Auskunftsverweigerungsrecht aus § 101 AO zusteht.[10] Ferner soll § 101 AO Konfliktsituationen vermeiden und das familiäre Vertrauensverhältnis schützen. Dieser Zweck würde jedoch vereitelt, würde man den zusammenveranlagten Ehegatten das Auskunftsverweigerungsrecht versagen.[11] Ferner ist dem Gesetzeswortlaut des § 26 b EStG zu entnehmen, dass „die Ehegatten gemeinsam als Steuerpflichtiger *behandelt*“ werden. Aus dieser Formulierung wird deutlich, dass die Eheleute zwar wie ein Steuerpflichtiger behandelt werden, es aber gerade nicht sind. Vielmehr handelt es sich bei der Zusammenveranlagung der Eheleute um ein technisches Prinzip, welches aber von der Beteiligtenrolle und der inhaltlichen Verantwortung unabhängig ist.[12] Eine Zurechnung erfolgt allein für die Festsetzung der gemeinsamen Einkommensteuer.[13] Soweit es bei der Zusammenveranlagung um die Einkünfte des anderen Ehegatten geht, handelt es sich um eine „fremde“ Steuersache im Sinne von § 33 Abs. 2 AO.[14]

Darüber hinaus würde eine Einbeziehung des Ehegatten in den Kreis der Anzeigepflichtigen auch dem Sinn und Zweck des § 26 b EStG widersprechen. Die Zusammenveranlagung von Ehegatten rechtfertigt sich aus Art. 6 Abs. 1 GG und dient dem Schutz der Ehe, insbesondere einer an dem Schutzgebot des Art. 6 Abs. 1 GG und der wirtschaftlichen Leistungsfähigkeit der Ehepaare (Art. 3 Abs. 1 GG) orientierten sachgerechten Besteuerung.[15] Würde nun aber der eine Ehegatte durch § 153 AO unter Strafandrohung verpflichtet, seinen Ehepartner zu denunzieren, würde der an Art. 6 Abs. 1 GG orientierte Zweck des § 26 b EStG unterlaufen. Ebenso würde eine weite Auslegung des § 153 Abs. 1 S. 1 AO einen Verstoß gegen Art. 6 Abs. 1 GG bedeuten, wonach Ehe und Familie unter dem besonderen Schutz der staatlichen Ordnung stehen.[16] Zum Schutz der Ehe zählt auch der Abwehranspruch gegen ehestörende Beeinträchtigungen durch die öffentliche Gewalt.[17]

Damit fällt der zusammenveranlagte Ehegatte nicht unter den Begriff des Steuerpflichtigen i. S.v. § 33 Abs. 1 und § 153 Abs. 1 S. 1 AO.[18]

---

10 Klein/*Brockmeyer,* § 101 Rn. 2.
11 *Tipke*/Kruse, § 101 Rn. 2; *Kühn/Hofmann*, § 101 Rn. 2.
12 Ähnlich *Kühn/Hofmann* § 101 Rn. 2.
13 *Heuermann* in Blümich, (Hrsg. Ebling), EStG, § 26 b Rn. 4.
14 *Tipke*/Kruse, § 153 Rn. 2; *Daude*, Drittanzeige, S. 48.
15 BVerfGE 61, 319 (347); *Heuermann* in Blümich, EStG, § 26 b Rn. 4; *Maunz* in Maunz/Düring, Art. 6 Rn. 86.
16 So auch *App* BB 1987, 1444; Klein/*Brockmeyer,* § 153 Rn. 2.
17 *Maunz* in Maunz/Düring, Art. 6 Rn. 43.
18 Im Ergebnis auch *Kühn/Hofmann*, § 153 Rn. 2; *Trzaskalik* in H/H/S, § 153 Rn. 6.

3. Gesamtrechtsnachfolger

Zu den anzeigepflichtigen Personen zählt gemäß § 153 Abs. 1 S. 2 AO auch der Gesamtrechtsnachfolger. Sofern also der Gesamtrechtsnachfolger erkennt, dass sein Rechtsvorgänger eine unrichtige Erklärung abgegeben hat und es dadurch zu einer Steuerverkürzung gekommen ist oder kommen kann, ist er zur Anzeige und Richtigstellung verpflichtet. § 153 Abs. 1 S. 2 AO erweitert den § 45 AO, indem er die Wirkungen der Gesamtrechtsnachfolge regelt.[19]

Als praktisch relevante Fälle sind die Erbschaft (§ 1922 Abs. 1 BGB), Nacherbschaft (§ 2139 BGB), die Begründung einer Gütergemeinschaft (§ 1416 Abs. 2 BGB) und die Verschmelzung oder Umwandlung von Gesellschaften zu nennen.

Nach der soeben untersuchten Problematik der Zusammenveranlagung von Ehegatten drängt sich die Frage auf, ob ein zusammenveranlagter Ehegatte, der als Erbe seines verstorbenen Ehepartners eingesetzt ist, mit Anfall der Erbschaft als Gesamtrechtsnachfolger Anzeigepflichtiger nach § 153 Abs. 1 S. 2 AO wird. Dies könnte aus Pietätsgründen und mit Rücksicht auf den Zweck des § 101 AO[20] bezweifelt werden.

Allerdings ist die Situation bei der Erbschaft eine andere als unter lebenden Eheleuten.

Zum einen besteht nach § 101 AO mit Eintritt der Universalsukzession kein Auskunftsverweigerungsrecht mehr, da der Erbe ab diesem Zeitpunkt in die Rechte und Pflichten des Erblassers eintritt und damit selbst Beteiligter im Sinne von § 101 AO wird. Mit dem Tod des einen Ehegatten kann der Sinn des § 101 AO, das eheliche Vertrauensverhältnis zu wahren, nicht mehr unterlaufen werden. Die Gefahr der Denunziation besteht also nicht mehr.

Zum anderen ist noch anzumerken, dass der überlebende Ehegatte, wenn er aus Pietätsgründen die Anzeige nach § 153 AO nicht erstatten möchte, stets noch die Möglichkeit hat, die Erbschaft auszuschlagen. Bei Ausschlagung der Erbschaft entsteht nämlich keine Gesamtrechtsnachfolge.[21] Die Ausschlagung kann bei bestimmten Vermögensverhältnissen sogar steuerlich günstiger sein als die Annahme der Erbschaft, vorausgesetzt die Eheleute lebten im Güterstand der Zugewinngemeinschaft.[22]

---

19 Vgl. *Boelsen*, § 371 Abs. 4 AO, S. 22; *Daude*, Drittanzeige, S. 48.

20 Siehe soeben Teil 2: A) I. 2.

21 Tipke/*Kruse* § 45 Rn. 6.

22 Zu den Auswirkungen der sog. erbrechtlichen (§ 1371 Abs. 1 BGB) und der güterrechtlichen Lösung (§ 1371 Abs. 2, 3 BGB) Kapp/*Ebeling*, ErbStG, § 5 Rn. 65, 10 ff., 63.

4. Personen nach §§ 34, 35 AO

Nach § 153 Abs. 1 S. 2 AO sind auch die nach den §§ 34 und 35 AO für den Gesamtrechtsnachfolger oder den Steuerpflichtigen handelnden Personen anzeigepflichtig. Dabei handelt es sich namentlich um gesetzliche Vertreter, Vermögensverwalter und Verfügungsberechtigte.

a) Gesetzliche Vertreter, § 34 Abs. 1, 2 AO

Enorme praktische Bedeutung im Hinblick auf § 371 Abs. 4 AO kommt den gesetzlichen Vertretern, insbesondere im geschäftlichen Bereich, zu. Bei juristischen Personen in Form einer AG trifft die Anzeigepflicht den Vorstand, bei einer GmbH deren Geschäftsführer. Wenn nichtrechtsfähige Personengesellschaften (z.B. OHG und KG) Geschäftsführer haben, haben diese die steuerlichen Pflichten zu erfüllen. Andernfalls sind die Gesellschafter nach § 34 Abs. 2 AO zur Anzeige verpflichtet.[23] Bei mehreren Geschäftsführern trifft grundsätzlich jeden von ihnen die Verantwortung für die steuerliche Anzeigepflicht.

In diesem Bereich sind vielschichtige Anwendungsfälle denkbar. Zum Beispiel trifft jeden einzelnen Nachfolgegeschäftsführer einer Gesellschaft die Pflicht aus § 153 Abs. 1 S. 2 AO, wenn ein Vorgänger eine unrichtige Erklärung abgegeben hat. Dadurch können bis zum Ablauf der Festsetzungsfrist ganze Geschäftsführer- oder Gesellschaftergenerationen verpflichtet werden. Jeder Anzeigepflichtige, der seiner Pflicht nicht nachkommt, begeht eine Steuerhinterziehung durch Unterlassen nach § 370 Abs. 1 Nr. 2 AO und wird mit Eintritt seines Nachfolgers Dritter im Sinne von § 371 Abs. 4 AO. Sofern also der Nachfolger seiner Anzeigepflicht nachkommt, kann der Vorgänger als Dritter strafrechtlich nicht verfolgt werden. Wie weit das Strafverfolgungshindernis in der Generationsfolge zurückwirkt, soll später untersucht werden.

Ein anderer äußerst relevanter Anwendungsfall ergibt sich bei mehreren gleichzeitig beschäftigten Geschäftsführern. Jeder von ihnen ist anzeigepflichtig. Kommt nur einer seiner Pflicht nach, tritt zu Gunsten der anderen das Strafverfolgungshindernis aus § 371 Abs. 4 AO ein.

b) Vermögensverwalter, § 34 Abs. 3 AO

Soweit ihre Verwaltung reicht, haben auch Vermögensverwalter nach § 153 Abs. 1 S. 2 AO i.V.m. § 34 Abs. 3 AO die Pflicht zur Berichtigung fehlerhafter Erklärungen. Als Vermögensverwalter kommen beispielsweise der Insolvenz-

23 Klein/*Rüsken* § 34 Rn. 7.

verwalter, der vorläufige Insolvenzverwalter oder der Testamentsvollstrecker in Betracht.

aa) Insolvenzverwalter[24]

Mit der Insolvenzeröffnung (§ 27 InsO) geht die Befugnis des Steuerpflichtigen (Schuldners), sein zur Insolvenzmasse (§ 35 InsO) gehörendes Vermögen zu verwalten und darüber zu verfügen, auf den Insolvenzverwalter über (§ 80 Abs. 1 InsO). Im Rahmen seiner Verwaltungs- und Verfügungsbefugnis über das Vermögen obliegen dem Insolvenzverwalter nach § 34 Abs. 3 AO auch die steuerlichen Pflichten des Schuldners und damit die Berichtigungspflicht aus § 153 AO.[25]

§ 34 Abs. 3 AO ist so auszulegen, dass auch solche unrichtigen steuerlichen Erklärungen zu berichtigen sind, die zeitlich vor Beginn der „Amtszeit" des Insolvenzverwalters abgegeben wurden. Denn der Insolvenzverwalter ist nicht nur verpflichtet, die Interessen des Schuldners, sondern die Interessen *aller* am Verfahren Beteiligten wahrzunehmen.[26] Das ergibt sich schon aus § 56 Abs. 1 InsO, wonach der zu bestellende Insolvenzverwalter eine von den Gläubigern und dem Schuldner unabhängige Person sein muss. Der Insolvenzverwalter darf also keinen Gläubiger benachteiligen, was er aber täte, wenn er die vor seiner Zeit abgegebene unrichtige Steuererklärung nicht berichtigen würde. Im Übrigen hat auch nur der Insolvenzverwalter die tatsächliche Möglichkeit zur Berichtigung, da er im Besitz der Geschäftsunterlagen ist.

Demzufolge kann der Insolvenzverwalter grundsätzlich das Strafverfolgungshindernis des § 371 Abs. 4 AO auslösen.

24 Die InsO ist am 01.10.1999 in Kraft getreten. Für Insolvenzverfahren, die vor dem 01.01.1999 beantragt worden sind, gelten weiterhin die Konkursordnung, Vergleichsordnung und Gesamtvollstreckungsordnung (Art. 103 EGInsO). Für den im Konkursverfahren zuständigen Konkursverwalter gelten die folgenden Ausführungen zum Insolvenzverwalter entsprechend.

25 Klein/*Rüsken* § 34 Rn. 22; *Boeker* in H/H/S, § 34 Rn. 75, 73; *Trzaskalik* in H/H/S, § 153 Rn. 3; *Tipke*/Kruse, § 153 Rn. 3; zum Konkursverwalter vgl. BFH BStBl. 1995, 194 f.; 1993, 265 (266); *Boelsen*, § 371 Abs. 4 AO, S. 31; a.A. Gutachten des RFH zur RAO im RStBl. 1934, S. 24 (28); *Kemper* in Leise/Dietz/Cratz, § 371 Rn. 112; *Lohmeyer* DStZ 1978, 368.

26 *Häsemeyer*, Insolvenzrecht, 6.28; *Teichner* NJW 1968, 688.

bb) Vorläufiger Insolvenzverwalter[27]

Der vorläufige Insolvenzverwalter wird eingesetzt, damit sich die Vermögenslage des Schuldners bis zur Entscheidung über den Antrag auf Eröffnung des Insolvenzverfahrens nicht zum Nachteil der Gläubiger ändert. Die Stellung des vorläufigen Insolvenzverwalters unterscheidet sich von der des endgültigen im Wesentlichen nur dadurch, dass er das Vermögen des Schuldners zu sichern und zu erhalten, aber nicht zu verteilen und zu verwerten hat. Daher treffen ihn, sofern ihm die Verwaltungs- und Verfügungsbefugnis gerichtlich übertragen wurde, grundsätzlich dieselben steuerlichen Pflichten wie den endgültigen Insolvenzverwalter.[28]

Fraglich ist im Hinblick auf § 153 Abs. 1 S. 2 AO, ob der vorläufige Insolvenzverwalter wie der endgültige Insolvenzverwalter auch solche unrichtigen steuerlichen Erklärungen zu berichtigen hat, die *vor* seiner Amtszeit abgegeben wurden. Dagegen wird angeführt, dass der Zweck der vorläufigen Insolvenzverwaltung auf ein zukünftiges Ereignis, nämlich die Insolvenzeröffnung, gerichtet sei. Die Verwaltungsbefugnis des vorläufigen Insolvenzverwalters umfasse deshalb aber gerade keine Tätigkeiten, die die Vergangenheit beträfen[29], wie es bei der Berichtigungsanzeige nach § 153 AO regelmäßig der Fall ist.

Diese einschränkende Ansicht überzeugt jedoch nicht. Denn der Zweck der vorläufigen Insolvenzverwaltung wird durch die Insolvenzordnung bestimmt, ihr Umfang durch die Anordnung des Insolvenzgerichts. Die steuerlichen Folgen aber, die an die vorläufige Insolvenzverwaltung anknüpfen, bleiben davon unberührt. Die Anordnung der vorläufigen Insolvenzverwaltung kann bestehende steuerliche Pflichten nicht verändern.[30] Das würde nämlich bedeuten, dass dem Schuldner mit der Einsetzung eines vorläufigen Insolvenzverwalters sämtliche Geschäftsunterlagen genommen würden, ihm also eine Berichtigungserklärung tatsächlich unmöglich gemacht würde, dem vorläufigen Insolvenzverwalter die Pflicht zur Abgabe der Berichtigungserklärung aber nicht übertragen würde.

Folglich muss der Umfang der vorläufigen Insolvenzverwaltung jedenfalls so weit reichen, dass die steuerlichen Pflichten umfasst sind, von denen der Schuldner durch die vorläufige Insolvenzverwaltung ausgeschlossen ist. Dazu zählt namentlich die Berichtigungspflicht aus § 153 AO.

---

27 Die Regelungen der vorläufigen Insolvenzverwaltung in §§ 21, 22 InsO ersetzen die Sequestration im Konkurs- und Gesamtvollstreckungsverfahren.

28 *Boeker* in H/H/S, § 34 Rn 77a.

29 *Braun*, Steuerrechtliche Aspekte, S. 129 f.; im Ergebnis auch *Tipke*/Kruse, § 153 Rn. 3.

30 So auch *Frotscher*, Besteuerung bei Insolvenz, S. 44 ff.; *Boeker* in H/H/S, § 34 Rn. 89.

Damit bleibt festzuhalten, dass auch der vorläufige Insolvenzverwalter das Strafverfolgungshindernis aus § 371 Abs. 4 AO auslösen kann.

cc) Testamentsvollstrecker

Auch der Testamentsvollstrecker ist nach § 34 Abs. 3 AO Vermögensverwalter und damit Anzeigepflichtiger nach § 153 Abs. 1 S. 2 AO.[31] In diesen Fällen wird die strafbefreiende Wirkung für den Dritten im Sinne von § 371 Abs. 4 AO allerdings nur in seltenen Fällen eine Rolle spielen, da der Dritte bereits verstorben ist und häufig auch nicht in einer engen persönlichen Beziehung zu dem Testamentsvollstrecker stand.

c) Steuerberater

Angesichts der zahlreichen Steuerberatungsverhältnisse in der Praxis ist zu klären, ob auch Angehörige steuerberatender Berufe zum Kreis der Anzeigepflichtigen aus § 153 Abs. 1 AO gehören. Die folgende Untersuchung betrifft neben Steuerberatern auch Steuerbevollmächtigte, Rechtsanwälte, Wirtschaftsprüfer und vereidigte Buchprüfer sowie deren Zusammenschlüsse.[32] Sie wird aber aufgrund der größeren praktischen Bedeutung am Beispiel des Steuerberaters durchgeführt.

Fallbeispiel:

Der Geschäftsführer G 1 einer GmbH hat eine unrichtige Steuererklärung abgegeben, die sein Nachfolger, G 2, der die Unrichtigkeit nachträglich erkannte, nicht berichtigte. Im Folgejahr beauftragt G 2 einen Steuerberater mit der Erstellung der Steuererklärung. Nach Einreichung derselben bemerkt der Steuerberater den Mangel der Vorjahressteuererklärung.

Fraglich ist, ob der Steuerberater zu dem Kreis der anzeigepflichtigen Personen aus § 153 Abs. 1 AO gehört. Wäre das der Fall, könnte er damit das Strafverfolgungshindernis (zumindest auch)[33] zu Gunsten seines Mandanten G 2 auslösen.

---

31 *Boeker* in H/H/S, § 34 Rn. 89; *Trzaskalik* in H/H/S, § 153 Rn. 3.

32 Vgl. §§ 2, 3 StBerG.

33 Ob das Strafverfolgungshindernis auch dem G1 zugute kommt, wird später eingehend untersucht werden.

aa) Steuerberater als Verfügungsberechtigter, § 35 AO

Nach der amtlichen Begründung des Regierungsentwurfs[34] ist verfügungsberechtigt im Sinne der Vorschrift „jeder, der wirtschaftlich über Mittel, die einem anderen gehören, verfügen kann". Hinzukommen muss allerdings nach dem Wortlaut des § 35 AO die rechtliche Verfügungsmöglichkeit. Das bloße Auftrags- und Vollmachtsverhältnis eines Steuerberaters wird demzufolge von § 35 AO nicht erfasst. Denn weder durch die Erstellung noch durch die Unterschrift oder die Einreichung der Steuererklärung verfügt der Steuerberater über fremde Wirtschaftsgüter.

Etwas anderes gilt nur für den Fall, dass der Steuerberater als Treuhänder handelt. Nur dann kann er wirtschaftlich über fremde Mittel verfügen und in seiner Eigenschaft als Verfügungsberechtigter nach § 35 AO auftreten.[35]

bb) Steuerberater als Verpflichteter aus § 153 Abs. 1 i.V.m. § 33 AO

Ob der Steuerberater als Bevollmächtigter des Steuerpflichtigen zum Kreis der Berichtigungspflichten nach § 33 AO zählt, ist umstritten.

(1) Befürwortung der Berichtigungspflicht

In der früheren Rechtsprechung[36] und vereinzelt im Schrifttum[37] wird der bevollmächtigte Steuerberater als Verpflichteter aus § 153 Abs. 1 i.V.m. § 33 AO angesehen.

Lediglich das Urteil des BGH vom 1.11.1966[38] zum inhaltsgleichen Vorläufer des § 153 AO, dem § 165 e RAO, liefert annähernd eine Begründung. Die Berichtigungspflicht des bevollmächtigten Steuerberaters, der eine mangelhafte Steuererklärung abgebe, sei allgemein anerkannt und verstehe sich als Folge vorangegangenen Tuns von selbst. Die Verschwiegenheitspflicht des Steuerberaters gegenüber seinem Mandanten stelle keinen Hinderungsgrund dar.

---

34 BT-Drucks. VI/1982, Band 148, zu § 38, S. 111.
35 *Boeker* in H/H/S, § 35 Rn. 18, 20; Tipke/*Kruse*, § 35 Rn. 7.
36 BGH DStZ B 1967, 32; OLG Koblenz wistra 1983, 270.
37 *Bilsdorfer* in Suhr/Naumann/Bilsdorfer, Rn. 532; *Bilsdorfer* NJW 1985, 2997 (2998).
38 BGH DStZ B 1967, 32.

(2) Ablehnung der Berichtigungspflicht

Der überwiegende Teil der Literatur[39] und seit neuerem auch der BGH[40] sind der Auffassung, dass den Steuerberater keine Berichtigungspflicht aus § 153 Abs. 1 AO treffe.

Der Steuerberater sei vom Wortlaut des § 153 AO nicht erfasst.[41] Nur eine enge Auslegung des § 153 AO werde dem Verhältnis zwischen dem Steuerberater und seinem Mandanten gerecht. Ferner sei er zur Verschwiegenheit auch gegenüber Angehörigen der Finanzverwaltung verpflichtet. Dem entspreche außerdem ein Auskunftsverweigerungsrecht des Steuerberaters nach § 102 Abs. 1 Nr. 3 b AO über alle Angelegenheiten, die ihm in dieser Eigenschaft anvertraut oder bekannt geworden sind, sowie ein Zeugnisverweigerungsrecht im Strafverfahren nach § 53 Abs. 1 Nr. 3 StPO.[42]

(3) Eingeschränkte Ablehnung der Berichtigungspflicht

Einige Stimmen im Schrifttum[43] nehmen eine Differenzierung nach der Unterschrift auf der steuerlichen Erklärung vor. Grundsätzlich gehöre der Steuerberater nicht zu den berichtigungspflichtigen Personen aus § 153 Abs. 1 AO. Etwas anderes gelte nur dann, wenn der Steuerberater die Erklärung in eigener Verantwortung erstellt und selbst unterschrieben habe. In diesem Fall umfasse sein Mandat auch das Recht und die Pflicht, eine solche Erklärung namens des Steuerpflichtigen zu berichtigen.

Der BGH lässt es ausdrücklich dahingestellt bleiben, ob der Steuerberater bei Leistung einer eigenen Unterschrift zum Berichtigungspflichtigen nach § 153 AO wird.[44]

---

39 *Achenbach* Stbg 1996, 299 (302); *Möller*, Berichtigungspflicht, S. 99; *Trzaskalik* in H/H/S, § 153 Rn. 4; *Kühn/Hofmann*, § 153 Rn. 2; Klein/*Brockmeyer* § 153 Rn. 3; *Brenner* BB 1987, 1856; *Streck* DStR 1985, 9 (10); *Wenzig* DStZ 1986, 375 (378); *Rüping* in H/H/S, § 371 Rn. 205; *Daude*, Drittanzeige, S. 52 f.

40 BGH wistra 1996, 184 (188).

41 *Wenzig* DStZ 1986, 375 (378); *Trzaskalik* in H/H/S, § 153 Rn. 4; BGH wistra 1996, 184, (188).

42 BGH wistra 1996, 184 (188); vgl. *Boelsen*, § 371 Abs. 4 AO, S. 28.

43 *Tipke*/Kruse, § 153 Rn. 4; *Kemper* in Leise/Dietz/Cratz, § 371 Rn. 113; *Kottke* DStR 1996, 1350 (1352); *Krabbe* in Koch/Scholtz, § 153 Rn. 3; *Schuhmann* wistra 1994, 45 (46); *Lohmeyer* DStZ 1978, 366 (368); wohl auch *Dörn* StB 1998, 157 (159).

44 BGH wistra 1996, 184 (188).

(4) Stellungnahme

Der die Berichtigungspflicht befürwortende Begründungsansatz des BGH aus dem Jahre 1966 erschöpft sich in der schlichten Behauptung, dass die Berichtigungspflicht des bevollmächtigten Steuerberaters, der eine mangelhafte Steuererklärung abgebe, allgemein anerkannt sei und sich von selbst verstehe. Tatsächlich war aber auch im Jahre 1966 diese Frage bereits umstritten und keinesfalls allgemein anerkannt.[45]

Darüber hinaus sprechen überzeugende Gründe gegen die Berichtigungspflicht des Steuerberaters. Das eindeutigste und klarste Argument ergibt sich bereits aus dem Wortlaut des § 153 AO:[46] Dieser spricht zunächst den Steuerpflichtigen an und erweitert den Kreis der Normadressaten in einem weiteren Satz auf Gesamtrechtsnachfolger und gesetzliche Vertreter. Es werden aber im Gegensatz zu § 80 Abs. 1 AO nicht auch Bevollmächtigte genannt. Folglich werden diese von § 153 AO auch nicht erfasst.

Der Steuerberater kann auch nicht etwa unter den Begriff des „Steuerpflichtigen" gezogen werden. § 33 Abs. 1 AO definiert den Begriff des Steuerpflichtigen und grenzt ihn in Absatz 2 eindeutig von Personen ab, die in einer fremden Sache bestimmte Pflichten zu erfüllen haben.[47]

Nur eine solche Auslegung wird dem Verhältnis zwischen Steuerberater und Mandant gerecht. Bestätigt wird diese Auslegung durch die Verschwiegenheitspflicht aus § 57 Abs. 1 StBerG, durch das verfahrensrechtliche Auskunftsverweigerungsrecht des Steuerberaters nach § 102 Abs. 1 Nr. 3 b AO, das entsprechende Zeugnisverweigerungsrecht gemäß § 53 Abs. 1 Nr. 3 StPO[48], das Zeugnisverweigerungsrecht nach § 383 Abs. 1 Nr. 6 und § 385 Abs. 2 ZPO sowie der Straftatbestand der Verletzung von Privatgeheimnissen gemäß § 203 Abs. 1 Nr. 3 Abs. 3 bis 5 StGB, der nur bei einem befugten Offenbaren entfällt, woran es aber bei dem Verstoß gegen die Verschwiegenheitspflicht gerade fehlen wird.[49]

Zusammenfassend bleibt festzuhalten, dass § 153 AO aufgrund der Verschwiegenheitspflicht des Steuerberaters eng auszulegen und der Steuerberater nicht zu den dort genannten anzeigepflichtigen Personen zu zählen ist.

Auch eine analoge Anwendung der Anzeigepflicht auf Steuerberater scheidet aus, da es an einer planwidrigen Regelungslücke fehlt. Hätte der Gesetzgeber

---

45 Vgl. Becker/*Riewald/Koch*, 9. Aufl. 1965, § 165 e Anm. 3b m.w.N.

46 So auch *Tipke*/Kruse, § 153 Rn. 4; BGH wistra 1996, 184 (188); *Wenzig* DStZ 1986, 375 (378); *Trzaskalik* in H/H/S, § 153 Rn. 4.

47 Vgl. auch *Boelsen*, § 371 Abs. 4 AO, S. 27; *Möller*, Berichtigungspflicht, S. 78.

48 Vgl. BGH wistra 1996, 184 (188); *Boelsen*, § 371 Abs. 4 AO, S.28.

49 Vgl. *Achenbach* Stbg 1996, 299 (302).

auch den Steuerberater in § 153 AO als Anzeigepflichtigen erfassen wollen, so hätte er im Zuge der Reform der AO Gelegenheit dazu gehabt. In § 117 Abs. 3 RAO von 1936 waren die Bevollmächtigten des Steuerpflichtigen ausdrücklich als Normadressaten genannt. Mit der Reform der AO im Jahre 1977 wurde § 153 AO als Nachfolgevorschrift der §§ 165 e RAO und 117 AO eingefügt; die Berichtigungspflicht für Bevollmächtigte wurde aber bewusst nicht übernommen.[50]

Zu klären bleibt die Frage, ob der bevollmächtigte Steuerberater in den Fällen anzeigepflichtig ist, in denen er die Erklärung in eigener Verantwortung erstellt und selbst unterschreibt.

Wenn *Daude* der Ansicht ist, diese Konstellation spiele für § 371 Abs. 4 AO keine Rolle, da kein Dritter existiere, dem das Strafverfolgungshindernis zugute kommen könne,[51] so ist ihr in diesem Punkt zu widersprechen. Es darf nicht übersehen werden, dass zwischen dem Innen- und Außenverhältnis der Bevollmächtigung zu trennen ist.

Der Steuerberater, der im Innenverhältnis zur Leistung der Unterschrift ermächtigt worden ist, darf im Außenverhältnis nicht zur Berichtigung verpflichtet werden. Ansonsten würde er so behandelt, als ob er eigene Steuerpflichten erfülle, was aber den allgemeinen Grundsätzen der Stellvertretung, welche ergänzend auch im Bereich der Abgabenordnung gelten,[52] widerspräche.

Selbst wenn der Steuerberater eine eigene Unterschrift leistet und auch unter Berücksichtigung des § 150 Abs. 3 AO mit einer derart weitreichenden Befugnis ausgestattet ist, übt er dennoch (zumindest auch) die Pflichten des Steuerpflichtigen aus.

Folglich käme seinem Mandanten als Dritten im Sinne von § 371 Abs. 4 AO das Strafverfolgungshindernis zugute, vorausgesetzt den Steuerberater trifft tatsächlich bei eigener Unterschriftsleistung eine Berichtigungspflicht aus § 153 AO.

Das Argument der „eingeschränkt ablehnenden Auffassung", das Mandat umfasse auch das Recht und die Pflicht, eine unrichtige Erklärung zu berichtigen, ist aber nicht stichhaltig. Denn es existiert keine gesetzliche Grundlage für eine Berichtigungspflicht des Steuerberaters im Falle der eigenen Unterschrift.[53] Eine gesetzliche Regelung ist aber unter strafrechtlichen Gesichtspunkten zwingend erforderlich. Das gebietet das Gesetzlichkeitsprinzip, welches einfachgesetzlich in § 1 StGB i.V.m. § 369 Abs. 2 AO und verfassungsrechtlich in Art. 103 Abs. 2 GG garantiert wird. Eine strafrechtliche Interpretation ist auch

---

50 Vgl. auch *Möller*, Berichtigungspflicht, S. 84.
51 *Daude*, Drittanzeige, S. 53.
52 *Söhn* in H/H/S, § 80 Rn. 31.
53 So auch *Möller*, Berichtigungspflicht, S. 93.

bei dieser an sich steuerverfahrensrechtlichen Norm geboten, da derjenige, der seine Berichtigungspflicht aus § 153 AO verletzt, zum Täter des Straftatbestandes der Steuerhinterziehung durch Unterlassen nach § 370 Abs. 1 Nr. 2 AO wird.[54]

Der bevollmächtigte Steuerberater erfüllt also weder eine eigene Verpflichtung gegenüber der Finanzbehörde noch nimmt er insoweit eigene Rechte wahr.[55]

Damit obliegt dem Steuerberater auch dann keine Pflicht zur Anzeige aus § 153 AO, wenn er die Erklärung eigenverantwortlich erstellt und unterschrieben hat.

cc) Ergebnis

Der Steuerberater fällt nicht in den Kreis der anzeigepflichtigen Personen aus § 153 AO. Etwas anderes gilt nur dann, wenn er ausnahmsweise als Treuhänder tätig wird und somit als Verfügungsberechtigter gemäß § 35 AO auftritt.

II. Entstehung der Pflichten

Die Berichtigungspflicht nach § 153 Abs. 1 Nr. 1 AO setzt objektiv voraus, dass eine unrichtige oder unvollständige Erklärung abgegeben worden ist, durch die es zu einer Verkürzung von Steuern gekommen ist oder kommen kann. Subjektiv verlangt das Gesetz, dass der Anzeigepflichtige dies nachträglich erkennt.

1. Objektive Voraussetzungen

a) Unrichtige oder unvollständige Erklärung

Eine Erklärung ist unrichtig, wenn die in ihr enthaltene Behauptung mit der Wirklichkeit nicht übereinstimmt.[56] Die Richtigkeit oder Unrichtigkeit stellt die Finanzbehörde fest, indem sie die vom Erklärungspflichtigen abgegebenen Antworten auf die, häufig in Form von Erklärungsvordrucken, gestellten Fragen dahingehend überprüft, ob sie den tatsächlichen und rechtlichen Verhältnissen entsprechen, die für die Steuerpflicht und die Steuerbemessung maßgebend sind.

---

54 Vgl. *Achenbach* Stgb 1996, 299 (302).

55 Vgl. *Söhn* in H/H/S, § 80 Rn. 37; FG Nds. EFG 1970, 178; *Möller*, Berichtigungspflicht, S. 94.

56 Vgl. *Joecks* in Franzen/Gast/Joecks, § 370 Rn. 129.

Unvollständige, d.h. lückenhafte Angaben sind stets unrichtig, da mit ihnen die im Erklärungsvordruck gestellte Frage nicht korrekt beantwortet wird.[57] Maßgeblich für die Beurteilung der Unrichtigkeit ist also der Zeitpunkt der Abgabe der Erklärung.[58] Demzufolge wird eine Erklärung auch dann nicht unrichtig, wenn sich nach deren Abgabe die einschlägige Rechtsprechung ändert.[59]

b) Abgabe der Erklärung

§ 153 Abs. 1 Nr. 1 AO setzt seinem Wortlaut nach ferner die Abgabe der Erklärung voraus. Die Erklärung ist erst dann abgegeben, wenn sie bei der zuständigen Behörde eingegangen ist. Es handelt sich also um eine „Bringschuld" gegenüber der Finanzbehörde.[60]

c) Fehlerhafte Schätzung aufgrund Nichtabgabe der Erklärung

Fraglich ist, ob entgegen dem Wortlaut des § 153 Abs. 1 Nr. 1 AO auch dann eine Berichtigungspflicht angenommen werden kann, wenn gar keine Erklärung abgegeben worden ist und es infolgedessen zu einer zu geringen Schätzung durch das Finanzamt gekommen ist.

Allein *Brenner* ist der Auffassung, dass der Erklärungspflichtige den zu niedrigen Schätzungsbescheid berichtigen müsse.[61] Er begründet seine Ansicht damit, dass ein Steuerpflichtiger, der seinen steuerlichen Verpflichtungen nachkomme, nicht schlechter gestellt werden dürfe als ein Steuerpflichtiger, der seiner Pflicht, Steuererklärungen abzugeben, überhaupt nicht nachkomme.

Da die Auffassung *Brenners*, wie er selbst einsieht, nicht aus dem Wortlaut abgeleitet werden kann, kommt bei einer unterbliebenen Abgabe der Erklärung allenfalls eine analoge Anwendung des § 153 Abs. 1 Nr. 1 AO in Betracht. Eine Analogie setzt jedoch zwingend eine planwidrige Regelungslücke voraus. Im Rahmen von § 153 Abs. 1 Nr. 1 AO ist eine solche aber nicht vorhanden, da § 149 Abs. 1 S. 4 AO diese Konstellation eindeutig regelt. Danach bleibt nämlich die (ursprüngliche) Verpflichtung zur Abgabe einer Steuererklärung auch dann bestehen, wenn die Finanzbehörde die Besteuerungsgrundlagen nach § 162 AO geschätzt hat. Für eine Berichtigungspflicht besteht also gar kein Bedürfnis, da die ursprüngliche Erklärungspflicht aus §§ 149, 150 AO fortbesteht. Diese

---

57 *Schuhmann* wistra 1994, 45 (46); *Trzaskalik* in H/H/S, § 153 Rn. 8.

58 *Trzaskalik* in H/H/S, § 153 Rn. 9; *Boelsen*, § 371 Abs. 4 AO, S. 33; *Daude*, Drittanzeige, S. 29; *Schuhmann* wistra 1994, 45 (46).

59 *Tipke*/Kruse, § 153 Rn. 8.

60 Vgl. *Schick* StuW 1988, 301 (317).

61 *Brenner* DRiZ 1981, 412 (413).

Rechtsauffassung wird auch durch die Gesetzesmaterialen bestätigt.[62] Auch dort heißt es, dass die Erklärungspflicht bei Nichtabgabe einer Erklärung auch nach erfolgter Schätzung ohnehin fortbesteht und deshalb im Rahmen der Berichtigungspflicht nicht besonders erwähnt wird.[63]

Darüber hinaus spricht auch ein systematisches Argument gegen die Ansicht *Brenners*. Die Berichtigungspflicht bezieht sich eindeutig auf Erklärungen, was sich schon aus der Überschrift des § 153 AO ergibt. Nach *Brenner* müsste der Erklärungspflichtige aber auch den Schätzungsbescheid der Finanzbehörde berichtigen, der eindeutig keine Erklärung darstellt.[64]

Auch das OLG Hamburg[65] hat sich in seinem Urteil vom 2.6.1992 zu dieser Frage geäußert und letztlich die hier vertretene Rechtsauffassung bestätigt.

Schuhmann[66] und *Daude*[67] allerdings interpretieren das Urteil fälschlicherweise dahingehend, dass das OLG Hamburg die Berichtigungspflicht aus § 153 AO auch bei einer unterbliebenen Steuererklärung anerkenne. Zwar entspricht diese Interpretation dem ersten Leitsatz des Urteils. Allerdings handelt es sich dabei um keinen amtlichen, sondern nur um einen redaktionellen Leitsatz, der den Inhalt des Urteils nicht korrekt wiedergibt. Das OLG Hamburg hat in seiner Entscheidung eine Offenbarungspflicht des Angeklagten nach zu niedriger Einkommensteuerfestsetzung aufgrund zu niedriger Schätzung durch das Finanzamt nämlich „aus seiner fortdauernden Verpflichtung zur Abgabe vollständiger Steuererklärungen" begründet. Auch die Durchführung einer Schätzung befreie den Steuerpflichtigen nicht von seiner Pflicht zur Steuererklärung. Damit steht fest, dass der Senat die Offenbarungspflicht aus §§ 149, 150 AO ableitet.[68] Anschließend bringt der Senat ein argumentum a majore ad minus, indem er ausführt, dass die Pflichten, die sich gemäß § 153 AO aus der Abgabe einer irrtümlich unvollständigen Steuererklärung ergeben, erst recht gelten müssen, wenn vorsätzlich überhaupt keine Steuererklärung abgegeben worden ist.[69] Dieser Vergleich zielt jedoch nur auf die Folgen, nicht auch auf die anzuwendende Rechtsvorschrift.

---

62 Vgl. amtliche Begründung zum Entwurf der AO 1977, BT-Drucks. VI/1982, Band 148, zu § 98 EAO, S. 129.

63 Amtliche Begründung zum Entwurf der AO 1977, BT-Drucks. VI/1982, Band 148, zu § 98 EAO, S. 129.

64 Vgl. *Möller*, Berichtigungspflicht, S. 134.

65 OLG Hamburg wistra 1993, 274.

66 *Schuhmann* wistra 1994, 45.

67 *Daude*, Drittanzeige, S. 25.

68 So auch *Dörn* wistra 1993, 241 (242), Fn. 4; *Möller*, Berichtigungspflicht, S. 135.

69 So auch OLG Karlsruhe BB 1966, 1379, worauf sich das OLG Hamburg in seiner Entscheidung bezieht.

Daraus ergibt sich, dass auch das OLG Hamburg wie das überwiegende Schrifttum[70] keine Berichtigungspflicht für den Fall annimmt, dass der Steuerpflichtige seine Erklärung nicht abgegeben hat, weil die ursprüngliche Steuererklärungspflicht weiterhin besteht.

Gleiches muss im Übrigen erst recht gelten, wenn der Erklärungspflichtige die Abgabe seiner Erklärung unterlassen hat, das Finanzamt aber keine Schätzung vorgenommen hat, zum Beispiel weil der Steuerpflichtige diesem unbekannt ist.

Ob und inwiefern diese hier vertretene Rechtsauffassung zu § 153 AO bei der Anwendung des § 371 Abs. 4 AO gilt, wird später noch erörtert werden.[71]

d) Steuerverkürzung

Die Unrichtigkeit oder Unvollständigkeit der Erklärung muss zu einer Steuerverkürzung führen können oder schon geführt haben.

aa) Definition der Steuerverkürzung aus § 370 Abs. 4 AO

Der Begriff der Steuerverkürzung wird in der AO lediglich in § 370 Abs. 4 AO, also im Rahmen der Straf- und Bußgeldvorschriften, definiert. Nach einhelliger Ansicht[72] ist diese Definition wegen des allgemeinen Sprachgebrauchs und der identischen Formulierung auch für § 153 AO, also auch für die Vorschriften über die Durchführung der Besteuerung maßgeblich. Daraus folgt, dass für § 153 AO auch die Modifizierungen des Begriffs der Steuerverkürzung aus § 370 Abs. 4 bis 6 AO zu übernehmen sind.[73]

bb) Mögliche Steuerverkürzung

Nach dem Wortlaut des § 153 Abs. 1 Nr. 1 AO genügt es bereits, dass es durch die Abgabe einer unrichtigen Erklärung „zu einer Verkürzung von Steuern kommen *kann*". Entscheidend für die Beurteilung dieser Tatbestandsvoraussetzung ist, ob der Eintritt einer Steuerverkürzung möglich erscheint. Dabei ist der

---

70 *Boelsen*, § 371 Abs. 4 AO, S. 32; *Daude*, Drittanzeige, S. 27 f.; *Möller*, Berichtigungspfllicht, S. 134 ff.; Grunst, Steuerhinterziehung, S. 97 f.

71 Siehe dazu Teil 2: B) I. 4. c).

72 *Tipke*/Kruse, § 153 Rn. 10; *Trzaskalik* in H/H/S, § 153 Rn. 10; *Samson* wistra 1990, 245 (246); *Boelsen*, § 371 Abs. 4 AO, S. 34 ff.; *Daude*, Drittanzeige, S. 30; *Schuhmann* wistra 1994, 45 (46).

73 So auch *Samson* wistra 1990, 245 (246); vgl. *Dumke* in Schwarz, § 153 Rn. 12 a; *Boelsen*, § 371 Abs. 4 AO, S. 34 ff.

Inhalt der unrichtigen Erklärung zu betrachten und zu prüfen, ob es selbst bei Eintritt ungünstiger Umstände zu einem Verkürzungserfolg kommen kann.[74] Hier kommen also die Regeln des Eignungsdeliktes aus dem allgemeinen Strafrecht zur Anwendung.[75]

Die aufgrund der Formulierung („kann") ebenfalls nahe liegende Beurteilung nach den Grundsätzen des konkreten Gefährdungsdeliktes ist aufgrund mangelnder Rechtsklarheit und Rechtssicherheit für den Anzeigepflichtigen abzulehnen. Denn eine Prüfung des Steuerpflichtigen dahingehend, ob der Steueranspruch gefährdet ist, ist für ihn als steuerrechtlichen Laien kaum möglich.[76]

cc) Anwendbarkeit bei ungerechtfertigt erlangtem Steuervorteil?

Fraglich ist, ob die Berichtigungspflicht aus § 153 Abs. 1 Nr. 1 AO entsprechend § 370 AO auch dann ausgelöst wird, wenn durch die unrichtige Erklärung nicht eine Steuerverkürzung eingetreten, sondern ein ungerechtfertigter Steuervorteil erlangt worden ist.

(1) Direkte Anwendbarkeit

Ein Teil der Literatur[77] ist der Auffassung, dass § 153 Abs. 1 Nr. 1 AO auch auf nicht gerechtfertigte Steuervorteile anwendbar sei. Eine Begründung liefern die Vertreter dieser Ansicht jedoch nicht.

Die Herleitung dieser Rechtsansicht ist allerdings nachvollziehbar. Teile der Literatur beziehen § 153 Abs. 1 Nr. 1 AO nicht nur auf Steuererklärungen, sondern allgemein auf Erklärungen, mithin auch auf solche aus dem Erhebungs- und Vollstreckungsverfahren, wie beispielsweise Anträge auf Stundung oder Erlass. Anträge außerhalb des Festsetzungsverfahrens können aber nur zur Erlangung ungerechtfertigter Steuervorteile führen und nicht etwa zu Steuerverkürzungen.[78] Hieraus wird geschlossen, dass § 153 Abs. 1 Nr. 1 AO auch auf ungerechtfertigt erlangte Steuervorteile anwendbar sein müsse.

---

74 *Samson* wistra 1990, 245 (246).

75 So auch *Samson* wistra 1990, 245 (246); *Boelsen*, § 371 Abs. 4 AO, S. 36 f.; *Daude*, Drittanzeige, S. 34 f.

76 Vgl. Boelsen, § 371 Abs. 4 AO, S. 37; *Daude*, Drittanzeige, S. 34.

77 *Trzaskalik* in H/H/S, § 153 Rn. 7; *Brenner* DRiZ 1981, 412 (413); *Krabbe* in Koch/Scholtz, § 153 Rn. 3.

78 Vgl. *Joecks* in Franzen/Gast/Joecks, § 370 Rn. 98; *Dumke* in Schwarz, § 153 Rn. 9; wohl auch *Grunst*, Steuerhinterziehung, S. 90.

(2) Analoge Anwendbarkeit

Andere sind der Ansicht, dass § 153 Abs. 1 Nr. 1 AO zwar nicht direkt, aber analog auf den Fall anwendbar sei, dass die unrichtige oder unvollständige Erklärung zu einem nicht gerechtfertigten Steuervorteil führt.[79]

Eine direkte Anwendbarkeit verbiete bereits der Wortlaut des § 153 Abs. 1 Nr. 1 AO. Dies werde durch einen Vergleich mit § 370 AO bestätigt, der in seinem ersten Absatz im Unterschied zu § 153 Abs. 1 Nr. 1 AO die ungerechtfertigte Steuervorteilserlangung als Tatbestandsmerkmal neben der Steuerverkürzung nenne.[80]

Aufgrund einer Regelungslücke und einer vergleichbaren Interessenlage mit derjenigen bei Steuererklärungen sei eine analoge Anwendbarkeit geboten.[81] Die planwidrige Regelungslücke ergebe sich aus den Gesetzesmaterialien zur Berichtigungspflicht, die den in Frage stehenden Fall nicht ausdrücklich von der Regelung des § 153 Abs. 1 AO ausnehmen.[82]

Das strafrechtliche Analogieverbot stehe einer analogen Anwendung nicht im Wege, da der Tatbestand der Steuerhinterziehung keinen Blankett-Tatbestand darstelle, sondern als eine durch Täuschung bewirkte Vermögensschädigung hinreichend bestimmt sei.[83]

(3) Keine Anwendbarkeit

Teilweise wird demgegenüber die Anwendung des § 153 Abs. 1 Nr. 1 AO auf nicht gerechtfertigte Steuervorteile generell abgelehnt.[84]

Neben einer direkten Anwendung verbiete sich auch eine analoge Anwendung, da keine Regelungslücke vorhanden sei und ferner das Analogieverbot verletzt werde, da ein etwaiger Gesetzesmangel nicht zu Lasten des Steuerpflichtigen gehen dürfe.[85]

---

79 *Samson* wistra 1990, 245 (246); *Boelsen*, § 371 Abs. 4 AO, S. 40; *Daude*, Drittanzeige, S. 33f.; *Grote*, Steuerhinterziehung, S. 92 f.

80 *Boelsen*, § 371 Abs. 4 AO, S. 37; *Daude*, Drittanzeige, S. 32.

81 *Grote*, Steuerhinterziehung, S. 93 f.

82 *Boelsen*, § 371 Abs. 4 AO, S. 40; *Daude*, Drittanzeige, S. 32 mit Verweis auf die amtliche Begründung zum Entwurf der AO 1977, BT-Drucks. VI/1982, Band 148, zu § 98 AO, S. 129.

83 *Daude*, Drittanzeige, S. 34; *Boelsen*, § 371 Abs. 4 AO, S. 40 f.

84 *Tipke*/Kruse, § 153 Rn. 7; *Dumke* in Schwarz, § 153 Rn. 9; *Möller*, Berichtigungspflicht, S. 154 f.

85 *Tipke*/Kruse, § 153 Rn. 7.

(4) Stellungnahme

Gegen die direkte Anwendbarkeit des § 153 Abs. 1 Nr. 1 AO auf Steuervorteile wird richtigerweise bereits der Wortlaut des § 153 Abs. 1 Nr. 1 AO angeführt, der gerade nur Steuerverkürzungen, nicht aber auch die Erlangung von ungerechtfertigten Steuervorteilen nennt, wie es vergleichsweise bei § 370 Abs. 1 AO der Fall ist.[86]

Ein weiteres Argument gegen die direkte Anwendbarkeit kann aus den anwendbaren Verfahrensabschnitten im Rahmen des § 153 Abs. 1 AO gewonnen werden. § 153 Abs. 1 AO setzt tatbestandlich voraus, dass die mangelhafte Erklärung nachträglich *vor Ablauf der Festsetzungsfrist* erkannt werden muss. Diese zeitliche Beschränkung zeigt, dass eine Berichtigungspflicht aus § 153 Abs. 1 AO nach Ablauf der Festsetzungsfrist, mit anderen Worten außerhalb des Festsetzungsverfahrens, nicht entsteht.[87] Steuervorteile können jedoch nur außerhalb einer Steuererklärung erstrebt und dem Steuerpflichtigen nur außerhalb eines Steuerfestsetzungsverfahrens als begünstigende Verfügung der Finanzbehörde zuteil werden.[88] Folglich kann die Berichtigungspflicht aus § 153 Abs. 1 AO nur im Festsetzungsverfahren entstehen, in welchem aber Steuervorteile noch gar nicht entstanden sein können.

Dies ist auch mit dem Sinn und Zweck des § 153 AO, möglichst alle Steuerquellen zu entdecken, vereinbar. Bei Erlass und insbesondere bei der Stundung geht es nämlich nur noch um die Zahlungsabwicklung aus bereits bekannten Steuerquellen.[89]

Demnach ist § 153 Abs. 1 Nr. 1 AO nicht direkt auf ungerechtfertigt erlangte Steuervorteile anwendbar.

Doch auch eine analoge Anwendung ist abzulehnen. Zunächst existiert keine für eine Analogie erforderliche Regelungslücke. Das ergibt sich zum einen daraus, dass der Gesetzgeber die Begriffe „Steuerverkürzung“ und „Steuervorteil“ in § 370 Abs. 4 S. 1 und S. 2 AO unterschiedlich definiert hat, in § 153 Abs. 1 Nr. 1 AO aber ausdrücklich nur einen der Begriffe übernommen hat.[90] Dass es

---

86 Vgl. *Boelsen*, § 371 Abs. 4 AO, S. 37; *Daude*, Drittanzeige, S. 32.

87 So auch im Ergebnis *Dumke* in Schwarz, § 153 Rn. 9; vgl. *Möller*, Berichtigungspflicht, S. 117 ff.

88 *Joecks* in Franzen/Gast/Joecks, § 370 Rn. 98; vgl. *Kohlmann*, § 370 Rn. 175, der als Beleg für die Existenz einer Gegenansicht unzutreffend auf BGH NJW 1980, 406 (408) verweist. Dort hat der BGH die Möglichkeit einer analogen Anwendung gerade offen gelassen.

89 So auch *Boelsen*, § 371 Abs. 4 AO, S. 39; *Daude*, Drittanzeige, S. 33.

90 Vgl. *Tipke*/Kruse, § 153 Rn. 7; *Möller*, Berichtigungspflicht, S. 154.

sich hierbei um eine planwidrige Regelungslücke handelt, kommt in der Gesetzesbegründung nicht zum Ausdruck.[91]

Zum anderen ergibt sich entgegen *Boelsen*[92] und *Daude*[93] aus der Gesetzesbegründung auch nicht, dass Erklärungen im Stundungs- und Erlassverfahren planwidrig von der Regelung ausgenommen worden sind. Zwar heißt es dort, dass „§ 153 Abs. 1 AO den Steuerpflichtigen zur Berichtigung fehlerhafter Erklärungen, insbesondere fehlerhafter Steuererklärungen" verpflichtet.[94] Doch selbst wenn § 153 Abs. 1 AO sämtliche Erklärungen erfasst,[95] ist daraus nicht zugleich auf eine Berichtigungspflicht bei ungerechtfertigten Steuervorteilen zu schließen. Die Begrenzung auf Steuerverkürzungen in § 153 Abs. 1 AO ergibt sich nämlich nicht aus dem Begriff der Erklärung, sondern aus der zeitlichen Begrenzung hinsichtlich des Festsetzungsverfahrens.

Folglich verstößt eine analoge Anwendung auch gegen das Analogieverbot nach Art. 103 Abs. 2 GG, da keine Regelungslücke vorhanden ist und die analoge Anwendung hier zu Lasten des Täters geht.

Somit ist eine Ausdehnung der Norm auf Erklärungen, die zu einer ungerechtfertigten Erlangung von Steuervorteilen führen, im Wege der Analogie nicht zulässig.

(5) Ergebnis

Bei der Erlangung von ungerechtfertigten Steuervorteilen ist § 153 Abs. 1 Nr. 1 AO nicht anwendbar.

2. Subjektive Voraussetzungen

Im subjektiven Bereich fordert § 153 Abs. 1 S. 1 AO, dass ein Steuerpflichtiger die Unrichtigkeit oder Unvollständigkeit der Erklärung sowie die Steuerverkürzung oder Möglichkeit der Steuerverkürzung nachträglich vor Ablauf der Festsetzungsfrist erkennt.

---

91 Amtliche Begründung zum Entwurf der AO 1977, BT-Drucks. VI/1982, Band 148, zu § 98, S. 129.
92 *Boelsen*, § 371 Abs. 4 AO, S. 40.
93 *Daude*, Drittanzeige, S. 33 f.
94 Amtliche Begründung zum Entwurf der AO 1977, BT-Drucks. VI/1982, Band 148, zu § 98, S. 129.
95 Siehe dazu bereits Teil 2: A) II. 1. c).

a) Positive Kenntnis

Der Steuerpflichtige muss die Unrichtigkeit und eine daraus resultierende jedenfalls mögliche Steuerverkürzung positiv erkennen. Ein Erkennenmüssen oder Erkennenkönnen genügt nicht.[96] Das ergibt sich eindeutig aus dem Wortlaut des § 153 Abs. 1 S. 1 AO.

b) Nachträgliches Erkennen

Die positive Kenntnis muss der Steuerpflichtige nachträglich erlangt haben. Unter Nachträglichkeit ist die Zeit nach Abgabe der Erklärung zu verstehen. Fraglich ist, ob ein nachträgliches Erkennen dann anzunehmen ist, wenn der Steuerpflichtige die unrichtige Erklärung vorsätzlich, leichtfertig, einfach fahrlässig oder schuldlos abgegeben hat.

aa) Vorsätzliche Abgabe der unrichtigen Erklärung

Sollte der Erklärungspflichtige seine Erklärung bereits vorsätzlich falsch abgegeben haben, hatte er bereits zu diesem Zeitpunkt die positive Kenntnis von der Unrichtigkeit der Erklärung und einer zumindest möglichen Steuerverkürzung. Ein nachträgliches Erkennen, wie es der Wortlaut des § 153 Abs. 1 AO fordert, ist aufgrund der vorhandenen Kenntnis unmöglich. Eine Berichtigungspflicht aus § 153 Abs. 1 AO entsteht also nicht.[97] Dies gilt jedenfalls für den unbedingten Vorsatz. *Brockmeyer*[98] will für den Fall des bedingten Vorsatzes eine Berichtigungspflicht gemäß § 153 Abs. 1 AO annehmen. Diese Ansicht ließe sich zwar vom Wortlaut der Norm her rechtfertigen, da der Steuerpflichtige beim dolus eventualis die Unrichtigkeit bei Abgabe lediglich für möglich hielt und billigend in Kauf nahm, aber eben nicht positiv kannte. Allerdings kommt es entscheidend darauf an, dass derjenige, der entweder unbedingt oder aber bedingt vorsätzlich unrichtige Angaben gemacht hat, durch die es zu einer Steuer-

---

96 *Tipke*/Kruse, § 153 Rn. 12; Klein/*Brockmeyer* § 153 Rn. 5; *Krabbe* in Koch/Scholtz, § 153 Rn. 5; *Samson* wistra 1990, 245 (246); *Brenner* DRiZ 1981, 412; *Brenner* BB 1987, 1856; *Daude*, Drittanzeige, S. 36. a.A. lediglich OLG Koblenz wistra 1983, 270 ohne Begründung.

97 Allg. Meinung: *Kohlmann*, § 370 Rn. 95; *Samson* wistra 1990, 245 (246); *Joecks* in Franzen/Gast/Joecks, § 371 Rn. 223; Tipke/Lang-*Seer*, § 21 Rn. 199, *Schuhmann* wistra 1994, 45 (47); *Brenner* DRiZ 1981, 412; *Krabbe* in Koch/Scholtz, § 153 Rn. 5; *Kühn/Hofmann*, § 153 Rn. 4 a; *Boelsen*, § 371 Abs. 4 AO, S. 43; vgl. zur Vorgängervorschrift auch OLG Hamm NJW 1959, 1504 (1505).

98 Klein/*Brockmeyer* § 153 Rn. 4, 9, der jedoch einen Verstoß gegen die Berichtigungspflicht als eine straflose Nachtat der Steuerhinterziehung behandelt.

verkürzung kommen kann oder gekommen ist, bereits eine Steuerhinterziehung nach § 370 Abs. 1 Nr. 1 AO begangen hat. Es ist nicht einzusehen, warum die Fälle des Vorsatzes im Hinblick auf die Berichtigungspflicht unterschiedlich behandelt werden sollten.[99] Eine Berichtigungspflicht scheidet also bei jeder Form des Vorsatzes aus.

Gegen die Annahme einer Berichtigungspflicht nach § 153 Abs. 1 AO im Falle des Vorsatzes spricht darüber hinaus, dass der Steuerpflichtige gezwungen wäre, sich selbst zu belasten, indem er durch die Befolgung seiner Berichtigungspflicht seine begangene Steuerhinterziehung selbst aufdeckt. Ein Zwang zur Selbstbelastung bedeutet aber einen Verstoß gegen das verfassungsrechtlich gewährleistete nemo-tenetur-Prinzip.[100]

bb) Leichtfertiges Nichterkennen bei Abgabe

Zu untersuchen ist, ob die Berichtigungspflicht aufgrund nachträglichen Erkennens entsteht, wenn der Steuerpflichtige die Unrichtigkeit der Erklärung bei der Abgabe leichtfertig nicht erkannt hat.

Der Wortlaut des § 153 Abs. 1 AO lässt diese Konstellation zu. Denn wer die Unrichtigkeit der Erklärung bei der Abgabe leichtfertig verkannt hat, kann freilich nachträglich positive Kenntnis erlangen.

Die Annahme der Berichtigungspflicht ist in diesen Fällen jedoch problematisch, weil bei der leichtfertigen Abgabe einer unrichtigen Erklärung der Bußgeldtatbestand der leichtfertigen Steuerverkürzung gemäß § 378 AO oder einer der Steuergefährdungstatbestände gemäß §§ 379 ff. AO erfüllt ist. Kommt der Steuerpflichtige seiner Berichtigungspflicht nach, besteht die Gefahr, dass er sich durch die wahrheitsgemäße Offenbarung des für die Besteuerung relevanten Sachverhalts selbst einer Steuerordnungswidrigkeit bezichtigen muss. Es kann damit folgende Konfliktlage entstehen: Erfüllt der Steuerpflichtige seine Berichtigungspflicht, müsste er sich zwangsläufig einer vorangegangenen Steuerordnungswidrigkeit bezichtigen. Unterlässt er die Anzeige, würde er neues strafrechtliches Unrecht verwirklichen (§ 370 Abs. 1 Nr. 2 AO). Es könnte also auch hier zu einer Kollision mit dem nemo-tenetur-Prinzip kommen.

Ein Verstoß gegen das nemo-tenetur-Prinzip wäre aber nur dann anzunehmen, wenn sich aus § 153 Abs. 1 AO ein unzulässiger Zwang zur Selbstbelastung ergäbe.

---

99 So auch *Grunst*, Steuerhinterziehung, S. 103.

100 *Samson* wistra 1990, 245 (246); ausführlich zum nemo-tenetur-Prinzip im sog. Gemeinschuldnerbeschluss, BVerfGE 56, 37 ff.; BVerfG wistra 1988, 302; *Samson* wistra 1988, 130 ff.

Die AO selbst enthält ein lückenhaftes System von Zwangsmittelverboten. Nach § 393 Abs. 1 S. 2, 3 AO ist die Anwendung von Zwangsmitteln gegen den Steuerpflichtigen unzulässig, wenn dieser gezwungen wäre, sich selbst wegen einer von ihm begangenen Steuerstraftat oder Steuerordnungswidrigkeit zu belasten. Das Zwangsmittelverbot beschränkt sich dabei auf das Verbot der Anwendung von Verwaltungszwang. Die nach §§ 328 ff. AO zulässigen Zwangsmittel sind aber für § 153 Abs. 1 AO nicht einschlägig, da sie der Durchsetzung eines vorausgegangenen Verwaltungsaktes dienen. Die Berichtigungspflicht nach § 153 Abs. 1 AO kann aber nicht mittels Verwaltungsakt angeordnet werden, da die Behörde von der Unrichtigkeit der Erklärung keine Kenntnis besitzt. Folglich ist auch eine zwangsweise Durchsetzung undenkbar.

Der Zwang zur Selbstbelastung könnte sich aber aus der Sanktionsandrohung der Steuerhinterziehung gemäß § 370 Abs. 1 Nr. 2 AO ergeben. Der Drohung mit der Verwirklichung neuen strafrechtlichen Unrechts ist sogar eine stärkere Wirkung zuzuschreiben als den in §§ 328 ff. AO normierten Zwangsmitteln.[101] Damit kommt ein Zwang zur Selbstbelastung grundsätzlich in Betracht.

(1) Selbstbelastungszwang vor Steuerfestsetzung?

Sofern der Steuerpflichtige eine leichtfertige Steuerhinterziehung nach § 378 AO begangen hat, kann es zu einer Kollision mit dem nemo-tenetur-Prinzip nur dann kommen, wenn die Steuerfestsetzung bereits erfolgt ist.[102] Sollte es aufgrund der unrichtigen Erklärungsabgabe noch nicht zu einer fehlerhaften Steuerfestsetzung gekommen sein, ist der Taterfolg der Bußgeldtatbestände noch nicht eingetreten. Es liegt lediglich ein Versuch vor, der aber gemäß § 378 AO i.V.m. §§ 377 Abs. 2 AO, 13 Abs. 2 OWiG nicht bußgeldbewehrt ist.

Somit befindet sich der Steuerpflichtige an sich nicht in einer Konfliktlage.

Etwas anderes gilt aber dann, wenn er einen der gegenüber § 378 AO formell subsidiären Steuergefährdungstatbestände gemäß §§ 379 ff AO verwirklicht hat. Diese setzen nämlich gerade keinen Taterfolg voraus, sondern sanktionieren zum Teil auch Vorbereitungshandlungen.[103] Folglich greifen die §§ 379 ff. AO auch vor der Steuerfestsetzung ein und führen, sofern der Steuerpflichtige die übrigen Tatbestandsvoraussetzungen erfüllt hat, doch zu einer Konfliktsituation und damit zu einem Selbstbelastungszwang auch vor Steuerfestsetzung.

---

101 So auch *Samson* wistra 1988, 130 (131, 136); BGH NJW 2001, 3638 (3641).

102 *Daude*, Drittanzeige, S. 40 f.; *Möller*, Berichtigungspflicht, S. 141.

103 So z.B. § 379 Abs. 1 Nr. 1, 2 AO.

(2) Selbstbelastungszwang bei Selbstanzeigeoption?

Fraglich ist, ob ein Zwang zur Selbstbelastung nach begangener leichtfertiger Steuerhinterziehung gegeben sein kann, wenn eine Selbstanzeigemöglichkeit vorhanden ist.

Sofern wie z.B. in § 378 Abs. 3 AO eine Selbstanzeigeoption normiert ist, muss die Berichtigungsanzeige nach § 153 Abs. 1 AO gleichzeitig als strafbefreiende Selbstanzeige i.S.v. § 378 Abs. 3 AO gewertet werden.[104] Denn beide Anzeigen dienen der Richtigstellung der steuerlichen Erklärungen und sind auslegungsfähig. Die Selbstanzeige muss insbesondere nicht als solche betitelt werden.[105]

Folglich entfällt für den Steuerpflichtigen die Gefahr, sich selbst zu belasten, wenn er seiner Berichtigungspflicht nachkommt, da ihn die Berichtigungsanzeige als Selbstanzeige zugleich von der Geldbuße wegen begangener leichtfertiger Steuerhinterziehung befreit.

Eine Konfliktsituation lebt aber wieder auf, wenn der Steuerpflichtige die verkürzten Steuern gemäß § 378 Abs. 3 S. 2 AO i.V.m. § 371 Abs. 3 AO nicht nachzahlen kann oder die Selbstanzeige wegen der Einleitung eines Strafverfahrens gemäß § 378 Abs. 3 S. 1 AO ausgeschlossen ist.

Gleiches gilt, wenn der Steuerpflichtige aufgrund einer wirksamen Selbstanzeige zwar von einer Geldbuße aus § 378 AO befreit ist, gleichzeitig aber einen Steuergefährdungstatbestand nach §§ 379 ff. AO verwirklicht hat. Für diese Bußgeldtatbestände existiert nämlich keine Selbstanzeigeoption.[106] Nach einem Schreiben des Bundesministers für Finanzen vom 29.07.1981 ist zwar angeordnet, „dass eine Steuergefährdung grundsätzlich nicht verfolgt werden sollte, wenn der Täter hinsichtlich einer damit zusammenhängenden Steuerhinterziehung bzw. leichtfertigen Steuerverkürzung Straf- bzw. Bußgeldfreiheit erlangt hat.“ Von dieser Möglichkeit wird aber kein Gebrauch gemacht, wenn es um erhebliche Beträge geht. Das Bundesverfassungsgericht hat diese Praxis akzeptiert, aber gefordert, dass die Entscheidung nicht schematisch, sondern unter Würdigung aller Umstände des Einzelfalls erfolgt.[107]

---

104 So auch *Lohmeyer* DStZ 1978, 366 (369); *Brenner* DRiZ 1981, 412 (415); *Möller*, Berichtigungspflicht, S. 145.

105 Vgl. *Rüping* in H/H/S, § 371 Rn. 54; *Joecks* in Franzen/Gast/Joecks, § 371 Rn. 66.

106 *Dörn* wistra 1995, 7 (9 f.); *Rüping* in H/H/S, § 379 Rn. 98; KG Berlin wistra 1994, 36 f.; OLG Celle MDR 1975, 598 (599); *Joecks* in Franzen/Gast/Joecks, § 379 Rn. 52.

107 BVerfG wistra 1997, 297 (298).

(3) Zusammenfassung der möglichen Konfliktsituationen

Zu einer Kollision mit dem nemo-tenetur-Prinzip kommt es also immer dann, wenn entweder eine Selbstanzeige gemäß § 378 Abs. 3 S. 1 oder Abs. 3 S. 2 AO i.V.m. § 371 Abs. 3 AO keine strafbefreiende Wirkung entfaltet oder wenn eine Selbstanzeige gar nicht vorgesehen ist (§§ 379 ff. AO), die Beträge der verkürzten Steuern aber erheblich sind.

(4) Lösungswege

Sofern eine Konfliktsituation besteht, kommen mehrere Lösungsmöglichkeiten in Betracht.

(a) Suspendierung der Berichtigungspflicht aus § 153 AO

Eine Mindermeinung in der Literatur[108] lehnt die Berichtigungspflicht aus § 153 Abs. 1 AO wegen der Kollision mit dem nemo-tenetur-Prinzip generell ab. Daran ändere auch eine Selbstanzeigemöglichkeit nichts, denn die Selbstanzeige sei eine dem Betroffenen gebotene Chance, die nicht in eine Pflicht umfunktioniert werden dürfe.[109]

Gegen diese Lösung ist jedoch einzuwenden, dass im Steuerrecht der Grundsatz der gleichmäßigen Besteuerung nach der Leistungsfähigkeit und das Ziel der Sicherung des Steueraufkommens gelten.

Ferner wird das Informationsbedürfnis der Finanzbehörden nicht hinreichend berücksichtigt. Die gleichmäßige Erfassung aller Steuerpflichtigen ist aus Art. 3 Abs. 1 GG sogar verfassungsrechtlich geboten.[110] Die Suspendierung der Pflicht aus § 153 AO würde aber zu einer steuerlichen und strafrechtlichen Bevorzugung führen. Denn durch den Wegfall der Berichtigungspflicht würde zum einen die Steuerlast verringert, wodurch die bereits begangene Steuerverkürzung unentdeckt bliebe, und zum anderen eine Strafbarkeit wegen der neuen Nichtberichtigung entfallen.[111] Diese Ansicht ist also nicht interessengerecht. Die Berichtigungspflicht muss bestehen bleiben.

Demzufolge ist dann aber auch der Einwand unbegründet, dass die Selbstanzeige nicht in eine Pflicht umgewandelt werden dürfe. Denn die Pflicht zur An-

---

108 *Schick* StuW 1988, 301 (325);*Weyand* NWB, Fach 2, 5259 (5260), Nr. 23/1989; *Simon*/Vogelberg, Steuerstrafrecht, S. 203 Fn. 349; im Ergebnis auch *Schuhmann* wistra 1994, 45 (47).

109 *Schick* StuW 1988, 301 (325).

110 So auch BVerfG wistra 1988, 302.

111 Vgl. *Hellmann* in H/H/S, § 393 Rn. 29.

zeige ergibt sich hier bereits aus § 153 Abs. 1 AO. Im Übrigen sollten gerade die Fälle einer Lösung zugeführt werden, in denen eine Selbstanzeige nicht möglich ist.

(b) Einstellungslösung nach § 47 OWiG

Das Bundesverfassungsgericht[112] und die überwiegende Literatur[113] sind der Auffassung, dass auch bei bestehenden Konfliktlagen eine Berichtigungspflicht aus § 153 Abs. 1 AO bestehe. Ein Verstoß gegen das verfassungsrechtlich gewährte nemo-tenetur-Prinzip liege nicht vor, da es sachlich gerechtfertigt sei, dass die Steuerpflichtigen zur wahrheitsgemäßen Auskunft verpflichtet sind ohne Rücksicht darauf, ob hierdurch Straftaten oder Ordnungswidrigkeiten aufgedeckt würden. Der Staat sei darauf angewiesen, die ihm gesetzlich zustehenden Steuereinnahmen tatsächlich zu erzielen.[114] Sofern eine Selbstanzeige nicht möglich sein sollte, biete das Bußgeldverfahren ausreichende Möglichkeiten, etwaigen verfassungsrechtlichen Bedenken gerecht zu werden (§ 47 OWiG).[115]

Diese Lösung bietet den Vorteil, dass einerseits dem Informationsbedürfnis des Staates Rechnung getragen und andererseits dem Betroffenen in Aussicht gestellt wird, auf eine Sanktionierung im Bußgeldverfahren durch die Einstellungsmöglichkeit nach § 47 OWiG zu verzichten.

Zu beachten ist allerdings, dass es gemäß § 47 OWiG im Ermessen der Verfolgungsbehörde steht, ein Bußgeldverfahren durchzuführen oder einzustellen. Nur wenn hier regelmäßig eine Ermessensreduzierung auf Null anzunehmen wäre, wäre eine Kollision mit dem nemo-tenetur-Prinzip ausgeschlossen. Eine Ermessensreduzierung auf Null muss aber jedenfalls in Fällen bezweifelt werden, in denen es um ganz erhebliche Steuerverkürzungen geht. Einer Einstellung könnten dann nämlich die nicht geringe Schuld des Täters sowie ein erhebliches öffentliches Interesse entgegenstehen.[116] Aufgrund der Ermessensentscheidung besteht für den Betroffenen also stets eine gewisse Rechtsunsicherheit.

---

112 BVerfG wistra 1988, 302 f.

113 *Dumke* in Schwarz, § 153 Rn. 14; Klein/*Brockmeyer* § 153 Rn. 4; *Tipke*/Kruse, § 153 Rn. 11; *Krabbe* in Koch/Scholtz, § 153 Rn. 5, *Lohmeyer* DStZ 1978, 366 (369); *Boelsen*, § 371 Abs. 4 AO, S. 43 ff., *Daude*, Drittanzeige, S. 43 ff., *Möller*, Berichtigungspflicht, S. 146 ff.

114 BVerfG wistra 1988, 302.

115 BVerfG wistra 1988, 302; *Daude*, Drittanzeige, S. 46; *Möller*, Berichtigungspflicht, 147.

116 Vgl. KK OWiG-*Bohnert*, (Hrsg. Boujong), § 47 Rn. 108 ff., der diese Kriterien als mögliche Gründe für eine Opportunitätseinstellung nennt.

Ferner wird diese Lösung nur einem begrenzten Anwendungsbereich gerecht, da eine unmittelbare Auswirkung auf Erklärungspflichten hinsichtlich steuerbarer Ergebnisse allgemeiner Straftaten nicht besteht.[117]

Wegen dieser nicht von der Hand zu weisenden Nachteile sollen noch zwei weitere Lösungsansätze untersucht werden.

(c) Annahme eines Verwertungsverbotes[118] aus § 393 Abs. 2 AO

Man könnte entsprechend § 393 Abs. 2 AO daran denken, die mit der Erfüllung der Berichtigungspflicht gelieferten Tatsachen im Straf- oder Bußgeldverfahren für unverwertbar zu halten.[119] Dies hätte beispielsweise zur Folge, dass eine Selbstanzeige gemäß § 378 Abs. 3 AO auch ohne Nachzahlung der verkürzten Steuer wirksam wäre. Diese Lösung käme also wie das BVerfG und die überwiegende Literatur dazu, die Berichtigungspflicht aufrechtzuerhalten. Sie hätte aber den Vorteil, dem Betroffenen durch ein Verwertungsverbot einen verlässlicheren Schutz vor einem Selbstbelastungszwang zu gewähren, als er durch § 47 OWiG geboten werden kann.

Dieser Weg wäre allerdings nur dann gangbar, wenn das in § 393 Abs. 2 AO normierte Verwertungsverbot für Nichtsteuerstraftaten auch Steuerstraftaten und Steuerordnungswidrigkeiten erfassen würde.

Dass die Reichweite des Verwertungsverbotes unterschiedlich gesehen werden kann, zeigt die Entwicklung der insolvenzrechtlichen Vorschriften, namentlich die des § 97 Abs. 1 S. 3 InsO.[120]

---

117 *Rogall* in FS für Kohlmann, S. 465 (474).

118 Die h.M. geht von einem Verwertungsverbot aus, vgl. statt vieler *Hellmann* in H/H/S, § 393 Rn. 159; *Joecks* in Franzen/Gast/Joecks, § 393 Rn. 62 f.; BayOblG wistra 1998, 117 (118); BayObLG NJW 1997, 600 (601); BGH wistra 1993, 66 (99); a.A. *Rogall* in FS für Kohlmann, 465 (479 ff.); Klein/*Wisser* § 393 Rn. 21 ff., die in § 393 Abs. 2 AO ein Verwendungsverbot sehen.

119 Vgl. Überlegungen bei *Samson* wistra 1988, 130 (132); *Joecks* in Franzen/Gast/Joecks, § 393 Rn. 37 ff.; ders. in FS für Kohlmann, 451 (462); *Hellmann* in H/H/S, § 393 AO Rn. 30; *Rüping/Kopp* NStZ 1997, 530 (533 f.); *Kohlmann*, § 393 Rn. 36.

120 In der Konkursordnung war eine durch Verwaltungszwang erzwingbare Auskunftspflicht (§§ 75, 101 Abs. 2, 104, 125 KO) normiert, deren strafrechtliche Verwertung das BVerfG durch ein aus Art. 2 Abs. 1 GG abgeleitetes Beweisverwertungsverbot unterbunden hat. Nach der die Konkursordnung ersetzenden Insolvenzordnung ist nunmehr eine Verwertung der Auskunft, die der Schuldner gemäß dieser Verpflichtung erteilt, nur mit seiner Zustimmung zulässig (§ 97 Abs. 1 S. 3 InsO). Mit dem Begriff „verwendet werden“ begründet der Gesetzgeber ein Verwendungsverbot und geht nunmehr ausdrücklich über das unmittelbare Verwertungsverbot

Die Annahme eines Verwertungsverbotes würde zwar eine interessengerechte Lösung liefern, da einerseits die Finanzbehörde die zur korrekten Steuerveranlagung benötigten Informationen erhielte und andererseits der Steuerpflichtige vor der Verwertung dieser Informationen im Strafverfahren verschont bliebe.[121] Dagegen spricht jedoch der eindeutige Gesetzeswortlaut.[122] Ein Verwertungsverbot, welches der Selbstbelastungsfreiheit gerecht wird, kann nicht durch Auslegung gewonnen werden. Denn das Gesetz selbst hat in § 393 Abs. 2 AO ein Verwertungsverbot einschränkend geregelt und damit zum Ausdruck gebracht, dass es ein weitergehendes Verwertungsverbot nicht schaffen wollte.[123] Mangels Regelungslücke verbietet sich auch eine analoge Anwendung des § 393 Abs. 2 AO. Da es sich bei der Abgabenordnung um nachkonstitutionelles Recht handelt, kann auch nicht die Lösung des BVerfG[124] aus dem sog. Gemeinschuldnerbeschluss für die vorkonstitutionelle Konkursordnung übernommen werden. Denn bei nachkonstitutionellem Recht obliegt eine Korrektur des Gesetzes nicht dem Richter, sondern allein dem Gesetzgeber.[125]

Folglich ist dieser Lösungsansatz abzulehnen.

(d) Zwangsmittelverbot aus § 393 Abs. 1 S. 2 AO

Möglicherweise könnte der Konflikt durch eine erweiternde Auslegung des Zwangsmittelverbotes und eine damit einhergehende einschränkende Auslegung des § 370 Abs. 1 Nr. 2 AO aufgelöst werden.

In insgesamt drei Beschlüssen[126] hat der BGH neue Leitlinien für eine restriktive Auslegung des § 370 Abs. 1 Nr. 2 AO entwickelt, wonach die Strafbewehrung bei Verletzung der Mitwirkungspflichten des Steuerpflichtigen im Besteuerungsverfahren *nach Einleitung eines Strafverfahrens* unter bestimmten Voraussetzungen wegen Unzumutbarkeit suspendiert wird. Der BGH versucht also, der Selbstbelastungsfreiheit über eine einschränkende Auslegung der Strafnorm des § 370 Abs. 1 Nr. 2 AO gerecht zu werden. Fraglich ist, ob diese neuen

---

insofern hinaus, als auch die Fernwirkung erfasst sein soll (Vgl. Bittmann/Rudolph wistra 2001, 81 f.).

121 *Hellmann* JZ 2002, 617 (619); vgl. *Rüping* NStZ 1997, 530 (534).

122 So auch *Aselmann* NStZ 2003, 71 (75).

123 *Samson* wistra 1988, 130 (132).

124 BVerfGE 56, 37 (51).

125 So wohl auch *Joecks* in FS für Kohlmann, S. 451 (463).

126 BGH Beschl. v. 26. 4. 2001 – 5 StR 587/00 (LG Bochum), BGHSt 47, 8 ff.; BGH Beschl. v. 10.1.2002 – 5 StR 452/01 (LG Hamburg), wistra 2002, 149 f.; BGH Beschl. v. 23.1.2002 – 5 StR 540/01 (LG Paderborn), NJW 2002, 1733. Ausführlich *Aselmann* NStZ 2003, 71 ff.; *Harms/Jäger* NStZ 2002, 244 (247 ff.); *Hellmann* JZ 2002, 617 ff.

Leitlinien, die sich zwar nicht auf § 153 AO, aber ebenfalls auf steuerliche Mitwirkungspflichten beziehen,[127] auf die hier in Frage kommenden Konfliktsituationen *vor bzw. nach Einleitung eines Ordnungswidrigkeitenverfahrens* übertragen werden können.

Dem ersten Beschluss[128] lag die Situation zugrunde, dass dem Steuerpflichtigen vor Ablauf der Frist zur Abgabe einer Umsatzsteuererklärung die Einleitung eines Ermittlungsverfahrens wegen unrichtiger Voranmeldungen betreffend den Zeitraum Januar bis Oktober 1997 bekannt gegeben worden war. Es war zu klären, ob sich der Angeklagte wegen Steuerhinterziehung nach § 370 Abs. 1 Nr. 2 AO strafbar macht, wenn er es unterlässt, die Umsatzsteuererklärung für 1997 abzugeben. Der BGH hat hier eine Strafbarkeit nach § 370 Abs. 1 Nr. 2 AO im Wege der erweiternden Auslegung des Zwangsmittelverbots des § 393 Abs. 1 S. 2, 3 AO verneint. Da die Androhung von Kriminalstrafe in ihren Auswirkungen die in § 393 Abs. 1 S. 2 AO i.V.m. § 328 AO bezeichneten Zwangsmittel übertreffe, fordere eine an Sinn und Zweck dieser Bestimmung orientierte Auslegung, den Steuerpflichtigen im Falle einer notwendigen Selbstbelastung von einer strafbewehrten Pflicht freizustellen. Insoweit konkretisiere die Regelung des § 393 Abs. 1 S. 2, 3 AO für das Steuerstrafverfahren nur den allgemeinen Grundsatz, dass eine unzumutbare Handlung nicht erzwungen werden dürfe, weil die Zumutbarkeit normativen Verhaltens bei jedem Unterlassungsdelikt vorliegen müsse.[129]

Diesen Lösungsansatz hat der BGH in dem zweiten Beschluss[130] zeitlich ausgeweitet und auf den Fall übertragen, dass das Ermittlungsverfahren erst nach Ablauf der Erklärungspflicht gemäß § 149 AO eingeleitet und der Steuerpflichtige damit bereits in das Versuchsstadium der Steuerhinterziehung durch Unterlassen eingetreten war. Zur Begründung führt der BGH unter anderem aus: „Da die Einleitung eines Steuerstrafverfahrens vorher bekannt gegeben worden ist, führt eine Selbstanzeige nach § 371 Abs. 2 Nr. 1 b AO nicht zur Straffreiheit," so dass der Steuerpflichtige in eine Konfliktsituation gerät... „Eine derartige Pflicht zur Selbstbelastung will § 393 Abs. 1 AO dem Steuerpflichtigen seinem

127 Zu den steuerlichen Mitwirkungspflichten zählt auch § 153 AO, *Söhn* in H/H/S, § 90 Rn. 4.

128 BGHSt 47, 8 ff.

129 BGHSt 47, 8 (12 ff.); ihm folgend LG FrankfurtMain, wistra 2004, 78 ff. aber insoweit darüber hinaus gehend, als das nemo-tenetur-Prinzip nicht nur die Straffreiheit der Nichtabgabe einer Umsatzsteuererklärung, wenn zuvor ein Strafverfahren wegen unrichtiger USt-Voranmeldungen eingeleitet worden ist, sondern auch die Abgabe einer unrichtigen, aber den Steuervoranmeldungen entsprechenden Steuererklärung bewirkt.

130 BGH NJW 2002, 1733 ff.

Grundgedanken nach gerade ersparen. Dies kann wirksam nur dadurch erfolgen, dass die Strafbewehrung der Erklärungspflicht für ein bestimmtes Veranlagungsjahr so lange suspendiert wird, wie für dieses Veranlagungsjahr ein Strafverfahren anhängig ist."

Schließlich ergibt sich aus dem dritten Beschluss[131] eine inhaltliche Beschränkung. Das Zwangsmittelverbot soll außer Betracht bleiben, wenn sich die steuerliche Erklärungspflicht nicht auf denselben Veranlagungszeitraum bezieht, der Inhalt des Steuerstrafverfahrens ist.

Eine Übertragbarkeit dieser Rechtsprechung liegt jedenfalls für die Konfliktsituation nahe, in der bereits ein Bußgeldverfahren gegen den aus § 153 AO Verpflichteten wegen des Verdachts der leichtfertigen Steuerverkürzung gemäß § 378 Abs. 1 AO eingeleitet worden ist. Wie in den bereits entschiedenen Fällen ist dann eine Selbstanzeige wegen der Verfahrenseinleitung ausgeschlossen. Auch das Erfordernis des identischen Veranlagungszeitraumes ist gegeben.

Voraussetzung für die Annahme eines Zwangsmittelverbotes in der hier vorliegenden Konstellation wäre allerdings auch, dass nicht nur die Einleitung eines Strafverfahrens, sondern auch die Einleitung eines Bußgeldverfahrens unter § 393 Abs. 1 S. 3 AO fiele. Das ist im Hinblick auf § 410 Abs. 1 Nr. 5 AO zu bejahen, der die entsprechende Anwendung des § 393 AO auf das Steuerbußgeldverfahren ausdrücklich anordnet.[132]

Zu klären bleibt noch, ob das Zwangsmittelverbot auch in den übrigen möglichen Konfliktsituationen anzunehmen ist, in denen eine Selbstanzeige gemäß § 371 Abs. 3 AO ausgeschlossen ist oder wie in §§ 379 ff. AO eine solche gar nicht vorgesehen ist. Zwar treten diese Zwangssituationen im Unterschied zu den vom BGH entschiedenen Fällen hier *vor* Einleitung eines Strafverfahrens ein. Es kann aber dabei aus Gründen der Rechtsklarheit und Rechtssicherheit nichts anderes gelten als bei einem bereits eingeleiteten Verfahren. Entscheidend ist lediglich, dass eine Konfliktsituation vorliegt, weil eine Selbstanzeige ausgeschlossen ist. Die Gründe dafür sind im Hinblick auf den Schutz vor dem Selbstbelastungszwang irrelevant. Dafür spricht auch die Systematik der Vorschrift. In § 393 Abs. 1 S. 3 AO wird durch den Begriff „stets" für die Zeit nach Einleitung eines Strafverfahrens unwiderlegbar vermutet, dass der Zwangsmitteleinsatz zu einer Selbstbelastungsgefahr führen würde.[133] § 393 Abs. 1 S. 2 AO erfasst dagegen die übrigen Fälle möglicher Konfliktlagen. Die neue Rechtsprechung des BGH ist also auf die hier in Frage stehenden Fälle übertragbar.

131 BGH wistra 2002, 149 f.

132 So auch *Hellmann* in H/H/S, § 393 Rn. 102.

133 *Kohlmann*, § 393 Rn. 45.

Zu untersuchen bleibt, ob eine Übertragung auch aus dogmatischen Gesichtspunkten sinnvoll ist.

Im Ergebnis bleibt die Berichtigungspflicht aus § 153 Abs. 1 AO bei der Annahme eines Zwangsmittelverbotes bestehen, ist aber nicht mehr vollstreckbar. Die Strafandrohung des § 370 Abs. 1 Nr. 2 AO entfällt also bei Unterlassen der Berichtigung, was faktisch zu einer materiellen Suspendierung der Berichtigungspflicht führt.[134]

Man könnte einwenden, der Täter sei bei dieser Lösung nicht hinreichend vor der Verfolgung hinsichtlich der bereits begangenen Ordnungswidrigkeit geschützt. Es ist jedoch nicht Aufgabe der Rechtsordnung, dem Steuerpflichtigen auch das verbleibende Risiko einer Strafverfolgung abzunehmen. Einem Zwang zur Selbstbelastung ist er jedenfalls nicht mehr ausgesetzt.

Sollte der Betroffene seiner Berichtigungspflicht aus § 153 AO nachkommen, besteht zudem immer noch die Möglichkeit, das Verfahren nach § 47 OWiG einzustellen. Diese Lösung bietet damit dem Berichtigungspflichtigen einen weitergehenden Schutz vor einem Selbstbelastungszwang als vom BVerfG als Mindestschutz gefordert.

Es ist also ein Zwangsmittelverbot nach § 393 Abs. 1 S. 2 AO zu befürworten.

(e) Ergebnis

Es bleibt festzuhalten, dass nach der derzeitigen Gesetzesfassung die Annahme eines Zwangsmittelverbotes nach § 393 Abs. 1 S. 2 AO am ehesten den Anforderungen des nemo-tenetur-Prinzips gerecht wird. Die Berichtigungspflicht aus § 153 Abs. 1 AO bleibt danach bestehen, die Strafandrohung des § 370 Abs. 1 Nr. 2 AO entfällt aber bei Unterlassen der Berichtigung. Sofern der aus § 153 AO Verpflichtete die Berichtigungserklärung abgibt, bleibt die zudem Möglichkeit einer Einstellung des Bußgeldverfahrens nach § 47 OWiG bestehen.

cc) Einfach fahrlässiges / irrtümliches Nichterkennen bei Abgabe

Sofern der Steuerpflichtige die Erklärung irrtümlich und damit schuldlos oder einfach fahrlässig fehlerhaft abgegeben hat, kann er die Unrichtigkeit nachträglich noch erkennen. Da ein Irrtum oder einfache Fahrlässigkeit bei Abgabe der Erklärung keinen Straf- oder Bußgeldtatbestand begründet, besteht auch keine

---

134 Vgl. *Kohlmann*, § 393 Rn. 24; *Hellmann* in H/H/S, § 393 Rn. 38; *Joecks* in Franzen/Gast/Joecks, § 393 Rn. 5 f.; *Rogall* in FS für Kohlmann, S. 465 (472).

Gefahr eines Selbstbelastungszwanges. Somit ist hier eine Berichtigungspflicht nach § 153 Abs. 1 AO problemlos zu bejahen.[135]

dd) Zusammenfassung

Eine Berichtigungspflicht nach § 153 Abs. 1 AO besteht aufgrund nachträglichen Erkennens immer dann, wenn der Steuerpflichtige die unrichtige Erklärung irrtümlich, leicht fahrlässig oder leichtfertig abgegeben hat. Bei einer vorsätzlichen unrichtigen Erklärungsabgabe besteht keine Berichtigungspflicht, weil der Steuerpflichtige die Unrichtigkeit in diesem Fall nicht nachträglich erkannt hat.

c) Vor Ablauf der Festsetzungsfrist

Die Berichtigungspflicht nach § 153 Abs. 1 Nr. 1 AO besteht nur bis zum Ablauf der Festsetzungsfrist. Diese ist in §§ 169 – 171 AO bestimmt und beträgt nach § 169 Abs. 2 S. 1 Nr. 2 AO in der Regel vier Jahre, beginnend mit Ablauf des Kalenderjahres der Steuerentstehung bzw. der Einreichung der Steuererklärung gemäß § 170 Abs. 1 bzw. 2 Nr. 1 AO. Im Falle der leichtfertigen Steuerverkürzung verlängert sich die Festsetzungsfrist nach § 169 Abs. 2 S. 2 AO auf fünf Jahre. Der Steuerpflichtige muss also die Unrichtigkeit der Erklärung binnen vier bzw. fünf Jahren erkannt haben.

Danach erlischt konsequenterweise die Berichtigungspflicht nach § 153 Abs. 1 AO, zumal nach Ablauf der Festsetzungsfrist eine Veränderung der Steuerfestsetzung gemäß § 169 Abs. 1 AO unzulässig ist.

Für § 371 Abs. 4 AO ist dies insoweit von Bedeutung, als der Täter der Steuerhinterziehung ab diesem Zeitpunkt keine Fremdanzeige und keine damit verbundene Steuernachzahlung mehr befürchten muss, da die Anzeigepflicht für den anderen weggefallen ist. Andererseits ist für ihn damit aber auch die Chance entfallen, in den Genuss eines Strafverfolgungshindernisses zu kommen, sofern eine Selbstanzeige gemäß § 371 Abs. 2 AO ebenfalls bereits ausgeschlossen ist.

3) Sonderfall des § 153 Abs. 1 S. 1 Nr. 2 AO

Der in § 153 Abs. 1 S. 1 Nr. 2 AO geregelte Sonderfall soll aufgrund seiner untergeordneten praktischen Relevanz im Zusammenhang mit § 371 Abs. 4 AO nur kurz angesprochen werden.

---

135 So auch *Lohmeyer* DStZ 1978, 366 (369); *Daude*, Drittanzeige, S. 40; a.A. *Möller*, Berichtigungspflicht, S. 148 f., der verkennt, dass die §§ 379 ff. AO ebenfalls zumindest Fahrlässigkeit voraussetzen.

Danach trifft die Berichtigungspflicht auch denjenigen, der nachträglich vor Ablauf der Festsetzungsfrist erkennt, dass eine durch Verwendung von Steuerzeichen oder Steuerstemplern zu entrichtende Steuer nicht in der richtigen Höhe festgesetzt worden ist.

Die Ausführungen zu § 153 Abs. 1 Nr. 1 AO gelten im Wesentlichen entsprechend, da sich die Tatbestände lediglich in der Art und Weise der Zugänglichmachung der steuerrelevanten Tatsachen unterscheiden. Es bleibt lediglich anzumerken, dass der missverständliche Wortlaut „nicht in der richtigen Höhe festgesetzt" nur Steuerverkürzungen meint, da eine andere Auslegung dem Zweck des § 153 AO, sämtliche Steuerquellen zu erschließen, widersprechen würde.[136] Außerdem hätte andernfalls ein Verstoß gegen die Berichtigungspflicht auch gar keine Steuerhinterziehung nach § 370 Abs. 1 Nr. 2 AO zur Folge, was aber allgemein anerkannt ist.[137]

III. Inhalt der Berichtigungspflicht

§ 371 Abs. 4 AO setzt tatbestandlich voraus, dass „die in § 153 AO vorgesehene Anzeige rechtzeitig und ordnungsgemäß erstattet wird." Die Rechtzeitigkeit der Anzeige wird in § 153 Abs. 1 AO näher definiert. Nach § 153 Abs. 1 AO besteht die Verpflichtung zur unverzüglichen Anzeige. Das bedeutet, die Anzeige muss entsprechend § 121 BGB ohne schuldhaftes Zögern nach Erkennen des Erklärungsfehlers erstattet werden.[138]

Ist die Anzeige verspätet, wird sie in Bezug auf die Steuerhinterziehung oder leichtfertige Steuerverkürzung durch Unterlassen als Selbstanzeige anzusehen sein, die durch die zunächst versäumte Erfüllung der rechtzeitigen Anzeige begangen worden ist.[139] Ob dann § 371 Abs. 4 AO analog einschlägig ist, wird später erörtert.[140]

Neben der unverzüglichen Anzeige verpflichtet § 153 AO aber auch zu einer erforderlichen Richtigstellung, welche in § 371 Abs. 4 AO nicht genannt ist. Auf die Frage, ob die Richtigstellung auch für die Auslösung des Strafverfolgungs-

---

136 *Boelsen*, § 371 Abs. 4 AO, S. 48; *Daude*, Drittanzeige, S. 54.

137 *Tipke*/Kruse, § 153 Rn. 18; OLG Koblenz wistra 1983, 270; Klein/*Brockmeyer* § 153 Rn. 9; *Trzaskalik* in H/H/S, § 153 Rn. 18; *Krabbe* in Koch/Scholtz, § 153 Rn. 11; *Dumke* in Schwarz, § 153 Rn. 19; *Joecks* in Franzen/Gast Joecks, § 370 Rn. 185; *Schuhmann* wistra 1994, 45 (48).

138 *Kemper* in Leise/Dietz/Cratz, § 371 Rn. 119.

139 *Joecks* in Franzen/Gast/Joecks, § 371 Rn. 225, 239; *Kohlmann*, § 371 Rn. 278.

140 Siehe Teil 2: B) I. 4. b).

hindernisses aus § 371 Abs. 4 AO erforderlich ist, wird ebenfalls noch zurückzukommen sein.[141]

An dieser Stelle soll lediglich festgehalten werden, dass die erforderliche Berichtigung der Erklärung im Gegensatz zur Anzeige keiner zeitlichen Begrenzung unterliegt und deshalb nachholbar ist.[142] Insbesondere bei komplizierten Steuerfällen wird der Steuerpflichtige zwar seiner Anzeigepflicht rechtzeitig nachkommen können, er wird aber außerstande sein, mit seiner Anzeige auch die berichtigte Erklärung mitzuliefern, weil etwa zeitraubende Aufstellungen zu machen sind. In solchen Fällen kann die Finanzbehörde nach erfolgter Anzeige dann entweder eigene Ermittlungstätigkeiten aufnehmen oder eine angemessene Frist zur Berichtigung setzen.[143] Sollte der Steuerpflichtige die Frist ungeachtet verstreichen lassen, kann die Finanzbehörde die Besteuerungsgrundlagen gemäß § 162 AO schätzen oder aber Zwangsmittel gemäß §§ 328 ff. AO anwenden.

Dabei ist die Gefahr des Erlöschens der Berichtigungspflicht aufgrund eines möglichen Ablaufs der Festsetzungsfrist wegen der in § 171 Abs. 9 AO geregelten Ablaufhemmung von einem Jahr nach Eingang der Anzeige erheblich reduziert.[144]

IV. § 153 Abs. 2 AO

Nach § 153 Abs. 2 AO besteht die Anzeigepflicht ferner, wenn die Voraussetzungen für eine Steuerbefreiung, Steuerermäßigung oder sonstige Steuervergünstigung nachträglich ganz oder teilweise wegfallen.

Bei vorsätzlicher Verletzung dieser Mitteilungspflicht macht sich der Steuerpflichtige wegen einer Steuerhinterziehung durch Unterlassen gemäß § 370 Abs. 1 Nr. 2 AO strafbar. Sofern mindestens zwei Personen nach § 153 Abs. 2 AO zur Anzeige verpflichtet sind, aber nur eine seiner Mitteilungspflicht nachkommt, wird diese Vorschrift für die Auslösung des Strafverfolgungshindernisses zu Gunsten des anderen nach § 371 Abs. 4 AO bedeutsam.

Während in § 153 Abs. 1 AO die Berichtigungspflicht zur Korrektur von Irrtümern dient, die durch unrichtige oder unvollständige Angaben des Steuerpflichtigen verursacht werden, ist für die Entstehung der Mitteilungspflicht nach

---

141 Siehe Teil 2: B) I. 1.

142 *Trzaskalik* in H/H/S, § 153 Rn. 15; *Tipke*/Kruse, § 153 Rn. 15; vgl. *Samson* wistra 1990, 245 (247); *Schuhmann* wistra 1994, 45 (48).

143 *Dumke* in Schwarz, § 153 Rn. 2 b; *Tipke*/Kruse, § 153 Rn. 15; *Möller*, Berichtigungspflicht, S. 151.

144 Vgl. *Krabbe* in Koch/Scholtz, § 153 Rn. 7; *Boelsen*, § 371 Abs. 4 AO, S. 50; *Daude*, Drittanzeige, S. 55.

§ 153 Abs. 2 AO die tatsächliche Veränderung eines Lebenssachverhaltes, der über eine bestimmte Zeitdauer vorgelegen hat, maßgeblich.[145]

Dabei ist festzustellen, dass die Anzeigepflicht nach § 153 Abs. 2 AO im Unterschied zu § 153 Abs. 1 AO[146] nicht auf das Festsetzungsverfahren begrenzt ist.[147] Das ergibt sich bereits aus dem Wortlaut des § 153 Abs. 2 AO. Dort werden neben den Begriffen der „Steuerermäßigung" und „Steuerbefreiung", welche das Festsetzungsverfahren betreffen,[148] auch „sonstige Steuervergünstigungen" aufgeführt. Diese betreffen aber vornehmlich Vergünstigungen im Erhebungs- und Vollstreckungsverfahren. Außerdem enthält der Wortlaut des § 153 Abs. 2 AO im Gegensatz zu Absatz 1 gerade keine Begrenzung auf den Ablauf der Festsetzungsfrist. Denn die Formulierung „die Anzeigepflicht besteht ferner" bezieht sich lediglich auf die Rechtsfolge des § 153 Abs. 1 AO, also auf die Anzeigepflicht und nicht etwa auf den Tatbestand.

Aus der Formulierung ergibt sich zugleich, dass die die Anzeigepflicht betreffenden Regelungen über den Inhalt der Anzeigepflicht und den anzeigepflichtigen Personenkreis nach § 153 Abs. 1 S. 1 und 2 AO entsprechend gelten.

Eine Steuerbefreiung, Steuerermäßigung oder sonstige Steuervergünstigung wird dann als ganz oder teilweise weggefallen angesehen, wenn die Finanzbehörde bei Kenntnis des veränderten Lebenssachverhaltes eine andere Entscheidung hinsichtlich der Vorteilsgewährung treffen müsste. Das gleiche gilt, wenn die Veränderung die Ermessensausübung der Finanzbehörde derart beeinflusst, dass sie zumindest eine andere Entscheidung treffen könnte.[149]

V. § 153 Abs. 3 AO

§ 153 Abs. 3 AO normiert eine Anzeigepflicht für den Fall, dass der Steuerpflichtige beabsichtigt, Waren, für die eine Steuervergünstigung unter einer Bedingung gewährt worden ist, zweckwidrig zu verwenden. Im Unterschied zu § 153 Abs. 1 und 2 AO wird hier also die Pflicht zur Anzeige bereits ohne ein

---

145 Vgl. *Dumke* in Schwarz, § 153 Rn. 26; *Trzaskalik* in H/H/S, § 153 Rn. 20.

146 Zur Anzeigepflicht gemäß § 153 Abs. 1 AO außerhalb des Festsetzungsverfahrens siehe Teil 2: A) II. 1. d) cc) (4).

147 So auch *Dumke* in Schwarz, § 153 Rn. 22 ff.; *Grunst*, Steuerhinterziehung, S. 85; *Kretschmar* DStZ 1982, 304 (305 f.); *Daude*, Drittanzeige, S. 56; a.A. *Grote*, Steuerhinterziehung, S. 89 ff.

148 *Grunst*, Steuerhinterziehung, S. 82 f.; *Grote*, Steuerhinterziehung, S. 89.

149 *Dumke* in Schwarz, § 153 Rn. 27; *Boelsen*, § 371 Abs. 4 AO, S. 52; *Daude*, Drittanzeige, S. 58.

objektives Handeln oder eine Tatsachenveränderung, sondern allein aufgrund einer bestehenden Absicht ausgelöst.

Dieser Unterschied hat Auswirkungen auf die Anwendbarkeit des § 153 Abs. 3 AO im Zusammenhang mit der Fremdanzeige.

Beabsichtigt der Steuerpflichtige eine zweckwidrige Verwendung und kommt er seiner Anzeigepflicht nicht nach, begeht er dadurch noch keine Steuerhinterziehung durch Unterlassen nach § 370 Abs. 1 Nr. 2 AO. Denn die bloße Absicht einer zweckwidrigen Verwendung steuervergünstigter Waren stellt keine steuerlich erhebliche Tatsache i.S.v. § 370 Abs. 1 AO dar.[150] Eine solche ist erst in der tatsächlichen zweckwidrigen Verwendung zu sehen.[151] Das ergibt sich aus § 50 Abs. 1, 3 Nr. 1 AO, wonach erst die zweckwidrige Verwendung selbst die Steuerbegünstigung entfallen lässt. Andere gesetzliche Bestimmungen i.S.v. § 50 Abs. 3 Nr. 2 AO, die eine Steuervergünstigung bereits aufgrund einer Willensentscheidung erlöschen lassen, finden sich jedenfalls im Rahmen der Verbrauchssteuern, dem Hauptanwendungsfall des § 153 Abs. 3 AO, nicht.[152]

Demzufolge ist auch der Anwendungsbereich des § 371 Abs. 4 AO nicht eröffnet,[153] der eine Steuerhinterziehung (oder eine leichtfertige Steuerverkürzung) voraussetzt.

Sofern es bereits zu einer zweckwidrigen Verwendung gekommen ist, sind die Voraussetzungen für eine Steuervergünstigung nachträglich weggefallen, so dass eine Anzeigepflicht bereits gemäß § 153 Abs. 2 AO besteht.[154] Somit ist § 153 Abs. 3 AO für die Fremdanzeige nicht von Bedeutung.

B) Die Voraussetzungen des § 371 Abs. 4 AO

I. Voraussetzungen auf Seiten des Erklärungsverpflichteten

Der Erklärungsverpflichtete kann das Strafverfolgungshindernis gemäß § 371 Abs. 4 AO zu Gunsten eines Dritten auslösen, sofern er die in § 153 AO vorgesehene Anzeige rechtzeitig und ordnungsgemäß erstattet.

---

150 Als Erfolgsdelikt setzt § 370 AO außerdem eine Steuerverkürzung oder einen erlangten Steuervorteil voraus. Auch für den Versuch der Steuerhinterziehung nach § 370 Abs. 2 AO wäre jedenfalls ein unmittelbares Ansetzen erforderlich, woran es bei bloßer Absicht aber fehlt.

151 *Joecks* in Franzen/Gast/Joecks, § 370 Rn. 190.

152 *Joecks* in Franzen/Gast/Joecks, § 370 Rn. 190.

153 Vgl. *Daude*, Drittanzeige, S. 59 f.

154 Vgl. *Grunst*, Steuerhinterziehung, S. 87; *Joecks* in Franzen/Gast/Joecks, § 370 Rn.192.

1. Inhaltliche Anforderungen an die Anzeige

In § 153 AO wird für eine vollständige Pflichterfüllung ausdrücklich neben einer Anzeige die Richtigstellung gefordert.

Im Folgenden wird nun der Frage nachgegangen, ob für die Auslösung des Strafverfolgungshindernisses aus § 371 Abs. 4 AO bereits die bloße Anzeige ausreicht oder aber die vollständige Pflichterfüllung aus § 153 AO gegeben sein muss.

a) Anzeige mit Richtigstellung

Ein Teil der Literatur[155] ist der Auffassung, dass das Strafverfolgungshindernis zu Gunsten des Dritten nur dann eingreife, wenn der Anzeigepflichtige neben der Anzeige auch die Richtigstellung vornehme. *Dumke* begründet diese Ansicht mit dem Zweck des § 371 Abs. 4 AO, eine bisher unbekannte Steuerquelle zu erschließen und die Finanzbehörde in die Lage zu versetzen, das Besteuerungsverfahren nunmehr durchzuführen. Dieser Zweck könne nur erreicht werden, wenn der Begriff „Anzeige" in § 371 Abs. 4 AO als Anzeige und Richtigstellung i.S.v. § 153 AO verstanden werde.[156]

Wassmann dehnt nicht den Begriff der Anzeige aus, sondern stellt auf die ausdrückliche Bezugnahme des § 371 Abs. 4 S. 1 AO auf „die in § 153 AO vorgesehene Anzeige" und „die in § 153 AO bezeichneten Erklärungen" ab. Das Maß dessen, was von dem Anzeigepflichtigen an Erklärungen gefordert wird, richte sich grundsätzlich nach § 153 AO, der ausdrücklich neben der Anzeige auch die Richtigstellung fordere.[157]

b) Anzeige ohne Richtigstellung

Die überwiegende Literatur[158] und die Rechtsprechung[159] sind der Ansicht, dass die Drittanzeige zu ihrer Wirksamkeit lediglich die Anzeige erfordere. Dies folge

155 *Dumke* in Schwarz, § 371 Rn. 183; *Pfaff*, Kommentar zur steuerlichen Selbstanzeige, S. 206; *Wassmann*, Kommentar zu § 371 AO, S. 111 f.

156 *Dumke* in Schwarz, § 371 Rn. 183.

157 *Wassmann*, Kommentar zu § 371 AO, S. 111.

158 *Joecks* in Franzen/Gast/Joecks, § 371 Rn. 224; *Rüping* in H/H/S, § 371 Rn. 212; *Samson* wistra 1990, 245 (249); *Boelsen*, § 371 Abs. 4 AO, S. 87 ff.; *Daude*, Drittanzeige, S. 61 ff.; *Simon*/Vogelberg, Steuerstrafrecht, S. 205; *Jarke* wistra 1999, 286 (286 f.); Klein/*Gast-de Haan*, § 371 Rn. 63; *Scheurmann-Kettner* in Koch/Scholtz, § 371 Rn. 44; *Füllsack* wistra 1997, 285 (289); *Kemper* in Leise/Dietz/Cratz, § 371 Rn. 126; jetzt auch *Kohlmann*, § 371 Rn. 277; wohl auch *Flore/Dörn/Gillmeister*, Steuerfahndung, S. 304.

159 OLG Stuttgart wistra 1996, 190 (191); OLG Karlsruhe NStZ-RR 1996, 372 (373).

zum einen aus der Formulierung des § 371 Abs. 4 AO, in der die Richtigstellung nicht erwähnt sei. Zum anderen spreche hierfür die der Fremdanzeige zugrunde liegende Konstellation, dass der Anzeigeerstatter erst nachträglich vom maßgeblichen Sachverhalt Kenntnis erlange und sich daher erst über den Sachverhalt informieren müsse.[160] Die Forderung der Richtigstellung würde den Zweck der Fremdanzeige vereiteln.[161]

c) Stellungnahme

Gegen die Ansicht *Dumkes*, den Begriff „Anzeige" in § 371 Abs. 4 AO auszudehnen, ist zunächst der insoweit eindeutige Wortlaut des § 371 Abs. 4 AO heranzuziehen. Während § 153 AO eine zweifache Verpflichtung enthält, nämlich die unverzügliche Anzeige und die erforderliche Richtigstellung, spricht § 371 Abs. 4 S. 1 Halbs. 1 AO nur von der unverzüglichen und ordnungsgemäßen Anzeige. Insoweit ist der Wortlaut klar.[162]

Allerdings ergeben sich aus der Formulierung des § 371 Abs. 4 S. 1 AO zwei andere Ansatzpunkte, aus denen möglicherweise eine Richtigstellung gefordert werden könnte. Zum einen könnte mit *Wassmann* auf die ausdrückliche Bezugnahme des § 371 Abs. 4 S. 1 Halbs. 3 AO auf „die in § 153 AO bezeichneten Erklärungen" abgestellt werden. Dagegen spricht aber, dass mit den „Erklärungen" die früheren unrichtigen Steuererklärungen des Dritten gemeint sind, die ihrerseits die genannte zweifache Verpflichtung auslösen.[163] Zum anderen könnte sich aus dem Begriff der „ordnungsgemäßen" Anzeige das Erfordernis einer Richtigstellung ergeben, sofern diesem Merkmal neben einer formalen auch eine inhaltliche Bedeutung zukäme. Es bestehen im Gesetz aber keine Anhaltspunkte für eine derartige Verweisungstechnik, die zudem unklar und deshalb methodisch nicht korrekt wäre. Ferner machte eine solche Auslegung auch keinen Sinn. Denn dann müsste sich konsequenterweise das Unverzüglichkeitsgebot nicht nur auf die Anzeige, sondern auch auf die Richtigstellung beziehen mit der Folge, dass § 371 Abs. 4 AO schärfere Voraussetzungen hätte als § 153 AO. Die Fremdanzeige wäre dann nur in den seltensten Fällen wirksam, da der Anzei-

160 *Joecks* in Franzen/Gast/Joecks, § 371 Rn. 224; OLG Stuttgart wistra 1996, 190 (191).

161 OLG Stuttgart wistra 1996, 190 (191); vgl. *Kohlmann*, § 371 Rn. 277; vgl. *Boelsen*, § 371 Abs. 4 AO, S. 89 f.; *Daude*, Drittanzeige, S. 66.

162 Vgl. *Samson* wistra 1990, 245 (249); OLG Stuttgart wistra 1996, 190 (191); *Rüping* in H/H/S, § 371 Rn. 212.

163 So jetzt auch *Kohlmann*, § 371 Rn. 277; *Daude*, Drittanzeige, S. 63; OLG Karlsruhe NStZ-RR 1996, 372 (373).

gende in der Regel zu einer unverzüglichen Berichtigung nicht in der Lage wäre.[164]

Somit ergibt sich weder aus dem Wortlaut noch aus der Systematik, dass neben der Anzeige auch eine Richtigstellung nach § 371 Abs. 4 AO erforderlich ist.

Durch die historische Entwicklung des § 371 Abs. 4 AO lässt sich dieses Ergebnis weder belegen noch widerlegen. Denn einerseits könnte man argumentieren, dass bei der Formulierung des § 371 Abs. 4 AO im Rahmen der Reform der Abgabenordnung 1977 die Aufnahme der „Richtigstellung" neben der „Anzeige" lediglich vergessen worden sein könnte, weil der Wortlaut des heutigen § 371 Abs. 4 AO im Vergleich zu seinen Vorgängern nahezu unverändert geblieben ist, während sich die Bezugsnorm des heutigen § 153 AO mit der Reform der Abgabenordnung 1977 grundlegend verändert hat.[165]

Andererseits ist es genauso denkbar, dass in § 371 Abs. 4 AO bewusst auf die Aufnahme der Richtigstellung verzichtet worden ist. Dafür könnte sprechen, dass im Zuge der Reform auch der § 371 Abs. 4 AO überarbeitet worden ist.[166]

Somit ist eine historische Auslegung für die Lösung dieses Streitpunktes nicht ergiebig.

Allerdings lässt sich jedenfalls aus dem Sinn und Zweck der Fremdanzeige das bereits aus dem Wortlaut gefundene Ergebnis bestätigen. § 371 Abs. 4 AO soll vornehmlich den Anzeigepflichtigen durch die Gewährung eines Strafverfolgungshindernisses zu Gunsten des Dritten zu der Fremdanzeige ermutigen, um dem Fiskus neue Steuerquellen preiszugeben.[167] Eine Ermutigung zur Aufdeckung der Steuerquellen ist aber nur dann gegeben, wenn die Anzeige für den Verpflichteten tatsächlich möglich und relativ einfach ausgestaltet ist, wenn der Anzeigende also dazu nicht den Dritten betreffende Unterlagen benötigt oder komplizierte Aufstellungen vorlegen muss. Darüber hinaus muss er sich darauf verlassen können, dass seine Anzeige tatsächlich das Strafverfolgungshindernis auslöst und nicht etwa aufgrund unvollständiger Angaben dennoch Ermittlungen gegen den Dritten verursacht.[168] Dieses Ziel kann nur dann erreicht werden, wenn dem Anzeigeverpflichteten neben der Anzeige keine Richtigstellung abverlangt wird. Ansonsten käme es insbesondere bei komplexen Fällen regelmäßig zu der Einleitung eines Strafverfahrens, da die Anzeige unverzüglich zu er-

---

164 Vgl. OLG Karlsruhe NStZ-RR 1996, 372 (373).
165 So *Boelsen*, § 371 Abs. 4 AO, S. 88 f.; *Daude*, Drittanzeige, S. 64 f.
166 Vgl. amtliche Begründung zum Entwurf der AO 1977, BT-Drucks. VI/1982, Band 148, zu § 354 AO, S. 195, in der auch explizit auf Absatz 4 eingegangen wird.
167 Zum Sinn und Zweck des § 371 Abs. 4 AO siehe bereits Teil 1: B).
168 Vgl. *Boelsen*, § 371 Abs. 4 AO,S. 90; *Daude*, Drittanzeige, S. 66.

folgen hat, die Berichtigung aber für den Anzeigeerstatter zwangsläufig einige Zeit in Anspruch nimmt.

Aus diesem Grund kann auch *Dumke* nicht gefolgt werden, der das Erfordernis einer Richtigstellung neben der Anzeige fordert. Seiner Ansicht nach soll die Fremdanzeige die Behörde in die Lage versetzen, das Besteuerungsverfahren nunmehr durchzuführen. Dabei verkennt *Dumke* jedoch, dass es zunächst nur darauf ankommt, neue Steuerquellen aufzudecken. Danach kann die Finanzbehörde ohne weiteres selbstständig Ermittlungen durchführen,[169] zumal der Sachverhalt ohnehin noch von Amts wegen geprüft wird. Sie kann sich vor allem auch direkt an den Dritten wenden.

2. Rechtzeitigkeit der Anzeige

Die Anzeige erfolgt nach § 371 Abs. 4 AO rechtzeitig, wenn sie gemäß § 153 Abs. 1 AO unverzüglich nach Kenntniserlangung der Unrichtigkeit oder Unvollständigkeit abgegeben wird. Unverzüglichkeit kann wohl auch noch nach circa zwei Monaten angenommen werden.[170]

3. Ordnungsgemäßheit der Anzeige

Eine ordnungsgemäße Anzeige i.S.v. § 371 Abs. 4 AO verlangt keine besondere Form. Der Anzeigende muss sich lediglich an eine Finanzbehörde wenden, die er nach den ihm bekannten Umständen für zuständig halten darf, und den Sachverhalt schriftlich oder mündlich einem zur Entgegennahme bereiten Amtsträger so mitteilen, dass dieser eine weitere Aufklärung veranlassen kann.[171]

Dabei kommt der ordnungsgemäßen Anzeige lediglich formale, aber keine inhaltliche Bedeutung zu. Wie bereits erläutert, bedarf es insbesondere keiner Richtigstellung.[172] Die Anzeige muss dem Inhalt nach auch nicht einer Selbstanzeige entsprechen.[173] Dies ergibt sich schon aus dem unterschiedlichen Wortlaut in § 371 Abs. 1 und Abs. 4 AO. Während für eine wirksame Selbstanzeige eine Berichtigung, Ergänzung oder Nachholung der Angaben gefordert wird, ist bei § 371 Abs. 4 AO lediglich die Anzeige erforderlich.

---

169 So auch *Daude*, Drittanzeige, S. 62.

170 Vgl. OLG Stutgart wistra 1996, 190 f.

171 *Joecks* in Franzen/Gast/Joecks, § 371 Rn. 226; *Rüping* in H/H/S, § 371 Rn. 211; vgl. *Quedenfeld/Füllsack*, Verteidigung in Steuerstrafsachen, Rn. 380.

172 Siehe Teil 2: B) I. 1. c).

173 *Quedenfeld/Füllsack*, Verteidigung in Steuerstrafsachen, Rn. 380; *Joecks* in Franzen/Gast/Joecks, § 371 Rn. 226 jeweils ohne Begründung.

4. *Analoge Anwendbarkeit des § 371 Abs. 4 AO auf nicht anzeigepflichtige Personen aus § 153 AO*

Gemäß § 371 Abs. 4 AO muss die strafbefreiende Fremdanzeige von einer aus § 153 AO zur Anzeige verpflichteten Person erstattet werden. Wer zu diesen Personen zählt, wurde bereits im Rahmen des § 153 AO erörtert.[174] Fraglich ist allerdings, ob der Personenkreis für die Fremdanzeige auf solche Fälle erweitert werden muss, in denen sich der Anzeigepflichtige ebenfalls in einer Konfliktsituation befindet.

a) Anzeige durch den Steuerberater

Es wurde bereits bei der Untersuchung des § 153 AO festgestellt, dass der Steuerberater als gewillkürter Vertreter[175] nicht in den Kreis der anzeigepflichtigen Personen aus § 153 AO fällt. Demzufolge kann ein Steuerberater an sich zu Gunsten seines Mandanten nicht das Strafverfolgungshindernis aus § 371 Abs. 4 AO auslösen.

Dennoch ist zu überlegen, ob im Rahmen des § 371 Abs. 4 AO ein Bedürfnis für eine analoge Anwendbarkeit auf Steuerberater besteht.

Boelsen[176] und *Daude*[177] halten eine analoge Anwendung, wenn auch zum Teil aus unterschiedlichen Gründen, für erforderlich, wobei *Boelsen* die Analogie auf Vertreter beschränken will, die laufend in den Steuersachen des Vertretenen tätig sind.[178]

Zur Begründung wird angeführt, dass der Steuerberater in einigen Fällen selbst vor dem Dilemma stehen könne, entweder die Steuererklärung seines Mandanten richtig zu erklären und dadurch dessen Steuerhinterziehung aufzudecken, oder sie wissentlich falsch zu erklären und sich damit selbst der Gefahr einer Strafverfolgung wegen Steuerhinterziehung[179] auszusetzen. Solche Situationen könnten entstehen, wenn er in früheren Steuererklärungen seines Mandanten Mängel entdeckt, die dieser vor seiner Beauftragung vorsätzlich herbeigeführt oder jedenfalls nicht nach § 153 AO berichtigt hat, und er nun in der anstehenden Steuererklärung falsche Angaben machen müsste, um die Mängel nicht aufzudecken. Um diese Konfliktsituation für den Steuerberater zu vermei-

---

174 Siehe Teil 2: A) I.
175 Etwas anderes gilt nur dann, wenn er ausnahmsweise als Treuhänder auftritt. Vgl. Teil 2: A) I. 4. c) cc).
176 *Boelsen*, § 371 Abs. 4 AO, S. 98 ff.
177 *Daude*, Drittanzeige, S. 67 ff.
178 *Boelsen*, § 371 Abs. 4 AO, S. 101.
179 Richtigerweise kommt wohl eher Beihilfe zu einer Steuerhinterziehung in Betracht.

den, müsse auch ein Steuerberater nach § 371 Abs. 4 AO analog die Steuererklärungen seines Mandanten gefahrlos berichtigen können, damit er in Zukunft richtig erklären könne.[180]

Darüber hinaus ergebe sich das Bedürfnis einer analogen Anwendung aus einem Vergleich mit der Regelung des § 378 Abs. 3 AO. Im Rahmen dieser Vorschrift könne der Steuerberater, der leichtfertig durch Abgabe der Erklärung für seinen Mandanten eine Steuerverkürzung begangen habe, einem eigenen Bußgeldverfahren entgehen, indem er die Erklärung ordnungsgemäß und zugleich für seinen Mandanten gefahrlos berichtigen könne. Gemäß § 378 Abs. 3 S. 2 AO könne er nämlich für seinen Mandanten das Strafverfolgungshindernis aus § 371 Abs. 4 AO auslösen. Diese den leichtfertig Steuerunehrlichen begünstigende Regel müsse nach dem argumentum a maiore ad minus auch für den Steuerehrlichen gelten.[181]

Diese Lösung stehe auch im Einklang mit dem gesetzgeberischen Ziel des § 371 Abs. 4 AO, möglichst alle Steuerquellen zu erschließen.[182]

Dieser Rechtsauffassung ist zu widersprechen und eine analoge Anwendung des § 371 Abs. 4 AO zu verneinen.[183]

Zunächst befindet sich der Steuerberater in keiner echten Konfliktsituation. Aufgrund seiner eigenverantwortlichen Tätigkeit als Steuerberater ist er an Weisungen fachlicher Art nicht gebunden.[184] Sobald er erkennt, dass er sich selbst der Gefahr einer Strafverfolgung aussetzt, kann er jederzeit sein Mandat niederlegen.[185] Dazu ist er nach § 57 StBerG i.V.m. § 25 Abs. 3 BOStB sogar verpflichtet, wenn sein Mandant ihn für eine pflichtwidrige oder unlautere Handlung in Anspruch nehmen will. Selbst eine etwaige emotionale Zwangslage entsteht bei Mandatsniederlegung nicht, weil das Finanzamt über die Gründe der Niederlegung nicht unterrichtet werden darf.[186] Der Steuerberater würde sich sogar der Verletzung von Privatgeheimnissen gemäß § 203 StGB strafbar machen, wenn er dem Finanzamt die Steuerhinterziehung seines (ehemaligen) Mandanten mitteilen würde.[187]

---

180 *Boelsen*, § 371 Abs. 4 AO, S. 99 f.; hinsichtlich dieses Arguments a. A. *Daude*, Drittanzeige, S. 68 f.

181 *Boelsen*, § 371 Abs. 4 AO, S. 100 f.; *Daude*, Drittanzeige, S. 70 f.

182 *Boelsen*, § 371 Abs. 4 AO, S. 101; *Daude*, Drittanzeige, S. 69.

183 So wohl im Ergebnis auch *Dumke* in Schwarz, § 371 Rn. 184; *Rüping* in H/H/S, § 371 Rn. 205.

184 *Gehre*, StBerG, § 57 Rn. 33.

185 So auch *Daude*, Drittanzeige, S. 68.

186 *Gehre*, StBerG, § 57 Rn. 33.

187 Vgl. *Dörn* StB 1998, 157 (158).

Auch der Vergleich mit § 378 Abs. 3 AO vermag eine analoge Anwendung des § 371 Abs. 4 AO auf Steuerberater nicht zu begründen. Der Vergleich scheitert in den meisten Fällen bereits daran, dass ein lediglich im Innenverhältnis zum Mandanten, d. h. durch Anfertigung von Steuererklärungen tätig werdender Berater kein Täter einer leichtfertigen Steuerverkürzung gemäß § 378 AO sein kann.[188] Denn § 378 AO verweist auf § 370 AO, wonach ein Täter Angaben gegenüber dem Finanzamt machen muss. Der Steuerberater macht jedoch keine (eigenen) Angaben, sondern hilft lediglich dem Steuerpflichtigen bei der Anfertigung der Steuererklärungen oder er berät seinen Mandanten.[189] Die weitergehende Auslegung des BFH[190] überschreitet die Grenze des Wortsinns von § 378 AO und ist deshalb abzulehnen.[191] Aus § 378 Abs. 3 AO ist also eine Berichtigung durch den Steuerberater mit Straffreiheit für den Dritten grundsätzlich nicht möglich. Demzufolge besteht auch kein Bedürfnis für eine analoge Anwendung des § 371 Abs. 4 AO auf Steuerberater.

§ 378 Abs. 3 AO kann in dem seltenen Fall lediglich dann zur Anwendung kommen, wenn der Steuerberater bei der Anfertigung einer Erklärung des Mandanten *selbst* leichtfertig fehlerhafte Angaben gemacht hat.[192] In einem solchen Fall kann er den Fehler gemäß § 378 Abs. 3 S. 1 AO berichtigen. Seinem Mandanten wird man dann allerdings mangels Vorsatzes bzw. Leichtfertigkeit nicht strafrechtlich zur Verantwortung ziehen können, da er keinerlei Einfluss auf die Angaben des Steuerberaters hatte. Folglich besteht auch keine Konfliktsituation für den Berater und eine Fremdanzeige kommt für diese Konstellation gar nicht in Betracht.

Somit kann der Vergleich mit § 378 Abs. 3 AO als Argument für eine analoge Anwendung des § 371 Abs. 4 AO auf Steuerberater nicht herangezogen werden.

Sofern der Steuerberater von einer Steuerhinterziehung seines Mandanten Kenntnis erlangt, kann er dem Steuerpflichtigen eine Selbstanzeige empfehlen. Kommt der Mandant diesem Rat nicht nach, muss der Berater das Mandat niederlegen.

---

188 OLG Braunschweig wistra 1996, 319 f.; BayObLG wistra 1994, 34, (35) mit Anm. v. *Dörn* wistra 1994, 215 (216); *Rolletschke* wistra 2004, 49 (50 ff.); a.A. BFH wistra 2003, 312 (314 f.).

189 OLG Braunschweig wistra 1996, 319 (319); BayObLG wistra 1994, 34 (35).

190 BFH wistra 2003, 312 (314 f.).

191 So auch *Rolletschke*, wistra 2004, 49 (51).

192 Z.B. bei kommentierenden Begleitschreiben zur Steuererklärung oder bei eigenverantwortlicher Beantwortung von Nachfragen des Finanzamtes, ohne dass dem Steuerpflichtigen ein Einfluss auf den Inhalt der Antwort eingeräumt ist. Vgl. BayObLGStE 58, 232, (236); *Dörn* wistra 1994, 215.

Auch wenn eine Mandatsniederlegung die Aufdeckung der Steuerhinterziehung zunächst verhindert, ist dieses Ergebnis mit dem Sinn und Zweck des § 371 Abs. 4 AO in Einklang zu bringen. Zwar soll die Fremdanzeige vornehmlich unentdeckte Steuerquellen erschließen, allerdings nicht um jeden Preis. Neben den fiskalischen Interessen ist auch der Strafcharakter der Norm zu berücksichtigen. Das gilt jedenfalls dann, wenn der Gesetzgeber wie hier nicht ausdrücklich eine Ausnahme von den strafrechtlichen Grundsätzen getroffen hat.[193]

Solange eine Selbstanzeige wirksam wäre, wird der Steuerberater seinen Mandanten zu der Erstattung einer Selbstanzeige bewegen können, da ihn nach § 371 Abs. 3 AO die gleichen finanziellen Folgen treffen wie bei einer Fremdanzeige. Durch die Erstattung einer Selbstanzeige wird das fiskalpolitische Ziel ebenfalls erreicht. Sollte die Selbstanzeige bereits gemäß § 371 Abs. 2 AO ausgeschlossen sein, kommt der kriminalpolitische Zweck der Fremdanzeige zum Zuge. Denn die Aufklärung der Steuerhinterziehung ist nunmehr wahrscheinlich, da bereits ein Amtsträger erschienen oder die Tat bereits entdeckt ist.

Somit ist eine analoge Anwendung des § 371 Abs. 4 AO auf Steuerberater nicht erforderlich.

b) Selbstanzeige nach Ablauf der Berichtigungsmöglichkeit

Sofern ein Anzeigepflichtiger seiner Pflicht aus § 153 AO nicht rechtzeitig nachkommt, begeht er eine Steuerhinterziehung durch Unterlassen nach § 370 Abs. 1 Nr. 2 AO. Um einer Strafe zu entgehen, steht ihm die Möglichkeit der Selbstanzeige offen. Durch die Erstattung einer Selbstanzeige müsste er aber möglicherweise eine Steuerhinterziehung des Dritten offen legen, was ihn zu einem Denunzianten machen könnte. Fraglich ist deshalb, ob mit der Erstattung der Selbstanzeige zugleich das Strafverfolgungshindernis zu Gunsten des Dritten ausgelöst werden kann.

Nach dem Wortlaut des § 371 Abs. 4 AO, der eine rechtzeitige Anzeige nach § 153 AO fordert, ist dies zu verneinen. Möglicherweise kommt aber eine analoge Anwendung des § 371 Abs. 4 AO in Betracht.

Joecks und *Daude* befürworten eine analoge Anwendung. Es müsse berücksichtigt werden, dass es sich hier oftmals um Selbstanzeigen handele, mit denen erst die Zumutbarkeit wahrheitsgemäßer Erklärungen für die Folgejahre geschaffen werde. Damit habe der Betreffende letztlich nur die Wahl, sich mit einer wahrheitsgemäßen Erklärung für Folgejahre einer Straftat zu bezichtigen oder aber mit einer strafbefreienden Selbstanzeige sich die Möglichkeit künftiger wahrheitsgemäßer Erklärungen zwar zu eröffnen, zugleich eine ihm nahe ste-

193 Zum Sinn und Zweck des § 371 Abs. 4 AO siehe Teil 1: B).

hende Person aber einer Straftat zu bezichtigen.[194] Somit bestehe auch für denjenigen, der seiner Pflicht zur Anzeige aus § 153 AO nicht rechtzeitig nachgekommen sei, die Gefahr einer Denunziation, wenn er nunmehr Selbstanzeige erstatte. Die Situation sei also mit der bei der Fremdanzeige vergleichbar, weshalb eine analoge Anwendung anzunehmen sei.[195]

Boelsen wendet sich gegen eine Analogie, da es bereits an einer planwidrigen Regelungslücke fehle.[196] Bei der Selbstanzeige handele es sich im Unterschied zu der Pflicht aus § 153 AO um eine freiwillige Leistung des Anzeigenden. Es liege an ihm, ob er das Risiko einer Offenbarung in Kauf nehmen wolle.[197]

Zunächst ist festzustellen, dass die praktische Bedeutung für die hier in Frage stehende Analogie eher gering einzuschätzen ist. Denn die Regelung des § 371 Abs. 4 AO wird häufig schon unmittelbar anwendbar sein, da das Tatbestandsmerkmal der Rechtzeitigkeit der Anzeige nach § 153 AO weit auszulegen ist[198] und der Zeitpunkt des Erkennens oftmals schwer nachweisbar sein wird.

Gegen eine Analogie ist mit *Boelsen* jedoch einzuwenden, dass keine Pflicht zur Erstattung einer Selbstanzeige besteht. Der zunächst aus § 153 AO zur Anzeige Verpflichtete hat die Berichtigungserklärung bewusst nicht abgegeben und damit eine Steuerhinterziehung begangen. Wenn er sich nunmehr doch für die Erstattung einer Selbstanzeige entscheidet und die Steuerhinterziehung einer ihm nahe stehenden Person dadurch aufdecken müsste, steht es ihm frei, den Betroffenen rechtzeitig von seinem Vorhaben zu informieren, so dass dieser selbst ebenfalls eine Selbstanzeige erstatten kann.

Darüber hinaus ist die Situation mit der eines aus § 153 AO Verpflichteten auch deshalb nicht vergleichbar, weil sich der Täter der Steuerhinterziehung bereits strafbar gemacht hat, er also nur noch „gewinnen" durch eine Selbstanzeige kann, während für den Verpflichteten aus § 153 AO auf dem Spiel steht, eine Steuerhinterziehung erst zu begehen und sich damit strafbar zu machen. Somit besteht weder eine Regelungslücke noch eine vergleichbare Rechts- und Interessenlage. Eine Analogie ist deshalb abzulehnen.

---

194 *Joecks* in Franzen/Gast/Joecks, § 371 Rn. 231; *Daude*, Drittanzeige, S. 76.

195 *Daude*, Drittanzeige,S. 76.

196 *Boelsen*, § 371 Abs. 4 AO, S. 101 ff.

197 *Boelsen*, § 371 Abs. 4 AO S. 102.

198 Vgl. OLG Stuttgart wistra 1996, 190 f., das die Erstattung einer Selbstanzeige zwei Monate nach Kenntnis der Unrichtigkeit der Erklärung als rechtzeitige Fremdanzeige anerkennt.

c) Unterlassene Ursprungserklärung

Es wurde bereits erörtert, dass eine Anzeigepflicht aus § 153 AO nicht besteht, wenn der Steuerpflichtige überhaupt keine Steuererklärung abgegeben hat. Der Grund für diese Rechtsaufassung liegt darin, dass für die Annahme einer Berichtigungspflicht aus § 153 AO kein Bedürfnis besteht, weil die ursprüngliche Steuererklärungspflicht gemäß §§ 149, 150 AO fortbesteht.[199]

Hier wird nun der Frage nachgegangen, ob ein Verpflichteter, der erstmals die Ursprungserklärung abgibt, das Strafverfolgungshindernis zu Gunsten seiner Vorgänger oder Mitverpflichteten auslösen kann, die die Erklärung pflichtwidrig vorsätzlich oder leichtfertig nicht abgegeben haben.

Nach dem Wortlaut des § 371 Abs. 4 AO wird die Nichtabgabe der Ursprungserklärung nicht erfasst, sondern lediglich „die in § 153 AO vorgesehene Anzeige."

In der bisher zu diesem Problem vorhandenen Literatur[200] wird allerdings eine analoge Anwendung des § 371 Abs. 4 AO befürwortet.

Es wird angeführt, dass sich eine unterschiedliche Behandlung des Verfolgungshindernisses von Steuerhinterziehungen durch Handeln und Unterlassen durch nichts rechtfertigen lasse und letztlich wohl auf ein Versehen des Gesetzgebers zurückzuführen sei. Diesem dürfte entgangen sein, dass sich § 153 Abs. 1 AO nur auf Hinterziehungen durch Handeln beziehe.[201]

Für eine analoge Anwendung der Norm spreche auch die Formulierung des § 371 Abs. 4 AO, wonach ein Dritter, der „die in § 153 bezeichneten Erklärungen unterlassen hat" in den Genuss des Strafverfolgungshindernisses komme, obwohl § 153 AO für diese Fälle gerade keine Berichtigungspflicht kenne.[202]

Ferner sei auch eine vergleichbare Rechts- und Interessenlage gegeben, weil für denjenigen, der nunmehr die Ursprungserklärung abzugeben hat, die Gegenmotivation bestehe, einen anderen nicht einer Strafverfolgung aussetzen zu wollen.[203] Auch der fiskalische Zweck der Fremdanzeige rechtfertige die analoge Anwendung.[204]

Gegen diese Ansicht und damit auch gegen eine analoge Anwendung des § 371 Abs. 4 AO auf die Abgabe der Ursprungserklärung ist Folgendes einzu-

199 Siehe Teil 2: A) II. c).

200 *Samson* wistra 1990, 245 (251); *Joecks* in Franzen/Gast/Joecks, § 371 Rn. 231; *Boelsen*, § 371 Abs. 4 AO, S. 94 ff.; *Daude*, Drittanzeige, S. 71 ff.; *Scheurmann-Kettner* in Koch/Scholtz, § 371 Rn. 43.

201 *Samson* wistra 1990, 245 (251).

202 Vgl. *Daude*, Drittanzeige, S. 73.

203 *Boelsen*, § 371 Abs. 4 AO, S. 96; *Daude*, Drittanzeige, S. 73.

204 *Daude*, Drittanzeige S. 73.

wenden: Zunächst greift das Argument der ungerechtfertigten unterschiedlichen Behandlung von Steuerhinterziehungen durch Handeln und Unterlassen nur dann, wenn man aus § 371 Abs. 4 AO ein Strafverfolgungshindernis (auch) zu Gunsten des Täters der Steuerhinterziehung herleitet, der die Ursprungserklärung fehlerhaft abgegeben hat. Ob auch derjenige, der die eigentliche Hinterziehungshandlung durch die Abgabe der unrichtigen Ursprungserklärung begangen hat, in den von § 371 Abs. 4 AO erfassten Personenkreis fällt, ist aber höchst streitig[205] und kann deshalb nicht als feststehend vorausgesetzt werden. Sofern man den ursprünglichen Täter der Steuerhinterziehung nicht als begünstigten Dritten im Rahmen von § 371 Abs. 4 AO anerkennt, liegt auch keine Ungleichbehandlung vor. Denn dann werden weder diejenigen durch eine Fremdanzeige befreit, die die Ursprungserklärung vorsätzlich oder leichtfertig fehlerhaft abgegeben haben, noch diejenigen, die die Abgabe der Ursprungserklärung vorsätzlich oder leichtfertig unterlassen haben.

Auch der Wortlaut des § 371 Abs. 4 AO vermag eine Analogie nicht zu begründen. Denn aus der Formulierung, dass der Dritte in den Genuss eines Strafverfolgungshindernisses kommt, „der die in § 153 AO bezeichneten Erklärungen unterlassen hat", kann nicht gefolgert werden, dass dies auch für unterlassene Ursprungserklärungen gilt, zumal ein Verweis auf die §§ 149, 150 AO gerade nicht vorhanden ist. In § 153 AO selbst sind als Erklärungen die Anzeige und die Richtigstellung genannt, nicht aber die Ursprungserklärung. Das Unterlassen meint demnach das Unterlassen der Anzeige und/oder Richtigstellung nach § 153 AO.[206]

Schließlich kann auch das Argument einer vergleichbaren Rechts- und Interessenlage nicht überzeugen. Zwar kann derjenige, der die Erklärung letztlich abgibt, dadurch die begangenen Steuerhinterziehungen seiner Vorgänger oder Mitverpflichteten aufdecken. Allerdings steht es diesen Personen frei, eine Selbstanzeige zu erstatten. Aufgrund der vorhandenen Selbstanzeigeoption besteht kein Bedürfnis, den Wortlaut des § 371 Abs. 4 AO auf die Ursprungserklärung auszuweiten. Da auch die Selbstanzeige den fiskalischen Interessen des Staates dient, ist eine Fremdanzeige nicht erforderlich. Sollte die begünstigende Rechtsfolge der Selbstanzeige nach § 371 Abs. 2 AO ausgeschlossen sein, stößt die Durchsetzung fiskalischer Interessen des Staates in diesem Fall wegen des systematischen Zusammenhangs mit der Selbstanzeige an seine Grenzen. Anderenfalls würde die Selbstanzeige, in die die Fremdanzeige eingegliedert ist, unterlaufen werden.

205 Siehe dazu Teil 3: A).
206 So auch OLG Stuttgart wistra 1996, 190 (192).

Nach alledem ist eine analoge Anwendung des § 371 Abs. 4 AO auf die Abgabe der Ursprungserklärung abzulehnen.

II. Voraussetzungen auf Seiten des Dritten

1. Steuerhinterziehung

Inzident setzt § 371 Abs. 4 S. 1 AO zunächst voraus, dass der Dritte durch Verletzung seiner steuerlichen Erklärungspflichten eine vorsätzliche Steuerhinterziehung gemäß § 370 AO oder eine leichtfertige Steuerverkürzung gemäß § 378 AO[207] begangen hat. Denn nur dann droht ihm eine Gefahr strafrechtlicher Verfolgung, die durch das gesetzliche Strafverfolgungshindernis gebannt wird. Für einen Tatvorwurf ergeben sich theoretisch zwei Anknüpfungspunkte: Zum einen könnte der Dritte den Tatbestand durch die Abgabe einer unrichtigen Ursprungserklärung erfüllt haben, zum anderen durch Nichtabgabe oder fehlerhafte Abgabe der Berichtigungserklärung nach § 153 Abs. 1 S. 1 AO. Ob tatsächlich beide Anknüpfungspunkte zu einem Strafverfolgungshindernis zu Gunsten des Dritten führen, soll erst im Rahmen der Reichweite des durch § 371 Abs. 4 AO begünstigten Personenkreises erläutert werden.[208] Festzuhalten ist hier lediglich, dass der Dritte eine vorsätzliche Steuerhinterziehung oder eine leichtfertige Steuerverkürzung begangen haben muss.

2. Fehlende Einleitung eines Straf- oder Bußgeldverfahrens

Als Negativvoraussetzung darf dem Dritten oder seinem Vertreter vor Abgabe der Anzeige nicht die Einleitung eines Straf- oder Bußgeldverfahrens wegen seiner Tat bekannt gegeben worden sein.

Es ist festzustellen, dass dieser Ausschlussgrund mit einem der drei Ausschlussgründe der Selbstanzeige, namentlich mit § 371 Abs. 2 Nr. 1 b AO identisch ist.[209] Die zwei anderen Ausschlussgründe der Selbstanzeige werden dagegen in § 371 Abs. 4 AO nicht erwähnt.

Der Grund für die Normierung nur dieses einen Ausschlussgrundes in § 371 Abs. 4 AO kann in der für den Anzeigenden erforderlichen Kalkulierbarkeit der Voraussetzungen des § 371 Abs. 4 AO liegen. Ob dem Dritten die Einleitung ei-

---

207 Gemäß § 378 Abs. 2 S. 2 AO gilt § 371 Abs. 4 AO entsprechend.

208 Siehe Teil 3: A).

209 Der Ausschlussgrund wird ausführlich in der Literatur und Rechtsprechung zur Selbstanzeige erläutert. Eine erneute Untersuchung erfolgt hier deshalb nicht. Vgl. statt vieler *Wassmann*, Kommentar zu § 371 AO, S. 71 ff.

nes Straf- oder Bußgeldverfahrens bereits bekannt gegeben worden ist, wird durch eine kurze Nachfrage bei dem Dritten geklärt werden können. Schwierig bzw. unmöglich wäre es für ihn dagegen zu erfahren, ob die Tat bereits entdeckt ist. Denn darüber könnte nur die Finanzbehörde Auskunft geben. Sollte die Tat noch unentdeckt sein, würden spätestens mit dem Auskunftsersuchen die Nachforschungen in Gang gesetzt werden. Gäbe es also diesen Ausschlussgrund der Selbstanzeige auch bei der Fremdanzeige, wäre die Wirksamkeit der Fremdanzeige schwer kalkulierbar, damit die Gefahr der Denunziation erheblich höher und die Anzeigebereitschaft folglich um ein Vielfaches geringer.

Die unterschiedliche Normierung der Ausschlussgründe in § 371 Abs. 2 und Abs. 4 AO bewirkt allerdings, dass eine Fremdanzeige nach dem Wortlaut auch dann noch möglich ist, wenn die Selbstanzeige bereits ausgeschlossen ist, weil nach § 371 Abs. 2 Nr. 1 a AO ein Amtsträger erschienen ist oder gemäß § 371 Abs. 2 Nr. 2 AO die Tat bereits entdeckt war und der Täter dies wusste oder damit rechnen musste.

Aus dieser Situation können sich Manipulationsmöglichkeiten ergeben. Wenn also die Selbstanzeige nicht mehr zu einer Strafbefreiung führt, ist immer noch ein Strafverfolgungshindernis durch die rechtzeitige Abgabe der Anzeige nach § 153 AO zu erreichen. Die Zulässigkeit derartiger Manipulationsmöglichkeiten wird in einem eigenen Abschnitt genauer untersucht werden.[210]

3. Nachzahlungspflicht

Nach dem 1977 in die AO eingefügten Satz 2 des § 371 Abs. 4 AO mit der Verweisung auf Absatz 3 muss der Dritte die hinterzogenen Steuern innerhalb einer bestimmten angemessenen Frist nachzahlen, wenn er zum eigenen Vorteil gehandelt hat. Nur bei einer ordnungsgemäßen Nachzahlung greift das Strafverfolgungshindernis zu seinen Gunsten ein.

Fraglich ist, ob das die Nachzahlungspflicht auslösende Handeln „zum eigenen Vorteil“ gleichbedeutend ist mit der „Hinterziehung zu seinen Gunsten“ in § 371 Abs. 3 AO. Aufgrund der Verweisung auf § 371 Absatz 3 AO liegt es nahe, dass trotz der unterschiedlichen Formulierung eine sachliche Übereinstimmung mit einer Hinterziehung „zu seinen Gunsten“ anzunehmen ist.[211] Denn es ist kein Grund ersichtlich, warum und inwiefern hier die Selbst- und die Fremdanzeige unterschiedlich behandelt werden sollten. Das gilt umso mehr,

---

210 Siehe Teil 3: C).

211 So auch *Joecks* in Franzen/Gast/Joecks, § 371 Rn. 227; *Rüping* in H/H/S, § 371 Rn. 215; *Dumke* in Schwarz, § 371 Rn. 191; *Boelsen*, § 371 Abs. 4 AO, S. 92; *Wassmann*, Kommentar zu § 371 AO, S. 114; *Weinreuter* DStZ 2000, 398 (409); *Kohlmann* wistra 1982, 2 (5).

wenn man bedenkt, dass in gewissen Fällen in einer Selbstanzeige zugleich eine Fremdanzeige enthalten sein kann.[212] Aus Gründen der Rechtssicherheit und Rechtsklarheit muss für den Steuerhinterzieher also unabhängig davon, ob die Anzeige von ihm selbst oder einer anderen Person erstattet worden ist, eindeutig sein, ob er eine Nachzahlung zu leisten hat, um einer Strafe zu entgehen. Demzufolge stimmen die abweichenden Formulierungen in sachlicher Hinsicht überein.

Zu klären bleibt noch, wann ein Dritter zum eigenen Vorteil bzw. zu seinen Gunsten gehandelt hat und deshalb zur Nachzahlung verpflichtet ist.

Unstreitig ist, dass der Steuerschuldner die innerhalb des eigenen Steuerschuldverhältnisses hinterzogenen Steuern nachentrichten muss[213]. Kontrovers diskutiert wird dagegen, wie weit die Straffreiheit von der Nachzahlung fremder Steuern abhängt. Für die Fremdanzeige ist diese Frage von Relevanz, weil die Fremdanzeige häufig im Gesellschaftsrecht bedeutsam wird. In diesem Anwendungsgebiet handeln vielfach Vertretungsberechtigte für eine Gesellschaft. Im Falle einer Steuerhinterziehung verkürzen sie folglich fremde Steuern. Zu untersuchen ist also, wann fremde Steuern zum eigenen Vorteil hinterzogen werden.

a) Steuerlicher Vorteil

Einer Ansicht nach ist ein eigener Vorteil nur dann anzunehmen, wenn der Täter oder Teilnehmer von der Steuerhinterziehung einen steuerlichen Vorteil hat.[214] § 371 AO sei schließlich eine Norm des Steuerstrafrechts; die in ihm verwendete Formulierung „zu seinen Gunsten“, die im ausdrücklichen Bezug zum Absatz 1 des § 371 AO und damit zu § 370 AO stehe, könne daher nur eine spezifisch steuerliche Zielsetzung haben.[215] Da der mögliche Wortsinn des § 371 Abs. 3 AO eine andere Auslegung nicht zulasse, verstoße es gegen den Bestimmtheitsgrundsatz nach Art. 103 Abs. 2 GG, wenn schon wirtschaftliche Nachteile ausreichen, um eine Nachzahlungspflicht zu begründen.[216]

---

212 OLG Stuttgart wistra 1990, 190 (191); vgl. *Füllsack* wistra 1997, 285 (288).

213 *Joecks* in Franzen/Gast/Joecks, § 371 Rn. 103; *Weinreuter* DStZ 2000, 398 (406); *Wassmann*, Kommentar zu § 371 AO, S. 96; *Rüping* in H/H/S, § 371 Rn. 101.

214 *Wassmann*, Kommentar zur § 371 AO, S. 97 ff.; *Dumke* BB 1981, 117 (117 f.); *Reiß* NJW 1980, 1291 f.

215 Vgl. *Dumke* BB 1981, 117.

216 *Dumke* BB 1981, 117 (118).

b) Unmittelbarer wirtschaftlicher Vorteil

Nach der Rechtsprechung[217] und der überwiegenden Literatur[218] kommt es für die Beurteilung, ob eine Steuerhinterziehung zum eigenen Vorteil begangen worden ist, darauf an, ob bei wirtschaftlicher Betrachtung der unmittelbare Vorteil aus der Tat dem Hinterzieher zugeflossen ist. Demzufolge kann sich die Steuerhinterziehung ausschließlich oder jedenfalls mit zu Gunsten des Täters auswirken, obwohl er selbst keine Steuern schuldet.[219] Bereits die Begründung zum Regierungsentwurf[220] weist darauf hin, dass bei der Anwendung der neuen Vorschrift nicht nur auf den steuerlichen, sondern auch auf den finanziellen Vorteil der Tat abzustellen ist.[221] Ferner sollen auch das fiskalische Interesse und die materielle Gerechtigkeit diese Auslegung des § 371 Abs. 3 AO rechtfertigen.[222]

c) Vorteil jeglicher Art

Vereinzelt wird die Auffassung vertreten, die Begriffe „zu seinen Gunsten“ oder „zum eigenen Vorteil“ seien möglichst extensiv auszulegen; sie umfassten finanzielle Vorteile jeglicher Art, mithin auch nur mittelbare wirtschaftliche Vorteile.[223] Nur mit dieser Betrachtungsweise könnten beträchtliche Steuerausfälle vermieden werden, und nur so werde dem finanzpolitischen Zweck der Regelung Rechnung getragen.[224]

d) Stellungnahme

Den Befürwortern einer steuerlichen Lösung ist entgegenzuhalten, dass der mögliche Wortsinn des § 371 Abs. 3 AO sehr wohl eine andere Auslegung als eine steuerliche zulässt. Denn wer „zu seinen Gunsten“ Steuern hinterzieht, tut dies auch „zum eigenen Vorteil“, da beide Formulierungen, wie eben festgestellt,

---

217 BGHSt 29, 37 (41); OLG Stuttgart wistra 1984, 239.

218 *Kohlmann*, § 371 Rn. 89. 6, 89. 4; ders. wistra 1982, 2 (4 ff.); *Weinreuter* DStZ 2000, 398 (406); *Pfaff* StBp 1983, 113 (115); *Joecks* in Franzen/Gast/Joecks, § 371 Rn. 99 ff.; *Jarke* wistra 1999, 286 (287); ähnlich *Franzen* DStR 1983, 323 (325).

219 BGHSt 29, 37 (41).

220 Begründung zum Entwurf der AO 1977, BT- Drucks. VI/1982, Band 148, zu § 354 AO, S. 195.

221 *Franzen* DStR 1983, 323 (325); BGHSt 29, 37 (41).

222 *Kohlmann*, § 371 Rn. 89. 6; BGHSt 29, 37 (41).

223 *Meine* wistra 1983, 59 (61); *Bilsdorfer* BB 1981, 490 (493).

224 *Bilsdorfer* BB 1981, 490 (493).

gleichbedeutend sind.[225] Bei der zuletzt genannten Formulierung steht aber außer Frage, dass mit ihr nicht nur steuerliche Vorteile gemeint sind. Denn ansonsten hätte der Gesetzgeber den erforderlichen Vorteil auch konkretisiert. Folglich lässt der Wortsinn auch eine andere als eine steuerliche Auslegung zu, und der Bestimmtheitsgrundsatz aus Art. 103 Abs. 2 GG ist nicht verletzt.[226] Ferner entspricht die steuerliche Auslegung auch nicht der Begründung zum Regierungsentwurf einer Abgabenordnung (AO 1977). Ihr zufolge ist bei der Anwendung der Vorschrift nicht nur auf den steuerlichen, sondern auch auf den finanziellen Vorteil der Tat abzustellen.[227] Darüber hinaus führt die steuerliche Lösung zu ungerechten Ergebnissen. Eine Nachzahlungspflicht bestünde dann nämlich nicht für den Täter, der zwar keinen steuerlichen, aber einen wirtschaftlichen Vorteil erlangt hat, wie z.B. beim Gesellschafter-Geschäftsführer einer Personengesellschaft,[228] beim Geschäftsführer einer GmbH[229] oder beim Vorstandsmitglied einer AG oder einer sonstigen juristischen Person. Täter, die letztlich fremde Steuern zu ihrem eigenen finanziellen Vorteil hinterzogen haben, könnten sich legal hinter dem rechtlichen Steuerschuldner verstecken und entkämen so einer Steuernachzahlung. Gegenüber Privatleuten und auch gegenüber den Inhabern von Einzelunternehmen wäre diese Situation nicht zu rechtfertigen. Nach alledem ist die zuerst genannte Ansicht abzulehnen.

Gleiches gilt im Ergebnis auch für die Auffassung, die jeglichen Vorteil genügen lassen will. Würde jeder „mittelbare“ Vorteil für das Auslösen der Nachzahlungspflicht genügen, wäre schon aufgrund der geltenden Äquivalenztheorie nahezu kein Fall denkbar, in dem die Nachzahlung nicht erforderlich wäre, um Straffreiheit zu erlangen.[230] Hätte der Gesetzgeber aber die Fremdanzeige grundsätzlich von einer Nachzahlung abhängig machen wollen, hätte es einer Begrenzung auf den „eigenen Vorteil“ aber gar nicht bedurft. Eine uneigennützige Steuerhinterziehung wäre im Übrigen auch vom Wortlaut des § 371 Abs. 3 und 4 AO nicht mehr gedeckt. Somit ist diese Ansicht als zu weitgehend abzulehnen.

Zu folgen ist vielmehr der „wirtschaftlichen Betrachtungsweise“. Denn sowohl der Wortlaut als auch die Gesetzesbegründung lassen eine Auslegung zu, die einen unmittelbaren wirtschaftlichen Vorteil verlangt. Entscheidend spricht aber der Sinn und Zeck des § 371 Abs. 4 i.V.m. Abs. 3 AO für diese Auslegung. Während § 371 Abs. 4 AO sowohl auf fiskalischen als auch auf strafrechtlichen

---

225 Insbesondere gibt das *Dumke* selbst zu: *Dumke* in Schwarz, § 371 Rn. 191 mit Verweis auf Rn. 129; 134.
226 So auch *Kohlmann* wistra 1982, 2 (5).
227 BT- Drucks. VI/1982, Band 148, zu § 354 AO, S. 195.
228 BGHSt 29, 37 (41).
229 OLG Stuttgart wistra 1984, 239.
230 So auch *Kohlmann* wistra 1982, 2 (5).

Interessen beruht,[231] wird dieses Interessenbündel in § 371 Abs. 3 AO noch durch die Wiedergutmachung der Tatfolgen ergänzt. Sobald nämlich eine Nachzahlung erforderlich wird, um Straffreiheit zu erlangen, wird erstmals im Rahmen der Fremdanzeige von dem Täter selbst ein aktives Tätigwerden verlangt. Er muss den Erfolgseintritt nachträglich wieder so beseitigen, dass dem Staat im konkreten Fall letztlich keine Nachteile entstehen; er muss die Tat also wiedergutmachen. Doch auch das Wiedergutmachungsprinzip ist in § 371 Abs. 3 AO nicht ausnahmslos durchgehalten worden. Es wird begrenzt durch fiskalpolitische Interessen und strafrechtliche Gesichtspunkte. Die Nachzahlungspflicht besteht nämlich nur, wenn der Täter Steuern zum eigenen Vorteil hinterzogen hat. Sie entsteht also nicht, wenn er wirtschaftlich fremdnützig handelte. Durch diese Einschränkung werden die abhängigen und damit in der Regel die finanzschwachen Täter wie persönlich abhängige Arbeitnehmer[232] von der Nachzahlungspflicht ausgenommen. Der fiskalpolitische Anreiz der Fremdanzeige bleibt dadurch auch bei Tätern, die voraussichtlich nicht in der Lage sind, eine umfangreiche Nachzahlung zu leisten, erhalten. So kann jedenfalls eine bisher unbekannte Steuerquelle aufgedeckt werden.

Es zeigt sich also nur bei der wirtschaftlichen Betrachtungsweise ein aufeinander abgestimmter Interessenausgleich. Diese Auffassung verdient damit im Ergebnis Zustimmung.

---

231 Siehe Teil 1: B).

232 Als taugliche Täter kommen im Rahmen der Fremdanzeige gemäß § 153 i.V.m. § 35 AO auch Arbeitnehmer in Betracht: z.B. Generalbevollmächtigte, Handlungsbevollmächtigte, Angestellte mit umfassenden Befugnissen oder Lohnbuchhalter: siehe *Hoffmann* in Koch/Scholtz, § 35 Rn. 4 m.w.N.

Teil 3: Rechtsfolgen der Fremdanzeige

A) Der begünstigte Personenkreis

Im Rahmen der Rechtsfolgen ist nunmehr der Kreis der durch die Erstattung einer Fremdanzeige begünstigten Personen zu untersuchen. Gemäß § 371 Abs. 4 AO „wird ein Dritter, der die in § 153 bezeichneten Erklärungen abzugeben unterlassen oder unrichtig oder unvollständig abgegeben hat, strafrechtlich nicht verfolgt…“. Es ist also die Frage zu erörtern, wer „Dritter“ nach § 371 Abs. 4 AO ist und somit in den Genuss des Strafverfolgungshindernisses kommen kann.

I. Auslegungsmöglichkeiten

Die verschiedenen Möglichkeiten der Interpretation des Tatbestandes soll an einem Fallbeispiel verdeutlicht werden:

G 1 hat im Rahmen der Geschäftsführung einer GmbH eine Steuerhinterziehung begangen. Ihm folgt G 2 nach, der diese Tat erkennt, ohne etwas zu unternehmen. Wenig später übernimmt G 3 die Geschäftsführung und erkennt die Fehler von G 1. Er erstattet die in § 153 AO vorgesehene Anzeige rechtzeitig und ordnungsgemäß.

Fraglich ist, ob G 3 durch die Erstattung der Fremdanzeige das Strafverfolgungshindernis zu Gunsten von G 1, zu Gunsten von G 2 oder aber zu Gunsten von G 1 und G 2 auslöst. Sowohl G 1 als auch G 2 haben sich der Steuerhinterziehung schuldig gemacht; G 1 durch die Abgabe einer unrichtigen Ursprungserklärung nach § 370 Abs. 1 Nr. 1 AO und G 2 durch die Nichtabgabe der entsprechenden Berichtigungserklärung nach § 370 Abs. 1 Nr. 2 AO. Unklar ist, wie die Formulierung „die in § 153 AO bezeichneten Erklärungen abzugeben unterlassen…“ zu verstehen ist.

Einerseits könnten die „Erklärungen“ in § 153 AO die Berichtigungserklärung und die Nacherklärung meinen.

Bei extensiver Interpretation könnte man andererseits zu dem Ergebnis kommen, dass diese Formulierung auch die fehlerhafte Ursprungserklärung erfasst, da diese in § 153 Abs. 1 Nr. 1 AO ebenfalls erwähnt wird.

Denkbar ist schließlich, dass ausschließlich die fehlerhafte Ursprungserklärung gemeint sein könnte.

Diese zuletzt genannte Auslegungsmöglichkeit wird heute allerdings nicht mehr vertreten. Lediglich *Pfaff* vertrat diese Rechtsauffassung in einem Beitrag zu der Vorfassung der Abgabenordnung aus dem Jahre 1965.[1] Eine Übertragbarkeit dieser zu § 117 AO von 1965 vertretenen Ansicht auf den heutigen § 153 AO scheitert aber bereits an dem unterschiedlichen Wortlaut der Vorschriften. *Pfaff* äußerte sich zwar auch zu den heutigen §§ 153, 371 Abs. 4 AO,[2] ließ dabei allerdings offen, ob er nunmehr auch den Anzeigeverpflichteten aus § 153 AO als Dritten ansieht.

Gegen eine Auslegung, die unter „Erklärungen" nach § 153 AO lediglich die fehlerhafte Ursprungserklärung versteht, spricht jedenfalls bereits die gewählte Formulierung „Erklärung*en*". Wäre lediglich die fehlerhafte Ursprungserklärung gemeint, hätte es nicht einer Gesetzesformulierung im Plural bedurft. Ferner machte es auch keinen Sinn, auf § 153 AO zu verweisen, obwohl die Abgabe der Ursprungserklärung in §§ 149, 150 AO gesondert geregelt wird. Diese Auslegung ist also abwegig und deshalb nicht weiter zu untersuchen.

Somit bleiben noch zwei Auslegungsmöglichkeiten bestehen, die im Folgenden näher dargestellt und untersucht werden.

1. Extensive Auslegung

Teile der Literatur[3] sowie das Amts- und Landgericht Bremen[4] vertreten eine weite Auslegung. Häufig wird in der Literatur nur das Ergebnis ohne Begründung genannt. Sofern ausführlich Stellung bezogen wird, werden die Aussagen hier im Einzelnen aufgezeigt werden.

a) Die Ansicht Samsons

Samson[5] ist der Ansicht, dass das Prozesshindernis nicht nur vorangegangene Steuerhinterziehungen durch Unterlassen erfasse, die durch Verletzung der

---

1 *Pfaff*, Handbuch, § 395 Rn. 277.

2 *Pfaff*, Kommentar zur steuerlichen Selbstanzeige, S. 208; ders., Steuerzuwiderhandlungen und Wirtschaftskriminalität, S. 136 f.; ders., DStZ 1982, 361 (365).

3 *Samson* wistra 1990, 245 (249 ff.); *Boelsen*, § 371 Abs. 4 AO, S. 72 ff.; *Daude*, Drittanzeige, S. 77 ff.; *Joecks* in Franzen/Gast/Joecks, § 371 Rn. 228 ff.; *Streck*, Die Steuerfahndung, Rn. 290; *Füllsack* wistra 1997, 285 ff.; Klein/*Gast-de Haan* § 371 Rn. 62; *Quedenfeld/Füllsack*, Verteidigung in Steuerstrafsachen, Rn. 381 f.; *Kottke* DStR 1996, 1350 (1352); *Flore/Dörn/Gillmeister*, Steuerfahndung, S. 304 f.; *Grötsch* Stbg 1998, 559 (562); *Dörn* Stgb 1998, 562 (563); wohl auch *Simon*/Vogelberg, Steuerstrafrecht, S. 204 f.

4 AG Bremen wistra 1998, 316 f.; LG Bremen wistra 1998, 317 f.

5 *Samson* wistra 1990, 245 (251).

Pflicht aus § 153 Abs. 1 AO begangen wurden, sondern auch die Hinterziehungen, die durch Abgabe unrichtiger Ursprungserklärungen begangen worden sind.

Nach *Samson* reserviert § 153 AO den Begriff der „Erklärung“ für die fehlerhafte Ursprungserklärung, da sowohl in § 153 Abs. 1 AO als auch in § 371 Abs. 4 AO zwischen „Anzeige“ und „Erklärung“ unterschieden werde.[6] Allerdings sei durch die Verwendung des Plurals in der Formulierung „Erklärung*en*“ dennoch ein winziger grammatischer Hinweis darauf gegeben, dass neben der Ursprungserklärung auch die Anzeige i.S.v. § 153 AO gemeint sei. Nur so sei zu erklären, dass § 371 Abs. 4 AO das Strafverfolgungshindernis auch auf Taten beziehe, in denen der Dritte die in § 153 AO bezeichneten Erklärungen unterlassen hat. Da mit der Einbeziehung des Unterlassens nicht die Nichtabgabe der Ursprungserklärung gemeint sein könne, weil die ursprüngliche Erklärungspflicht fortbestehe, müsse damit die unterlassene Anzeige nach § 153 AO gemeint sein.[7] Für diese Interpretation spreche weiter, dass es nur schwer vorstellbar sei, wie man die bloße Anzeige unrichtig oder unvollständig abgeben könne.[8]

Dieses Ergebnis werde auch durch den Sinn und Zweck der Regelung bestätigt. Der Gesetzgeber habe mit § 371 Abs. 4 AO nicht die Unzumutbarkeit fremder Denunziation beseitigen wollen, sondern geradezu zynisch rein fiskalische Interessen verfolgt. Die Nachzahlungspflicht aus § 371 Abs. 4 S. 2 AO belege nämlich, dass der Gesetzgeber nur dort ein Strafverfolgungshindernis gewähre, wo es sich für ihn fiskalisch lohne, namentlich in den Fällen, in denen der Dritte die Nachzahlung auch leisten könne.[9]

Samson sieht sehr wohl die insbesondere mit der extensiven Auslegung einhergehende Gefahr der Manipulation der Anzeigesituation. Seiner Ansicht nach sei es nach der geltenden Gesetzeslage unvermeidbar, dass sich ein Steuerhinterzieher auch nach begonnener Betriebsprüfung noch vor Strafverfolgung schützen kann, indem er einen neuen Geschäftsführer oder eine andere Person nach § 34 oder § 35 AO bestellt und diesen oder diese die Anzeige aus § 153 AO erstatten lässt.[10]

6 *Samson* wistra 1990, 245 (249).
7 *Samson* wistra 1990, 245 (250).
8 *Samson* wistra 1990, 245 (249).
9 *Samson* wistra 1990, 245 (250).
10 *Samson* wistra 1990, 245 (251).

b) Die Ansicht Boelsens und Daudes

Boelsen[11] und ihm folgend *Daude*[12] schließen sich im Wesentlichen der Auffassung *Samsons* an.

Zu den von *Samson* aus dem Wortlaut hergeleiteten Argumenten für die Einbeziehung der Ursprungserklärung in den Begriff der „Erklärungen" führt *Daude* ergänzend an, dass § 371 Abs. 4 AO von den „in § 153 AO *bezeichneten* Erklärungen", nicht aber etwa von den von § 153 AO *verlangten* bzw. denjenigen, zu denen § 153 AO *verpflichtet*, spreche. Von § 153 AO *bezeichnet* sei nun aber eindeutig auch die Ursprungserklärung.[13]

Ferner ergäben sich aus einer historischen Betrachtung Indizien, die für eine weite Auslegung sprechen. In den Vorläufern des heutigen § 371 Abs. 4 AO, dem § 374 Abs. 2 RAO von 1919 und dem § 395 Abs. 4 AO von 1965, wurde der Begriff „Erklärung*en*" im Plural gebraucht. Daraus könne geschlossen werden, dass damals wohl die Straffreiheit nur für den Verursacher der fehlerhaften Ursprungserklärung in Betracht kommen sollte. Der Begriff „Erklärungen" in den Vorläufern des § 371 Abs. 4 AO habe sich ohne Probleme auf die „(Ursprungs)Erklärungen" der damaligen Bezugnormen, § 97 RAO von 1919 und § 117 AO von 1965, übertragen lassen.[14] Untermauert werde diese Annahme dadurch, dass in den Vorläufernormen das Unterlassen der Abgabe von Ursprungserklärungen ebenfalls eine Anzeigepflicht auslöste, so dass auch diesbezüglich der Wortlaut der Bezugsnormen gepasst habe.[15] Die Normen seien also aufeinander abgestimmt gewesen. Die Veränderung des Wortlautes an den entscheidenden Stellen mit Einführung der AO von 1977 verbiete es zwar, die vorherige Auslegung zu übernehmen. Einen Sinn bekomme die Veränderung jedoch nur, wenn der bisher durch den Wortlaut nicht erfasste Anzeigepflichtige aus § 153 AO in den begünstigten Personenkreis mit einbezogen werde.[16]

Schließlich spreche der Sinn und Zweck der Fremdanzeige entscheidend für die weite Auslegung. Zwar treten in der amtlichen Begründung zu dem Entwurf der Abgabeordnung im Vergleich der Wortlaute der §§ 371 Abs. 4 und 153 AO die gleichen Ungereimtheiten wie zwischen den Tatbeständen dieser Normen auf, so dass sich aus der amtlichen Begründung keine eindeutige Lösung des

---

11 *Boelsen*, § 371 Abs. 4 AO, S. 72 ff.
12 *Daude*, Drittanzeige, S. 77 ff.
13 *Daude*, Drittanzeige, S. 80.
14 *Boelsen*, § 371 Abs. 4 AO, S. 74; *Daude*, Drittanzeige, S. 85.
15 *Boelsen*, § 371 Abs. 4 AO, S. 74 f.; *Daude*, Drittanzeige, S. 85.
16 *Boelsen*, § 371 Abs. 4 AO, S. 76; *Daude*, Drittanzeige, S. 86.

Problems ableiten lasse.[17] Allerdings ergebe sich aus dem Motiv der Regelung, alle möglichen Steuerquellen durch die Erträglichkeit der Anzeigepflicht zu erschließen, dass alle denkbaren Gegenmotivationen bei der Auslegung der Norm zu berücksichtigen seien. Um allen möglichen Gegenmotivationen entgegenzuwirken, seien sowohl der Verursacher des Ursprungsmangels als auch der aus § 153 AO zur Anzeige Verpflichtete unter den Begriff des Dritten zu fassen,[18] wobei die Denunziationsgefahr in Bezug auf den Verursacher der fehlerhaften Ursprungserklärung größer sei als bei dem Anzeigepflichtigen aus § 153 AO.[19]

Boelsen und *Daude* halten nach der gegenwärtigen Gesetzeslage eine manipulatorische Ausnutzung der Regelung für möglich. Deshalb sei eine Gesetzesänderung wünschenswert.[20]

c) Die Ansicht Joecks

Im Unterschied zu *Boelsen* und *Daude*, die jedenfalls den Verursacher der fehlerhaften Ursprungserklärung als Dritten ansehen und die Frage nach der Einbeziehung des Anzeigepflichtigen aus § 153 AO diskutieren, ist nach *Joecks*[21] unstreitig derjenige erfasst, der zuvor seinerseits die Berichtigungspflicht aus § 153 AO verletzt und sich deshalb nach § 370 Abs. 1 Nr. 2 AO i.V.m. § 153 AO strafbar gemacht hat.

Seiner Ansicht nach sei dem Wortlaut deutlich zu entnehmen, dass die Anzeige im Sinne der §§ 371 Abs. 4, 153 AO zu Gunsten desjenigen Dritten wirke, dem eine Pflichtverletzung hinsichtlich der ursprünglichen „Erklärung" im Sinne des § 153 Abs. 1 S. 1 Nr. 1 AO zur Last falle. Nur eine solche Auslegung werde auch dem Motiv des § 371 Abs. 4 AO gerecht. Die Angst vor einer Fremdbelastung solle kein Gegenmotiv zur Anzeigepflicht bilden.[22]

---

17 So im Ergebnis *Boelsen*, § 371 Abs. 4 AO, S. 79 und *Daude*, Drittanzeige, S. 87. *Boelsen* ist allerdings der Ansicht, dass bei dem Entwurf von § 371 Abs. 4 AO fälschlicherweise von dem Text der alten Bezugsnorm (§ 117 AO 1965) ausgegangen worden sei und der Gesetzgeber an sich den Begriff der Erklärung weiterhin nur für die fehlerhafte Ursprungserklärung reservieren wollte.

18 *Boelsen*, § 371 Abs. 4 AO, S. 84; *Daude*, Drittanzeige, S. 90.

19 *Daude*, Drittanzeige, S. 88 f.; *Boelsen*, § 371 Abs. 4 AO, S. 80 ff.

20 *Boelsen*, § 371 Abs. 4 AO, S. 130 ff.; *Daude*, Drittanzeige, S. 127 f.

21 *Joecks* in Franzen/Gast/Joecks, § 371 Rn. 228.

22 *Joecks* in Franzen/Gast/Joecks, § 371 Rn. 228.

d) AG und LG Bremen

Auch das AG[23] und das LG Bremen[24] sind der Ansicht, dass das Gesetz mit den „in § 153 bezeichneten Erklärungen" sowohl die Anzeigepflicht begründende Ursprungserklärung, die unrichtig oder unvollständig gewesen ist, als auch die Anzeige, deren Erstattung unterlassen werden kann, meine.[25] Dritter im Sinne von § 371 Abs. 4 AO sei also jeder, der für den Steuerpflichtigen gegenüber dem Finanzamt eine Erklärung abgegeben habe.[26]

Der Gesetzgeber habe in § 371 Abs. 4 AO klar unterschieden zwischen der in § 153 AO vorgesehenen Anzeige und den in § 153 AO bezeichneten Erklärungen. Die Gegenansicht verenge die Vorschrift entgegen ihrem Wortlaut „Erklärung*en*" auf die Richtigstellung als einzige Erklärung, obwohl die Richtigstellung in § 371 Abs. 4 AO im Gegensatz zu § 153 AO keine Erwähnung finde, während der Terminus „Erklärung" in § 153 AO neben dem Wortlaut „Richtigstellung" aufgeführt sei[27]. Die in § 153 AO *bezeichneten* Erklärungen seien, wie bereits aus der Überschrift ersichtlich, die zu berichtigenden Steuererklärungen.[28]

Eine restriktivere Interpretation des § 371 Abs. 4 AO lasse auf eine ergebnisbezogene Herangehensweise schließen. Auch für eine nach generalpräventiven Gesichtspunkten orientierte Betrachtungsweise lasse sich nach den bestehenden Auslegungsregeln kein geeigneter Ansatz finden.[29]

Schließlich entspreche auch nur diese Auslegung dem Zweck des § 371 Abs. 4 AO, jemanden aus Angst vor einer Denunziation von der Anzeige nach § 153 AO abzuhalten.[30]

---

23 AG Bremen wistra 1998, 316 f.
24 LG Bremen wistra 1998, 317 f.
25 AG Bremen wistra 1998, 316 (317).
26 LG Bremen wistra 1998, 317 (318).
27 AG Bremen wistra 1998, 316 (317).
28 LG Bremen wistra 1998, 317 (318).
29 AG Bremen wistra 1998, 316 (317).
30 AG Bremen wistra 1998, 316 (317); LG Bremen wistra 1998, 317 (318).

2. *Restriktive Auslegung*

Ein anderer Teil des Schrifttums[31] und das OLG Stuttgart[32] legen § 371 Abs. 4 AO restriktiv aus.

a) Die Ansicht Jarkes und Weinreuters

Nach *Jarke*[33] und ihr folgend *Weinreuter*[34] sei unter den „in § 153 AO bezeichneten Erklärungen" i.S.d. § 371 Abs. 4 AO nicht die ursprünglich falsche Steuererklärung i.S.v. § 153 Abs. 1 Nr. 1 AO zu verstehen. Die auf den ersten Blick nahe liegend erscheinende Kongruenz des Begriffs der Erklärung in § 371 Abs. 4 AO und § 153 Abs. 1 Nr. 1 AO erweise sich bei genauer Prüfung als nicht stichhaltig.

Weil die in § 153 AO bezeichneten Erklärungen nicht die Nichtabgabe von Steuerklärungen erfassten, liefe die Variante „ein Dritter, der die in § 153 AO bezeichneten Erklärungen abzugeben unterlassen ... hat", ins Leere, wenn § 371 Abs. 4 AO die ursprüngliche Erklärung meinte. Ferner hätte bei einer solchen Interpretation eine Bezugnahme auf §§ 149, 150 AO näher gelegen als ein Verweis auf § 153 AO. Darüber hinaus hätte sich dieser Verweis auf § 153 AO dann jedenfalls auf § 153 Abs. 1 AO beschränken müssen, wenn lediglich die Ursprungserklärung i.S.v. § 153 Abs. 1 Nr. 1 AO gemeint gewesen sein sollte. Stattdessen werde aber auf den gesamten § 153 AO verwiesen, der mit „Berichtigungen von Erklärungen" überschreiben sei und damit auch die Anzeigepflichten aus § 153 Abs. 2, 3 AO erfasse.[35] Auch die Wahl der Pluralform des Begriffs „Erklärung*en*" sei nicht zu erklären, wenn damit die Ursprungserklärung gemeint sein sollte. Eine Interpretation des Wortlauts dahingehend, dass mit „Erklärungen" die Anzeige und die Richtigstellung i.S.v. § 153 AO gemeint seien, habe den entscheidenden Vorteil, dass auch die Fälle erfasst werden könnten, in denen keine oder eine unvollständige Erklärung abgegeben wurde.[36]

---

31 *Jarke* wistra 1999, 286 (287 ff.); *Wassmann*, Kommentar zu § 371 AO, S. 113 f.; *Dumke* in Schwarz, § 371 Rn. 188 ff.; *Rüping* in H/H/S, § 371 Rn. 221 ff.; *Weinreuter* DStZ 2000, 398 (409); *Bilsdorfer* WiB 1996, 961; ders. in Suhr/Naumann/Bilsdorfer Rn. 537; *Kohlmann*, § 371 Rn. 283.3; *Kemper* in Leise/Dietz/Cratz, § 371 Rn. 131; *Brauns* wistra 1985, 171 (174); *Marschall* BB 1998, 2553 (2559); *Bäckermann/van Helden*, Steuerstraftaten, S. 93; wohl auch *Schmitz* DStR 2001, 1821 (1826).

32 OLG Stuttgart wistra 1996, 190 ff.

33 *Jarke* wistra 1999, 286 (287 ff.).

34 *Weinreuter* DStZ 2000, 398 (409).

35 *Jarke* wistra 1999, 286 (288).

36 *Jarke* wistra 1999, 286 (288).

Schließlich spreche auch der systematische Zusammenhang der Fremdanzeige mit § 371 Abs. 1 bis 3 AO für eine restriktive Interpretation. Eine weite Auslegung führe nämlich zwangsläufig zur Aushebelung der Selbstanzeige und damit zu unbilligen Ergebnissen.[37]

b) Die Ansicht Rüpings

Rüping[38] ist der Auffassung, dass sich wegen der unzulänglichen Anpassung an die Bezugsnorm des § 153 AO weder die restriktive noch die weite Auslegung kompromissfrei verwirklichen lassen. Der Anhaltspunkt aus der Überschrift des § 153 AO spreche aber für eine Akzentuierung der Nacherklärungen. Nur eine restriktive Interpretation könne auch die Variante *unterlassener Erklärungen* unterbringen und sinnvoll die übrigen Fälle des § 153 AO erfassen. Die Auswirkungen dieser Sichtweise würden dadurch gemindert, dass eine Fremdanzeige zugleich eine Selbstanzeige darstellen könne, die der Anzeigepflichtige aus § 153 AO für den Dritten in verdeckter Stellvertretung abgeben könne.[39]

c) Die Ansicht Wassmanns

Wassmann[40] schließt sich zwar der von Samson favorisierten Interpretation des Wortlautes des § 371 Abs. 4 AO noch an, folgt letztlich aber wegen des „nicht akzeptablen Ergebnisses" der restriktiven Auslegung. Für den ursprünglichen Täter der Steuerhinterziehung gelte folglich § 371 Abs. 1 bis 3 AO; § 371 Abs. 4 AO jedoch sei nur für den Dritten, der die Pflicht aus § 153 AO verletzt habe, bestimmt.

d) Die Ansicht Kohlmanns und Kempers

Nach *Kohlmann*[41] spreche „alles" für die restriktive Auslegung des § 371 Abs. 4 AO. Die Einbeziehung der Ursprungserklärung in § 371 Abs. 4 AO könne mit der Bezugnahme auf § 153 AO nicht hergeleitet werden, weil eine Berichtigungspflicht bei vorangegangener bewusster Steuerhinterziehung nun einmal nicht bestehe.[42] Außerdem könne selbst bei Betonung der fiskalischen Zielsetzung der Vorschrift nicht intendiert gewesen sein, die vom Gesetzgeber abge-

---

37 *Jarke* wistra 1999, 286 (288); *Weinreuter* DStZ 2000, 398 (409).
38 *Rüping* in H/H/S, § 371 Rn. 221 f.
39 *Rüping* in H/H/S, § 371 Rn. 223.
40 *Wassmann*, Kommentar zu § 371 AO, S. 113 f.
41 *Kohlmann*, § 371 Rn. 283.3.
42 *Kemper* in Leise/Dietz/Cratz, § 371 Rn. 131; *Kohlmann*, § 371 Rn. 283.3.

steckten Grenzen der Selbstanzeige außer Kraft zu setzen.[43] Die enge Auslegung werde also dem „Gesamtgefüge" des § 371 AO gerecht.[44]

e) OLG Stuttgart

Das *OLG Stuttgart*[45] setzt sich insbesondere mit der Auffassung *Samsons* auseinander und führt gegen eine extensive Auslegung des § 371 Abs. 4 AO an, dass die in Bezug genommene Norm des § 153 AO nur die Anzeige- und Richtigstellungspflicht regele. Hätte der Gesetzgeber intendiert, auch denjenigen, der die Ursprungserklärung nach §§ 149, 150 AO fehlerhaft abgegeben hat, von der Strafverfolgung freizustellen, hätte ein Verweis auf diese Vorschriften nahe gelegen. Wenn *Samson* den im Plural verwandten Begriff „Erklärung*en*" als die Ursprungserklärung i.S.v. § 153 Abs. 1 Nr. 1 AO und die Anzeige i.S.v. § 153 Abs. 1 AO verstehe, vermenge er die Tatbestands- und Rechtsfolgenseite der Norm. Vielmehr seien mit „Erklärungen" die Anzeige und Richtigstellung der fehlerhaften Ursprungserklärung gemeint. Nur so könne auch das Unterlassen der Abgabe der in § 153 AO bezeichneten Erklärungen, namentlich der Anzeige oder Richtigstellung, zwanglos verstanden werden.[46]

Ferner werde diese Auslegung durch den systematischen Zusammenhang der Fremdanzeige im Rahmen des § 371 AO bestätigt. Es widerspreche gerade dem fiskalischen Sinn und Zweck des § 371 AO, wenn der ursprüngliche Steuerhinterzieher die strengeren Anforderungen an die Selbstanzeige durch die bloße Anzeige eines Dritten – ohne Richtigstellung – aushebeln könne.[47]

Schließlich beruft sich das OLG Stuttgart noch auf eine Entscheidung des BGH vom 27. April 1988.[48] Die Erwägung des BGH, die Anzeige von Mitgesellschaftern des Angeklagten sei unbeschadet ihrer Verpflichtung nach § 153 AO wie eine Selbstanzeige eines hierzu vom Steuerpflichtigen Beauftragten zu behandeln, wäre überflüssig, wenn der Täter der Steuerhinterziehung durch die Anzeige als Fremdanzeige in den Genuss des Strafverfolgungshindernisses gekommen wäre.[49]

---

43 *Kohlmann*, § 371 Rn. 283.3.
44 *Kemper* in Leise/Dietz/Cratz, § 371 Rn. 131.
45 OLG Stuttgart wistra 1996, 190 (192 ff.).
46 OLG Stuttgart wistra 1996, 190 (192).
47 OLG Stuttgart wistra 1996, 190 (192).
48 BGH wistra 1988, 308 f.
49 OLG Stuttgart wistra 1996, 190 (192).

II. Stellungnahme

Die folgende Auseinandersetzung mit den unterschiedlichen Rechtsauffassungen orientiert sich am Wortlaut, der Systematik, der historischen Entwicklung sowie am Sinn und Zweck der Norm.

1. Wortlaut/systematischer Zusammenhang mit § 153 AO

Zum Wortlaut des § 371 Abs. 4 AO und dem systematischen Zusammenhang mit dessen Bezugsnorm sind bereits nahezu alle denkbaren Argumente ausgetauscht worden. Es spricht mehr dafür, unter den „in § 153 AO bezeichneten Erklärungen" die Anzeige und Richtigstellung i.S.v. § 153 AO zu verstehen und nicht etwa auch die Ursprungserklärung. Denn die weite Interpretation ist in sich widersprüchlich. Einerseits berufen sich die Vertreter dieser Ansicht auf die strikte begriffliche Trennung von „Anzeige" und „Erklärung", andererseits versuchen sie aber gerade die Verwendung des Plurals im Begriff „Erklärung*en*" durch die Einbeziehung der Anzeige zu erklären. Diese Argumentation ist nicht nur inkonsequent, sondern sie vermengt auch die Tatbestands- mit der Rechtsfolgenseite.[50] Es ist nur schwer vorstellbar, dass der Gesetzgeber mit den „in § 153 AO bezeichneten Erklärungen" sowohl die Rechtsfolgen als auch die Tatbestandsvoraussetzungen erfassen wollte. Doch selbst wenn das der Fall sein sollte, dann hätte er doch durch den Verweis auf den gesamten § 153 AO zumindest alle tatbestandlichen Erklärungen miteinbeziehen wollen, nicht aber lediglich die Ursprungserklärung, die in § 153 Abs. 1 Nr. 1 AO enthalten ist.

Auch wenn man mit dem LG Bremen[51] und *Daude*[52] die Betonung auf die in § 153 AO *bezeichneten* Erklärungen legt, kann daraus nicht geschlossen werden, dass damit Steuererklärungen gemeint sind, weil nur diese *bezeichnet*, die Anzeige und Richtigstellung dagegen von § 153 AO *verlangt* sind. Denn in § 153 AO ist, wie bereits festgestellt, lediglich eine Steuererklärung genannt und bezeichnet. Diesem Argument steht also erneut die Verwendung des Plurals in dem Begriff „Erklärung*en*" im Wege. Wenn tatsächlich auch die Ursprungserklärung miterfasst sein sollte, dann wäre ein Verweis auf § 153 AO *und* §§ 149, 150 AO ein Leichtes gewesen.[53] Stattdessen wurde aber ausschließlich auf § 153 AO Bezug genommen, der die Berichtigung der Ursprungserklärung regelt, was sich im Übrigen auch schon aus der Überschrift ergibt.

50 So auch OLG Stuttgart wistra 1996, 190 (192).
51 LG Bremen wistra 1998, 317 (318).
52 *Daude*, Drittanzeige, S. 80.
53 So auch OLG Stuttgart wistra 1996, 190 (192); *Jarke* wistra 1999, 286 (288).

Folgt man aber der restriktiven Auslegung, ergibt der Verweis einen Sinn. Gemeint sind mit „Erklärungen" die Anzeige und die Richtigstellung, die in § 153 AO geregelt sind. Nur so kann auch die Unterlassungsalternative erklärt werden.[54] Denn derjenige, der überhaupt keine Ursprungserklärung abgegeben hat, ist nach wie vor aus § 149 AO zur Abgabe verpflichtet und nicht etwa aus § 153 AO zur Berichtigung. Es kann also hier nicht die Ursprungserklärung gemeint sein. Wenn angeführt wird, dass eine unrichtige oder unvollständige Anzeige schwer vorstellbar sei,[55] ist dem zwar beizupflichten. Allerdings sind diese Adjektive zwanglos jedenfalls auf die Richtigstellung anzuwenden.

Somit ist der – zugegeben nicht eindeutige – Wortlaut des § 371 Abs. 4 AO nur einer restriktiven Auslegung widerspruchsfrei zugängig.

2. Systematischer Zusammenhang mit § 371 Abs. 1 bis 3 AO

Die Vertreter der weiten Auslegung des § 371 Abs. 4 AO betrachten diese Norm ausschließlich im Zusammenhang mit § 153 AO, nicht aber im Zusammenhang mit den Selbstanzeigeregelungen. Selbst wenn sich die Selbstanzeige und die Fremdanzeige ganz erheblich unterscheiden,[56] ist dennoch zu beachten, dass sie beide in § 371 AO verortet[57] und über § 371 Abs. 4 S. 2, Abs. 3 AO miteinander verbunden sind. Darüber hinaus verfolgt der gesamte § 371 AO überwiegend das steuerpolitische Ziel, dem Fiskus bisher unentdeckte Steuerquellen aufzudecken.[58] Warum sollte nun, wenn die Selbstanzeige ausdrücklich dem Täter der ursprünglichen Steuerhinterziehung Straffreiheit gewährt, der diesbezüglich in seinem Wortlaut nicht eindeutige § 371 Abs. 4 AO so weit ausgelegt werden, dass durch eine bloße Anzeige ebenfalls im Ergebnis eine Strafbefreiung für den ursprünglichen Steuerhinterzieher eintritt, nur diesmal ohne die bei der Selbstanzeige erforderliche Richtigstellung und ohne die in § 371 Abs. 2 AO fein abgestimmten Grenzen. Als Argument wird von den Vertretern der weiten Interpretation des § 371 Abs. 4 AO angeführt, dass für den Fremdanzeigeerstatter möglichst alle Gegenmotivationen abgebaut werden sollen, damit er die Anzeige auch tatsächlich erstatte und somit bisher unerkannte Steuerquellen aufdecke. Diese Argumentation, die zwangsläufig erhebliche Manipulationsmöglichkeiten eröffnet und die Selbstanzeigeregelungen aushebelt, müsste mit ihren Folgen al-

---

54 So auch *Jarke* wistra 1999, 286 (288); *Kohlmann*, § 371 Rn. 283.3; *Rüping* in H/H/S, § 371 Rn. 222; OLG Stuttgart wistra 1996, 190 (192).

55 *Samson* wistra 1990, 245 (249).

56 Siehe dazu Einführung; vgl. *Kohlmann*, § 371 Rn. 275, wonach die Fremdanzeige an dieser Stelle des Gesetzes „wie ein Fremdkörper" wirke.

57 So auch OLG Stuttgart wistra 1996, 190 (192).

58 Vgl. BGHSt 35, 36 (37).

lerdings nur dann hingenommen werden, wenn der Wortlaut des § 371 Abs. 4 AO eine andere Auslegung als die extensive nicht zuließe. Das ist aber unstreitig nicht der Fall.[59] Folglich kann durch eine restriktive Interpretation die Umgehung der in der Praxis weitaus relevanteren Selbstanzeige bereits im Ansatz verhindert werden. Der Anzeigeverpflichtete wird deshalb auch nicht etwa von der Fremdanzeige absehen, da für den ursprünglichen Täter der Steuerhinterziehung ja noch die Selbstanzeigeoption besteht. Sollte eine Selbstanzeige bereits nach § 371 Abs. 2 AO ausgeschlossen sein, wird er dennoch die Fremdanzeige erstatten. Die Tat ist dann nämlich sowieso im Begriff der Aufdeckung durch die Finanzbehörde, und der Anzeigeverpflichtete kann wenigstens noch denjenigen, der die Berichtigung nach § 153 AO unterlassen hat, vor einer Strafverfolgung retten und selbst seiner Berichtigungspflicht nachkommen. Durch diese Interpretation stellt sich also ein Ausgleich zwischen Anreiz und Druck zur Erstattung der Fremdanzeige ein. Nur so kann daneben auch der fiskalpolitischen Zielsetzung der Selbstanzeige Rechnung getragen werden.

3. Historische Entwicklung

Zu untersuchen bleibt, ob die historische Entwicklung der Fremdanzeige das bisher gewonnene Ergebnis in Frage stellt. Bisher haben lediglich *Boelsen*[60] und *Daude*[61] die Geschichte des heutigen § 371 Abs. 4 AO zu diesem Problem beleuchtet. Soweit sie der Auffassung sind, dass in den Vorläufern des heutigen § 371 Abs. 4 AO, dem § 374 Abs. 2 RAO von 1919 und dem § 395 Abs. 4 AO von 1965, der Begriff „Erklärungen" nur die fehlerhaften Ursprungserklärungen meinte, ist ihnen zuzustimmen. Denn damals löste das Unterlassen der Abgabe von Ursprungserklärungen ebenfalls eine Anzeigepflicht aus.[62] Darüber hinaus war auch in den Vorläufern der Bezugsnorm des heutigen § 153 AO, namentlich den §§ 97 RAO von 1919 und 117 AO von 1965, der Begriff „Erklärung*en*" im Plural gebraucht worden. Die Fremdanzeigenorm war also mit der Bezugsnorm aufeinander abgestimmt.

Mit Einführung der Abgabenordnung 1977 wurden diese Vorschriften an den entscheidenden Stellen verändert. Zum einen begründet das Unterlassen der Abgabe einer Ursprungserklärung keine Anzeigepflicht aus § 153 AO mehr, und zum anderen wurde der Begriff „Erklärung*en*" aus der Vorläufer-Bezugsnorm in den § 153 AO nur im Singular übernommen. *Boelsen* und *Daude* schließen aus

59 Auch *Samson*, *Boelsen* und *Daude* erkennen den Wortlaut als „problematisch" an.
60 *Boelsen*, § 371 Abs. 4 AO, S. 74 ff.
61 *Daude*, Drittanzeige, S. 84 ff.
62 So auch *Ehlers*/Lohmeyer, Steuerstraf- und Steuerordnungswidrigkeitenrecht, 1969, S. 58.

dieser Veränderung der Normen, dass nunmehr neben dem Verursacher der fehlerhaften Ursprungserklärung auch der Anzeigepflichtige aus § 153 AO in die Wirkung des Strafverfolgungshindernisses miteinbezogen worden sei.[63] Diese Annahme beruht aber lediglich auf einer „auf Indizien gestützten Vermutung."[64]

Genauso nahe liegend ist aber eine ganz andere Schlussfolgerung: Die Veränderungen der Normen an gerade diesen Stellen deutet darauf hin, dass die bis dahin gültige Auslegung des Begriffs des Dritten aufgegeben wurde. Stattdessen wird nunmehr der Anzeigepflichtige aus § 153 AO als Dritter anerkannt. Ein Indiz für diese Entwicklung ergibt sich aus dem ebenfalls im Rahmen der Reform der Abgabenordnung 1977 eingeführten § 371 Abs. 4 S. 2 AO. Durch den Verweis auf § 371 Abs. 3 AO wird erstmals ein Bezug zur Selbstanzeige hergestellt. Daraus kann geschlossen werden, dass die Fremdanzeige und die Selbstanzeige in einem systematischen Zusammenhang stehen sollten. Diese Veränderungen deuten darauf hin, dass ein Unterlaufen der Selbstanzeige durch die Fremdanzeige gerade verhindert werden sollte.

Auch diese Schlussfolgerung beruht aber letztlich auf Indizien. Eine Lösung des Problems kann somit aus einer historischen Betrachtung allein nicht hergeleitet werden. Allerdings steht die historische Entwicklung jedenfalls einer restriktiven Interpretation des heutigen § 371 Abs. 4 AO nicht entgegen.

4. Sinn und Zweck der Regelung

Zu untersuchen bleibt, ob sich eine Antwort auf die Frage der Reichweite des § 371 Abs. 4 AO aus dem Sinn und Zweck der Norm ergibt. Da die Vorschrift bei der letzten Reform der Abgabenordnung 1977 an den für dieses Problem entscheidenden Stellen geändert wurde, ist zu prüfen, ob sich aus den Gesetzesmaterialen zu dieser letzten Fassung der Abgabenordnung ein Hinweis auf die Person des Dritten ergibt.

In der Gesetzesbegründung wird nicht definiert, wer Dritter i.S.v. § 371 Abs. 4 AO ist. Aber immerhin stellt der Gesetzgeber in der Begründung zu § 98 EAO (§ 153 AO) klar, dass „die Fälle, in denen eine Steuererklärung überhaupt nicht abgegeben worden ist, nicht besonders erwähnt sind, weil dann die Erklärungspflicht ohnehin fortbesteht ...[65]".

Da *Boelsen* davon ausgeht, dass der Begriff „Erklärung" eindeutig für die fehlerhafte Ursprungserklärung reserviert worden sei, schließt er aus der eben

63 *Boelsen*, § 371 Abs. 4 AO, S. 76; *Daude*, Drittanzeige, S. 86.

64 *Boelsen*, § 371 Abs. 4 AO, S. 76.

65 Begründung zum Entwurf der AO 1977, BT-Drucks. VI/1982, Band 148, zu § 98 AO, S. 129.

zitierten Textpassage, dass bei dem Entwurf von § 371 Abs. 4 AO von einem falschen Text der Bezugsnorm, nämlich der Fassung des § 117 AO von 1965, ausgegangen worden sein müsse.[66]

Dagegen ist aber anzuführen, dass der Begriff „Erklärung“ in den Materialien ebenfalls nicht erläutert wird. Diesbezüglich muss also wieder auf den nicht eindeutigen Wortlaut des § 371 Abs. 4 AO verwiesen werden. Allerdings wird in der Begründung klargestellt, dass die Fälle der Nichtabgabe der Ursprungserklärung nicht erfasst sind. Diese Aussage ist eindeutig. Wenn also derjenige Dritte nicht verfolgt wird, „der die Abgabe der Erklärung unterlassen hat“, kann damit nur der aus § 153 AO Verpflichtete gemeint sein. Die Annahme *Boelsens*, dass der Gesetzgeber wohl fälschlicherweise anstelle von § 153 AO von § 117 AO ausgegangen ist, macht keinen Sinn. Denn hätte man die Normen selbst verwechselt, wäre es nicht zu den entscheidenden Änderungen am Wortlaut des § 153 AO gekommen; hätte man der Begründung des neuen Gesetzestextes den § 117 AO anstelle des § 153 AO zugrunde gelegt, wäre der klarstellende Satz hinsichtlich der Nichtabgabe der Ursprungserklärung nicht zu erklären.

Somit bestätigen die Gesetzesmaterialien, dass „Dritter“ jetzt jedenfalls der Anzeigepflichtige aus § 153 AO ist. Ob daneben auch derjenige Dritte erfasst ist, der die fehlerhafte Ursprungserklärung abgegeben hat, lässt sich aus dem Wortlaut der Begründung nicht zweifelsfrei entnehmen.

Möglicherweise kann aber der heutige Sinn und Zweck des § 371 Abs. 4 AO Aufschluss bringen. Nach der amtlichen Begründung zu § 354 Abs. 4 EAO (§ 371 Abs. 4 AO) sollen Dritte bei der späteren Berichtigung strafrechtlich nicht verfolgt werden, weil dies jemanden, der nach § 98 EAO (§ 153 AO) verpflichtet ist, eine falsche Erklärung zu berichtigen, davon abhalten könnte, dies zu tun.

Boelsen[67] und *Daude*[68] schließen aus dieser Begründung, dass sowohl der Verursacher des Ursprungsmangels als auch der aus § 153 AO Verpflichtete unter den Begriff des Dritten gefasst werden müsse, weil nur so allen denkbaren Gegenmotivationen entgegengewirkt werden könne, wodurch die Anzeige für den Erstatter erträglich werde und dadurch die Steuerquellen zu sprudeln beginnen würden.

Diese Argumentation ist auf den ersten Blick einleuchtend. Allerdings eröffnet sie insbesondere für den Verursacher der fehlerhaften Ursprungserklärung Manipulationsmöglichkeiten, die zur Umgehung der Selbstanzeige führen. Deshalb sind der Auslegung des § 371 Abs. 4 AO Grenzen zu setzen. Wie bereits untersucht, ist die Ausgestaltung der Fremdanzeige das Ergebnis eines kompli-

66 *Boelsen*, § 371 Abs. 4 AO, S. 78.
67 *Boelsen*, § 371 Abs. 4 AO, S. 84.
68 *Daude*, Drittanzeige, S. 90.

zierten Interessenausgleichs, welches zu einem gesetzgeberischen Kompromiss geführt hat. Einerseits handelt es sich bei § 371 Abs. 4 AO um eine Strafrechtsnorm, die grundsätzlich unbekannte Straftaten aufklären und den Steuerhinterzieher einer Bestrafung zuführen soll, andererseits wird gerade von der strikten Strafverfolgung zu Gunsten fiskalpolitischer Interessen eine Ausnahme gemacht. Fiskalische Zielsetzungen müssen wiederum dann zurücktreten, soweit der Gesetzgeber nicht ausdrücklich eine Ausnahme von strafrechtlichen Grundsätzen geschaffen hat. Hier hat der Gesetzgeber nicht ausdrücklich auch den Verursacher der fehlerhaften Ursprungserklärung in den begünstigten Personenkreis miteinbezogen.

Wenn das AG Bremen[69] einwendet, dass sich in § 371 Abs. 4 AO für eine an generalpräventiven Gesichtspunkten orientierten Betrachtungsweise kein geeigneter Ansatz finden lässt, so ist doch auf den Strafcharakter der Norm hinzuweisen. § 371 Abs. 4 AO bleibt eine Norm des Strafrechts, was sich eindeutig aus der Überschrift des achten Teils, erster Abschnitt der AO, ergibt. Folglich muss die Regelung auch mit Hilfe der Straftheorien erklärt werden dürfen.

Die von *Boelsen* und *Daude* befürchteten Gegenmotivationen im Hinblick auf den Verursacher der fehlerhaften Ursprungserklärung können abgewendet werden, da diesem Täter die Selbstanzeige zur Verfügung steht. Da der Täter durch die Abgabe der fehlerhaften Steuererklärung aktiv in Erscheinung getreten und folglich dessen Name bekannt ist, ist es für den Anzeigepflichtigen aus § 153 AO ein Leichtes, ihn auf die bevorstehende Anzeige hinzuweisen. Er könnte sogar für den Täter eine Selbstanzeige in Stellvertretung abgeben. Der entscheidende Unterschied zur Fremdanzeige liegt hier darin, dass die strengeren Wirksamkeitserfordernisse der Selbstanzeige zu beachten sind. Sollte für den Verursacher der fehlerhaften Steuererklärung eine Selbstanzeige bereits nach § 371 Abs. 2 AO ausgeschlossen sein, hat auch der Anzeigepflichtige keine echte Wahl mehr zwischen Anzeige und Nichtanzeige, weil in der Regel sowieso ein Strafverfahren eingeleitet werden wird. Die einzige Möglichkeit, nicht auch selbst in die Gefahr der Strafverfolgung zu geraten, ist für diesen die pflichtgemäße Anzeigeerstattung nach § 153 AO.

Nun könnte man einwenden, dass der Verweis auf die Erstattung einer Selbstanzeige nicht nur für den Verursacher der fehlerhaften Ursprungserklärung, sondern auch für den Unterlassungstäter gelten müsse, weil positives Tun und Unterlassen nicht unterschiedlich behandelt werden dürfen.[70] Es gibt allerdings zwei entscheidende Unterschiede zwischen dem Verursacher der fehlerhaften Ursprungserklärung und dem Unterlassungstäter:

69 AG Bremen wistra 1998, 316 (317).
70 So *Dörn* Stbg 1998, 562 (563); *Flore/Dörn/Gillmeister*, Steuerfahndung, S. 305.

Zum einen ist es möglich, dass es Mitverpflichtete aus § 153 AO gibt, von denen der Anzeigeverpflichtete zwar in groben Zügen weiß, aber keine genaue Kenntnis von der Anzahl der Personen oder deren Namen hat. Diese Situation ist durchaus denkbar, weil das bloße Unterlassen häufig keine Spuren davon hinterlässt, dass jemand die Fehlerhaftigkeit der Erklärung vorher entdeckt hatte. In einer solchen Situation ist ein Hinweis an die Unterlassungstäter auf die bevorstehende Anzeige oder die Erstattung einer Selbstanzeige in Stellvertretung nicht möglich, da die einzelnen Namen unbekannt sind. Die Furcht vor dem Vorwurf der Denunziation ist auch in einer solchen Konstellation gegeben, da der Verpflichtete möglicherweise eine Steuerhinterziehung großen Umfangs oder mit großer Beteiligung aufdecken müsste. Somit ist es gerechtfertigt, den Anzeigeverpflichteten aus § 153 AO, der sich in Bezug auf die möglicherweise erheblichen Auswirkungen seiner Anzeige unsicher ist, vor dem Vorwurf der Denunziation zu bewahren. So kann er zu der Anzeige bewegt werden und damit unbekannte Steuerquellen aufdecken.

Zum zweiten ist der Unterlassungstäter schutzwürdiger als der ursprüngliche Täter der Steuerhinterziehung. Denn der Unterlassungstäter war zunächst selbst aus § 153 AO zur Anzeige verpflichtet und damit der Gefahr der Denunziation ausgesetzt. Er hat sich schließlich zu Gunsten des Vortäters gegen die pflichtgemäße Anzeige nach § 153 AO entschieden. Der ursprüngliche Täter der Steuerhinterziehung dagegen war nie in einer vergleichbaren Situation. Er hat vielmehr den Anstoß für das strafrechtlich relevante Handeln seines Nachfolgers gegeben. Somit ist es gerechtfertigt, nur den Unterlassungstäter in den Genuss des Strafverfolgungshindernisses aus § 371 Abs. 4 AO kommen zu lassen, während der ursprüngliche Täter der Steuerhinterziehung auf die Erstattung der Selbstanzeige mit ihren höheren Wirksamkeitsanforderungen verwiesen wird.

Samson ist trotz der amtlichen Begründung zum Gesetzentwurf der AO der Ansicht, dass der Gesetzgeber mit § 371 Abs. 4 AO geradezu „zynisch rein fiskalische Interessen“ verfolge. Das werde durch die Nachzahlungspflicht in § 371 Abs. 4 S. 2 AO deutlich, wonach kein Strafverfolgungshindernis bei Zahlungsunfähigkeit des Täters gewährt werde.[71] Die Konsequenz dieser Rechtsauffassung ist, die Norm möglichst weit auszulegen, um möglichst viele Steuerquellen durch die Nachzahlungspflicht ausschöpfen zu können.

Dieser Auffassung ist erneut entgegenzuhalten, dass in der Begründung neben den fiskalischen auch auf kriminalpolitische Interessen abgestellt wird. Doch unabhängig davon kann die Nachzahlung der Steuern durch den ursprünglichen Täter der Steuerhinterziehungr nach § 371 Abs. 3 AO genauso durch eine Selbstanzeige erreicht werden. Auch die Selbstanzeige verfolgt überwiegend fis-

71 *Samson* wistra 1990, 245 (250).

kalische Interessen, worauf *Samson* im übrigen selbst hinweist.[72] Es ist nicht einzusehen, wieso die Fremdanzeige extensiv ausgelegt werden soll, wenn dadurch zugleich die ebenfalls fiskalisch ausgerichtete Selbstanzeige unterlaufen wird. Darüber hinaus besteht die Nachzahlungspflicht gemäß § 371 Abs. 3 AO nur dann, wenn der Täter „zum eigenen Vorteil" gehandelt hat. Häufig werden gerade sozial abhängige Täter nicht in der Lage sein, eine Steuernachzahlung zu leisten. Zu ihren Gunsten greift dann aber die Einschränkung „zum eigenen Vorteil" ein. Diese Täter haben die Steuerhinterziehung nämlich häufig nicht zum eigenen Vorteil begangen, so dass bei ihnen auch ohne Nachzahlung eine Straffreiheit gewährt wird.[73] Daraus ergibt sich, dass § 371 Abs. 3 AO nicht nur auf einem fiskalischen Motiv beruht, sondern auch auf den Wiedergutmachungsgedanken zurückzuführen ist.[74] § 371 Abs. 4 AO berücksichtigt damit durch die Bezugnahme auf § 371 Abs. 3 AO ebenfalls nicht nur „zynisch rein fiskalische Interessen", sondern unterschiedliche Aspekte.

Der zu Beginn der Untersuchung ausgearbeitete Erklärungsansatz der Fremdanzeige, dass es sich hierbei um eine Norm handelt, in der gegenläufige Interessen zu einem Kompromiss zusammengeführt worden sind,[75] lässt sich also durch die Hauptproblematik der Reichweite der Norm bestätigen. Dass hier fiskalische und strafrechtliche Interessen ineinander greifen, kann an dem Ausgangsfallbeispiel noch einmal verdeutlicht werden:

G 1 hat eine Steuerhinterziehung durch positives Tun nach § 370 Abs. 1 Nr. 1 AO begangen. G 2 war als Nachfolger von G 1 zur Berichtigung nach § 153 AO verpflichtet, ist dieser Pflicht aber nicht nachgekommen. Er hat dadurch eine Steuerhinterziehung durch Unterlassen nach § 370 Abs. 1 Nr. 2 AO begangen. G 3 ist nunmehr als Nachfolgegeschäftsführer zur Anzeige gemäß § 153 AO verpflichtet.

Kommt G 3 seiner Verpflichtung nach, deckt er die Straftaten von G 1 und G 2 auf. Kommt er seiner Verpflichtung nicht nach, begeht er selbst eine Steuerhinterziehung durch Unterlassen gemäß § 370 Abs. 1 Nr. 2 AO. Um ihm die Anzeige erträglich zu machen und die unbekannte Steuerquelle aufzudecken, existiert die Fremdanzeige nach § 371 Abs. 4 AO. Nach der hier vertretenen restriktiven Interpretation wird G 2 durch die bloße Anzeige (ohne Richtigstellung) strafrechtlich nicht verfolgt. Das ist auch gerecht, zumal er zuvor selbst vor dem Dilemma der Denunziation stand. G 1 wird allerdings von der strafbefreienden Wirkung der Fremdanzeige nicht erfasst. Die Lösung des Problems erfolgt über

72 *Samson* wistra 1990, 245 (250).
73 Siehe hierzu bereits Teil 2: B) II. 3.d).
74 Siehe hierzu bereits Teil 2: B) II. 3.d).
75 Siehe Teil 1: B) IV. 3.

die Erstattung der Selbstanzeige durch G 1 oder auch in Vertretung für G 1. Eine wirksame Selbstanzeige bedeutet für diesen keinen Nachteil, zumal eine Nachzahlung gemäß § 371 Abs. 3 AO über § 371 Abs. 4 S. 2 AO auch bei der Fremdanzeige erforderlich wäre.

Sollte eine strafbefreiende Selbstanzeige für G 1 bereits ausgeschlossen sein, weil ein Amtsträger zur steuerlichen Prüfung bereits erschienen ist oder weil die Tat bereits entdeckt war und der Täter damit zumindest rechnen musste, wird G 1 nicht von der Strafverfolgung verschont. Trotzdem wird G 3 deshalb nicht von der Anzeige nach § 153 AO absehen. Denn die Tat steht bereits vor der Aufklärung, und G 3 steht unter dem Druck, seiner Anzeigepflicht nachzukommen, um sich nicht selbst einer Strafverfolgung wegen Steuerhinterziehung auszusetzen. An dieser Stelle werden die unterschiedlichen Interessen des Gesetzgebers deutlich: Einerseits sollen durch die Möglichkeit der Selbst- und Fremdanzeige die Steuerquellen aufgedeckt werden, andererseits handelt es sich um eine Norm des Strafrechts, die strafrechtlichen Grenzen unterliegt und grundsätzlich auch eine generalpräventive Funktion aufweist.

Nach der Betrachtung des Zwecks des § 371 Abs. 4 AO ist also davon auszugehen, dass lediglich die nach § 153 AO Verpflichteten unter den Begriff des Dritten zu fassen sind und damit nur diese Personen in den Genuss des Strafverfolgungshindernisses aus § 371 Abs. 4 AO kommen.

5. Urteil des BGH vom 27.04.1988

Das OLG Stuttgart beruft sich zur Untermauerung der von ihm befürworteten restriktiven Auslegung des § 371 Abs. 4 AO auf das Urteil des BGH vom 27.04.1988.[76]

In diesem Fall hatte der Angeklagte als Gesellschafter einer GbR fehlerhafte Steuererklärungen eingereicht. Er offenbarte sich seinen – gutgläubigen – Mitgesellschaftern und überreichte ihnen eine mit „Selbstanzeige“ überschriebene handschriftliche Erklärung, die er nochmals in einer eidesstattlichen Erklärung bestätigte. Die Mitgesellschafter teilten dem Finanzamt den Sachverhalt unter Vorlage der eidesstattlichen Erklärung mit.

Der BGH hob die Verurteilung des Angeklagten wegen Steuerhinterziehung auf und verwies die Sache zur erneuten Verhandlung an das Landgericht zurück. Es sollte geklärt werden, ob in der eidesstattlichen Erklärung eine wirksame Selbstanzeige des Angeklagten gesehen werden könne, da der vom Landgericht angenommene Ausschlussgrund der Selbstanzeige nach § 371 Abs. 2 Nr. 2 AO jedenfalls nicht gegeben sei. Wenn der Angeklagte davon ausging, dass seine

---

76 BGH wistra 1988, 308 f.

Mitgesellschafter das Finanzamt auch von seinen Steuerverfehlungen in seinem Auftrag unterrichten werden, liege die Annahme einer Selbstanzeige nahe. Denn die Mitgesellschafter handelten dann „unbeschadet ihrer Verpflichtung aus § 153 AO auch mit Willen und auf Veranlassung des Angeklagten," weshalb die Anzeige so angesehen werden müsse, als ob der Angeklagte einen Rechtsanwalt oder Steuerberater mit der Erstattung der Selbstanzeige beauftragt hätte.

Das *OLG Stuttgart* sieht in dieser Entscheidung des BGH eine Bestätigung der restriktiven Interpretation des § 371 Abs. 4 AO.[77] Es führt zu Recht an, dass die Erwägungen des BGH zur Wirksamkeit der Selbstanzeige überflüssig wären, wenn die Fremdanzeige der Mitgesellschafter zu Gunsten des Angeklagten ein Strafverfolgungshindernis ausgelöst hätte.

Gegen diese Schlussfolgerung wendet sich das *AG Bremen*, welches einwendet, dass der BGH „nach Zurechnungsgesichtspunkten zwanglos über die Bejahung einer wirksamen Selbstanzeige zur Straffreiheit kam, was jede weitere Überlegung zu § 371 Abs. 4 AO überflüssig machte."[78]

Füllsack kritisiert ebenfalls die Interpretation dieses BGH-Urteils durch das OLG Stuttgart. Seiner Ansicht nach sei die Entscheidung für die Lösung des Problems der Reichweite des § 371 Abs. 4 AO unergiebig, da die Wirksamkeit der Anzeige bereits durch die Auslegung des § 371 Abs. 1 AO erreicht werden konnte.[79] Auf die Fremdanzeige sei der BGH deshalb bewusst nicht mehr eingegangen.[80]

Zunächst ist der Einwand des AG Bremen nicht haltbar. Bereits durch einen Blick auf die Entscheidung des BGH wird deutlich, dass dieser keinesfalls „zwanglos über die Bejahung einer wirksamen Selbstanzeige zur Straffreiheit" gekommen ist, sondern sich ausführlich mit der Wirksamkeit der Selbstanzeige auseinandergesetzt hat.

Füllsack ist zwar zuzustimmen, dass der BGH in seiner Entscheidung durchaus ausdrücklich die Anwendbarkeit der Fremdanzeige hätte ansprechen können, was er aber nicht getan hat. Dennoch gibt es zumindest einen Hinweis darauf, dass die Fremdanzeige zu Gunsten des ursprünglichen Täters der Steuerhinterziehung nicht zum Zuge kommen soll. Denn anderenfalls wären sowohl die Ausführungen des BGH zur Wirksamkeit der Selbstanzeige als auch die Zurückverweisung zur neuen Verhandlung an das Landgericht überflüssig. Wenn § 371 Abs. 4 AO zu Gunsten des Angeklagten anwendbar gewesen wäre, hätte der BGH das Verfahren aufgrund des Strafverfolgungshindernisses insoweit nämlich

77 OLG Stuttgart wistra 1996, 190 (192 f.).
78 AG Bremen wistra 1998, 316 (317).
79 *Füllsack* wistra 1997, 285 (289).
80 *Füllsack* wistra 1997, 285 (290).

nicht fortführen dürfen.[81] Damit liefert diese Entscheidung des BGH zumindest einen Hinweis auf eine restriktive Interpretation des § 371 Abs. 4 AO und bekräftigt die sich bereits aus dem Sinn und Zweck hergeleitete Lösung.

6. Ergebnis

Geht man von dem Sinn und Zweck der Norm § 371 Abs. 4 AO aus, dass dem Anzeigepflichtigen die Anzeige erträglich machen soll, um neue Steuerquellen aufzudecken und beachtet man gleichzeitig den systematischen Zusammenhang mit den ebenfalls in § 371 AO geregelten Selbstanzeigevorschriften, so ist es sinnvoll, nur denjenigen als begünstigten Dritten anzuerkennen, der seine Anzeigepflicht aus § 153 AO verletzt hat. Der Verursacher der fehlerhaften Ursprungserklärung wird dagegen nicht von § 371 Abs. 4 AO erfasst, da für diesen bereits die Regelungen der Selbstanzeige mit ihren fein ausgestalteten Grenzen greifen.

Der Wortlaut des § 371 Abs. 4 AO und das Urteil des BGH vom 27.04.1988 sind geeignet, diese Interpretation zu bestätigen. Auch die historische Entwicklung des heutigen § 371 Abs. 4 AO steht dieser Lösung jedenfalls nicht entgegen.

B) Strafverfolgungshindernis

Im Folgenden wird untersucht, wie weit das Strafverfolgungshindernis aus § 371 Abs. 4 AO den Dritten begünstigt.

Gemäß § 371 Abs. 4 AO „wird ein Dritter, der die in § 153 AO bezeichneten Erklärungen abzugeben unterlassen oder unrichtig oder unvollständig abgegeben hat, strafrechtlich nicht verfolgt ...“. Aus dieser Formulierung könnte einerseits geschlossen werden, dass eine Strafverfolgung hinsichtlich der gesamten prozessualen Tat ausgeschlossen ist. Andererseits ist es aber auch möglich, das Strafverfolgungshindernis lediglich auf die Steuerhinterziehung oder alle begangenen Steuerstraftaten zu beschränken, mit der Folge, dass eine Strafverfolgung wegen anderer mitverwirklichter Straftaten noch erfolgen kann.

Zur Lösung des Problems soll zunächst ein Vergleich mit der Selbstanzeige angestellt und anschließend überlegt werden, ob sich diese Lösung auf die Fremdanzeige übertragen lässt.

---

81 So auch *Jarke* wistra 1999, 286 (289).

I. Selbstanzeige

Bei der Selbstanzeige erlangt der Anzeigeerstatter nach einhelliger Ansicht Straffreiheit nur für die Steuerhinterziehung, nicht aber auch für andere etwa mit ihr zusammenhängenden (allgemeinen oder Steuer-) Straftaten, die er durch die Selbstanzeige aufdeckt.[82]

Das ergibt sich dieser Ansicht nach aus mehreren Stellen des Wortlauts der Selbstanzeigeregelungen. Zunächst spricht bereits die Überschrift des § 371 AO „Selbstanzeige bei Steuerhinterziehungen" für eine Begrenzung der Straffreiheit auf Steuerhinterziehungen.[83] Ferner wird gemäß § 371 Abs. 1 AO nur derjenige „insoweit straffrei", der „in den Fällen des § 370 AO" unrichtige Angaben macht. Und schließlich ergibt sich auch aus § 371 Abs. 3 AO die Begrenzung noch daraus, dass Straffreiheit nur dann eintritt, soweit der Täter „die zu seinen Gunsten hinterzogenen Steuern nachzahlt."[84] Diese Ansicht entspricht auch den Vorstellungen des Gesetzgebers.[85]

II. Fremdanzeige

Fraglich ist, ob diese Lösung auf die Fremdanzeige übertragen werden kann.

Eine Übertragung auf die Fremdanzeige könnte zur Folge haben, dass durch die Anzeige weitere mitverwirklichte Straftaten aufgedeckt werden, für die das Strafverfolgungshindernis nicht gilt und deshalb eine Strafverfolgung zu befürchten wäre. Möglicherweise würde der Anzeigepflichtige aus diesem Grund von der Anzeige nach § 371 Abs. 4 AO absehen.

Würde man die Lösung der Selbstanzeige auf die Fremdanzeige nicht übertragen und stattdessen von einem Strafverfolgungshindernis für die gesamte prozessuale Tat ausgehen, ergäben sich erneut Manipulationsmöglichkeiten in Bezug auf die Selbstanzeige. Derjenige, der neben einer Steuerhinterziehung weitere Straftatbestände mitverwirklicht hat, würde von der Selbstanzeige absehen und stattdessen eine Fremdanzeige erstatten lassen, damit er vor der Strafverfol-

---

82 *Kohlmann*, § 371 Rn. 31 ff.; *Rüping* in H/H/S, § 371 Rn. 29 ff.; *Joecks* in Franzen/Gast/Joecks, § 371 Rn. 37 ff.; Klein/*Gast-de Haan*, § 371 Rn. 6; *Weinreuter* DStZ 2000, 398 (400); *Schmitz* DStR 2001, 1821; *Kühn/Hofmann*, § 371 Rn. 8; BGHSt 12, 100 ff.

83 *Joecks* in Franzen/Gast/Joecks, § 371 Rn. 37; *Kohlmann*, § 371 Rn. 31.

84 *Kohlmann*, § 371 Rn. 31.

85 *Kohlmann*, § 371 Rn. 31 mit Verweis auf die amtliche Begründung aus BT-Drucks. V/1812, Band 112, S. 24.

gung sämtlicher, mit der Steuerhinterziehung zusammenhängender Straftaten verschont bliebe.

Bisher haben sich nur *Daude*[86] und *Rüping*[87] ausführlicher mit dieser Fragestellung befasst.

1. Die Ansicht Daudes

Daude lehnt eine der Selbstanzeige entsprechende Lösung für die Fremdanzeige ab.[88] Zunächst spreche die Überschrift des § 371 AO eindeutig nur von der Selbstanzeige und nicht auch von der Fremdanzeige. Ferner sei die Formulierung des § 371 Abs. 1 AO, die die Straffreiheit auf die „Fälle des § 370" AO beschränkt, in § 371 Abs. 4 AO nicht enthalten, und auch ein entsprechender Verweis auf § 371 Abs. 1 AO sei dieser Vorschrift nicht zu entnehmen. Zudem gebe es in § 371 Abs. 4 AO keine der Selbstanzeige entsprechende Einschränkung, dass der Täter der Steuerhinterziehung „*insoweit* straffrei" wird. Auch der Sinn und Zweck der Fremdanzeige spreche für dieses Ergebnis. Denn der Umstand, dass durch das Strafverfolgungshindernis alle Gegenmotivationen ausgeräumt werden sollen, die eine Anzeige nach § 371 Abs. 4 AO verhindern, zeige, dass sämtliche tateinheitlich mit der Steuerhinterziehung begangenen Straftaten ebenfalls nicht verfolgt werden dürften. *Daude* erkennt sehr wohl die sich aus dieser Lösung ergebende Möglichkeit, die Selbstanzeigevorschriften durch Bestellung eines neuen Anzeigepflichtigen zu umgehen.[89] Sie meint aber, diese Situation müsse nach der aktuellen Gesetzeslage hingenommen werden.[90]

2. Die Ansicht Rüpings

Auch *Rüping* ist der Ansicht, dass die Strafverfolgung des Dritten bei der Fremdanzeige „generell" ausgeschlossen sei, da das Prozesshindernis für den hier einschlägigen prozessualen Tatbegriff gelte.[91] Der Anzeigende solle darauf vertrauen dürfen, dass der Dritte keiner Strafverfolgung ausgesetzt werde. Konsequent müsse dann die „Tat" bei dem Ausschlussgrund der Verfahrenseinleitung nicht wie bei § 371 Abs. 2 Nr. 1 b AO materiell-rechtlich, sondern prozessual verstanden werden.[92]

---

86 *Daude*, Drittanzeige, S. 105 ff.
87 *Rüping* in H/H/S, § 371 Rn. 216 f.
88 *Daude*, Drittanzeige, S. 109 ff.
89 *Daude*, Drittanzeige, S. 112 f.
90 *Daude*, Drittanzeige, S. 124 f.
91 *Rüping* in H/H/S, § 371 Rn. 216 f.
92 *Rüping* in H/H/S, § 371 Rn. 217, Fn. 17.

3. Andere Ansichten

Andere Autoren haben sich zwar nicht explizit mit dieser Problematik auseinander gesetzt, gehen aber wohl davon aus, dass sich das Strafverfolgungshindernis nur auf die begangene Steuerhinterziehung beziehe.

So ist *Wassmann* der Ansicht, dass sich das Strafverfolgungshindernis auf die „Steuerhinterziehung", die der andere dadurch begangen hat, dass er die ihn treffende Pflicht aus § 153 AO verletzt hat, beschränke.[93]

Bäckermann/van Helden meinen, dass „durch die Nichtverfolgung der Steuerhinterziehung nach § 371 Abs. 4 AO" erreicht werden solle, dass der Anzeigepflicht nachgekommen werden könne, ohne dadurch den Täter der Steuerhinterziehung in ein „Steuerstrafverfahren" hineinzuziehen.[94]

Kottke beschränkt das Strafverfolgungshindernis des § 371 Abs. 4 AO zwar nicht ausdrücklich auf die Steuerhinterziehung. Er ist aber der Ansicht, dass die Fremdanzeige zwar formell nicht als Straffreiheitsvorschrift ausgestaltet ist wie die Selbstanzeige, sondern ein Strafverfolgungshindernis bewirke, was „im Endergebnis aber gleich" sei.[95]

Schließlich soll nach *Dumke* die die Strafverfolgung ausschließende Wirkung des § 371 Abs. 4 AO in der Person eines Dritten „hinsichtlich einer speziellen Tathandlung" eintreten.[96] Sonstige strafrechtliche oder steuerliche Folgen der Tat würden von diesem Strafverfolgungshindernis nicht erfasst.[97]

4. Stellungnahme

a) Wortlaut

Die Überschrift des § 371 AO spricht zwar nur von der „Selbstanzeige" bei Steuerhinterziehungen, sie bezieht sich aber nun einmal auf den gesamten § 371 AO, wozu auch die Fremdanzeige zählt. Darüber hinaus ist anzumerken, dass der Begriff der „Fremd- oder Drittanzeige" sich weder im Gesetz noch in den Gesetzesmaterialien wiederfindet. Diese Bezeichnung hat sich wohl erst im Lau-

93 *Wassmann*, Kommentar zu § 371 AO, S. 114, 112.
94 *Bäckermann/van Helden*, Steuerstraftaten, S. 93.
95 *Kottke* DStR 1996, 1350 (1351).
96 *Dumke* in Schwarz, § 371 Rn. 179.
97 *Dumke* in Schwarz, § 371 Rn. 181.

fe der Zeit durch die Literatur entwickelt.[98] Somit ist es auch nachvollziehbar, warum in der Überschrift die Fremdanzeige nicht explizit mit aufgeführt ist.

Eine ausdrückliche Beschränkung auf die Fälle des § 370 AO findet sich in § 371 Abs. 4 AO, wie *Daude* zu Recht anmerkt, nicht. Allerdings ergibt sich aus der Formulierung des § 371 Abs. 4 AO, dass nur ein Dritter in den Genuss eines Strafverfolgungshindernisses kommen soll, der „die in § 153 AO bezeichneten Erklärungen" nicht oder nicht ordnungsgemäß abgegeben hat. Daraus folgt, dass sich der Verzicht auf die Strafverfolgung nur auf eine Steuerhinterziehung durch Unterlassen bezieht und damit, wie auch bei der Selbstanzeige, auf Steuerhinterziehungen beschränkt ist.

Der Wortlaut des § 371 Abs. 4 AO ist zwar nicht so eindeutig wie der der Selbstanzeige, ihm steht aber zumindest nicht die Auslegung entgegen, dass eine Strafbefreiung lediglich für Steuerhinterziehungen gewährt werden soll.

b) Systematik

Gegen die Annahme, dass die Strafbefreiung bei der Fremdanzeige weiter reiche als bei der Selbstanzeige, spricht der systematische Zusammenhang des § 371 Abs. 4 AO mit § 371 Abs. 1 bis 3 AO. Es darf nicht übersehen werden, dass die Fremdanzeige mit den Selbstanzeigeregelungen über § 371 Abs. 4 S. 2, Abs. 3 AO verknüpft ist. Gerade aus dem Wortlaut des § 371 Abs. 3 AO wird im Rahmen der Selbstanzeige aber ein Argument für eine Begrenzung der Strafbefreiung auf Steuerhinterziehungen hergeleitet.[99] Straffreiheit tritt für den Betroffenen gemäß dieser Regelung nämlich nur ein, soweit er „die zu seinen Gunsten hinterzogenen Steuern" entrichtet. Wenn nun § 371 Abs. 3 AO auch für die Fremdanzeige gilt, muss dieses Argument ebenfalls für die Fremdanzeige greifen.

Ferner wäre auch nicht einzusehen, warum für einen Täter ein Strafverfolgungshindernis stets auch für tateinheitlich mit der Steuerhinterziehung begangene (allgemeine) Straftaten greifen soll, nur weil er seine Steuern nachentrichtet hat.

Für eine Übertragung der Selbstanzeige-Lösung auf die Fremdanzeige könnte auch der Ausschlussgrund der Verfahrenseinleitung sprechen. Danach tritt ein Strafverfolgungshindernis nicht ein, wenn die Einleitung eines Straf- oder Bußgeldverfahrens „wegen der Tat" bekannt gegeben worden ist. Entschei-

---

98 Vgl. *Pfaff*, Handbuch, § 395 Rn. 277; *Joecks* in Franzen/Gast/Joecks, § 371 Rn. 221; *Wassmann*, Kommentar zu § 371 AO, S. 109; *Quedenfeld/Füllsack*, Verteidigung in Steuerstrafsachen, Rn. 376; *Kemper* in Leise/Dietz/Cratz, § 371 Rn. 106.

99 *Kohlmann*, § 371Rn. 31.

dend ist, ob mit dem Begriff der „Tat" hier die Tat im materiell-rechtlichen oder prozessualen Sinn gemeint ist. Wenn *Rüping* der Ansicht ist, dass „Tat" im Rahmen der Fremdanzeige prozessual verstanden werden müsse,[100] so ist ihm diesbezüglich entgegenzuhalten, dass der Ausschlussgrund der Fremdanzeige nach einhelliger Meinung mit dem Ausschlussgrund der Selbstanzeige gemäß § 371 Abs. 2 Nr. 1 b AO identisch ist.[101] Im Rahmen von § 371 Abs. 2 Nr. 1 b AO wird die „Tat" aber nach ganz überwiegender Meinung materiell-rechtlich verstanden,[102] wobei sich die Sperrwirkung nach dem Inhalt der Bekanntgabe und der darin genannten Steuerarten und Steuerabschnitte bemisst.[103] Somit ist dieser Tatbegriff auch auf die Fremdanzeige und damit auf das Strafverfolgungshindernis zu übertragen. Auch wenn die Fremdanzeige durch das Strafverfolgungshindernis insgesamt eher eine prozessuale „Einfärbung" erhält, würde die Annahme eines prozessualen Tatbegriffs auf steuerpolitische Bedenken stoßen. Würde nämlich dem Täter lediglich die Einleitung einer Nichtsteuerstraftat bekannt gegeben worden sein, wäre bei Zugrundelegung des prozessualen Tatbegriffs die gesamte prozessuale Tat bekannt gemacht und damit die Fremdanzeige hinsichtlich der mitverwirklichten Steuerhinterziehung ausgeschlossen. Zu der begehrten Nachzahlung der Steuer käme es dann aber nicht mehr.

c) Historische Entwicklung

In allen Vorläufern des heutigen § 371 Abs. 4 AO war eine ausdrückliche Einschränkung des Strafverfolgungshindernisses enthalten. Dort hieß es, dass diejenigen, welche die bezeichneten Erklärungen nicht oder unvollständig abgegeben

100 *Rüping* in H/H/S, § 371 Rn. 217, Fn. 17.

101 *Rüping* selbst weist in H/H/S, § 371 Rn. 214 darauf hin, dass § 371 Abs. 4 AO die Sperre des § 371 Abs. 2 Nr. 1 b AO „wortgleich *übernimmt*".; vgl. *Kohlmann*, § 371 Rn. 280 mit Verweis auf seine Kommentierung zu § 371 Abs. 2 Nr. 1 b AO in Rn. 163 ff.; ebenso *Joecks* in Franzen/Gast/Joecks, § 371 Rn. 227; *Dumke* in Schwarz, § 371 Rn. 192 mit Verweis auf Rn. 96 ff.; *Boelsen*, § 371 Abs. 4 AO, S. 93; *Daude*, Drittanzeige, S. 95.

102 LG Hamburg wistra 1988, 317 (318 f.); LG Hamburg wistra 1989, 238 (239); *Kohlmann*, § 371 Rn. 191.2; *Rüping* in H/HS, § 371 Rn. 168; *Schmitz* DStR 2001, 1821 (1824 f.); a.A. LG Stuttgart wistra 1985, 203 (204); *Pfaff*, Handbuch, § 395 Rn. 164.

103 *Kohlmann*, § 371 Rn. 192 f.; *Rüping* in H/H/S, § 371 Rn. 169; *Joecks* in Franzen/Gast/Joecks, § 371 Rn. 181; *Weinreuter* DStZ 2000, 398 (404); *Schmitz* DStR 2001, 1821 (1824 f.); Klein/*Gast-de Haan* § 371 Rn. 36); offen gelassen BGH wistra 2000, 218 (219); a.A. LG Stuttgart wistra 1985, 203 (204); *Pfaff*, Handbuch, § 395 Rn. 164.

haben, „*dieserhalb* strafrechtlich nicht verfolgt" werden.[104] Erst seit der Reform der AO 1977 ist diese Einschränkung nicht mehr zu finden. Fraglich ist, aus welchen Gründen auf diese ausdrückliche Begrenzung verzichtet wurde.

Einerseits könnte man argumentieren, dass die Einschränkung nicht mehr gewollt war und deshalb gestrichen wurde.

Andererseits könnte es aber auch sein, dass auf diese ausdrückliche Einschränkung versehentlich verzichtet wurde.

Schließlich ist es auch vorstellbar, dass der antiquierte Wortlaut abgeschafft werden sollte und zur Erzielung einer knappen Gesetzesformulierung auf einen sprachlich modernen Ersatz verzichtet wurde. Denn die Begrenzung des Strafverfolgungshindernisses auf Steuerhinterziehungen ergibt sich bereits aus dem Inhalt der Norm und seit 1977 auch aus der Verknüpfung mit den Selbstanzeigeregelungen nach § 371 Abs. 4 S. 2 AO.

Aus den Gesetzesmaterialen lassen sich die Gründe für die Streichung des Wortes „dieserhalb" nicht eindeutig entnehmen. Dort wird nämlich zum einen auf die Erträglichkeit der Anzeigeerstattung für den Anzeigepflichtigen abgestellt, zum anderen soll die Vorschrift im Wesentlichen aber der Vorgängervorschrift des § 371 Abs. 4 AO, dem § 395 Abs. 4 AO, entsprechen.

Dafür, dass die Fremdanzeige nach wie vor nur für Steuerhinterziehungen gelten soll, liefern aber die Gesetzesmaterialien zur Einführung des § 371 Abs. 4 S. 2 AO einen Hinweis.[105] Aus ihnen wird die Abhängigkeit der Gewährung des Strafverfolgungshindernisses von der Steuernachzahlung deutlich. Ein weiteres Indiz für diese Erklärung der Entwicklung der Fremdanzeige lässt sich aus der Begründung des Entwurfs eines Gesetzes zur Änderung strafrechtlicher Vorschriften der Reichsabgabenordnung und anderer Gesetze (AOStrafÄndG) von 1967 ableiten. Darin wurden nämlich in dem damaligen § 410 Abs. 3 AO (§ 371 Abs. 3 AO) die Worte „in den Fällen des § 396 AO" (§ 370 AO) ersatzlos gestrichen, weil die Vorschrift *insgesamt* nur noch für die Steuerhinterziehung gelten soll.[106]

Danach konnte der tatsächliche Grund für die Streichung des Wortes „dieserhalb" zwar nicht eindeutig ermittelt werden. Es sprechen aber die überzeugenderen Indizien dafür, das Strafverfolgungshindernis nach wie vor auf Steuerhinterziehungen zu beschränken.

---

104 Das Strafverfolgungshindernis des § 395 Abs. 4 AO beschränkte sich also auf Steuerhinterziehungen, vgl. *Pfaff*, Handbuch, § 395 Rn. 277.

105 Begründung zum Entwurf der AO 1977, BT-Drucks. VI/1982, Band 148, zu § 354 AO, S. 195.

106 Begründung zum Entwurf des AOStrafÄndG 1967, BT-Drucks. V/1812, Band 112, S. 24.

d) Sinn und Zweck des § 371 Abs. 4 AO

Zu untersuchen bleibt, ob sich die eingeschränkte Reichweite des Strafverfolgungshindernisses mit dem Sinn und Zweck des § 371 Abs. 4 AO vereinbaren lässt.

Wenn *Daude* darauf abstellt, dass sämtliche Gegenmotive zur Anzeigeerstattung ausgeräumt werden müssten und deshalb die Strafverfolgung wegen sämtlicher Taten ausgeschlossen werden müsse, so wird lediglich einer der in § 371 Abs. 4 AO vorhandenen unterschiedlichen Interessen Geltung verliehen.

Nicht bzw. unzulänglich berücksichtigt wird dabei aber das ebenfalls in § 371 Abs. 4 AO vorhandene Ziel der Strafverfolgung. Um in § 371 Abs. 4 AO einen sinnvollen Interessenausgleich zu erreichen, muss ein Kompromiss eingegangen werden, und ggf. müssen Abstriche bei den einzelnen Interessen hingenommen werden.

Das steuerpolitische Ziel ist hier bereits erreicht, wenn der Steuersünder seine Steuern nachzahlt. Eine Ausweitung des Strafverfolgungshindernisses auf sämtliche mitverwirklichte Straftaten ist also fiskalpolitisch nicht erforderlich. Zwar könnte man hier mit *Daude* einwenden, dass diejenigen, die einer Berichtigungspflicht nach § 153 AO unterliegen, dieser aus Angst, andere Personen irgendeiner Strafbarkeit auszusetzen, nicht nachkommen könnten.[107] Hier muss allerdings beachtet werden, dass diese Bedenken in vielen Fällen unbegründet sind. Der Dritte kann sich nämlich hinsichtlich der durch die Fremdanzeige aufgedeckten allgemeinen Straftaten grundsätzlich auf den Schutz des Steuergeheimnisses nach § 30 Abs. 4 Nr. 4 AO berufen. Eine Offenbarung der durch die Anzeige erlangten Kenntnisse ist lediglich dann zulässig, wenn für sie ein zwingendes öffentliches Interesse gemäß § 30 Abs. 4 Nr. 5 AO besteht.

Ferner ist stets zu berücksichtigen, dass § 371 Abs. 4 AO auch eine Strafrechtsnorm ist, die grundsätzlich der Strafverfolgung und nicht der Strafbefreiung dient. Wären sämtliche mitverwirklichte Straftaten von dem Strafverfolgungshindernis erfasst, wäre dies geradezu eine „Einladung" zur Begehung von Straftaten. Man bräuchte zusammen mit den ohnehin geplanten Straftaten lediglich *auch* eine Steuerhinterziehung (durch Unterlassen) zu begehen, bestellt einen neuen Anzeigepflichtigen, der die Fremdanzeige erstattet und kommt in den Genuss eines Strafverfolgungshindernisses hinsichtlich aller begangenen Straftaten, wenn man nur die Steuer nachentrichtet.[108] Auf diese Weise würde auch

107 *Daude*, Drittanzeige, S. 111.

108 Bei einer Steuerhinterzeihung, die nicht zum eigenen Vorteil begangen wurde, bestünde das Strafverfolgungshindernis für sämtliche begangene Straftaten sogar ohne dass es einer Steuernachzahlung bedürfte.

die Selbstanzeige ausgehebelt,[109] was aber aufgrund des systematischen Zusammenhangs von § 371 Abs. 1 und 4 AO vom Gesetzgeber nicht gewollt sein kann.

Darüber hinaus ist auch die von der Gegenansicht befürwortete Ausweitung des Strafverfolgungshindernisses auf die gesamte prozessuale Tat nicht geeignet, sämtliche Gegenmotivationen auszuräumen. Wären nämlich zum Beispiel zwei Steuerstraftaten begangen worden, die aufgrund einer zeitlichen Zäsur zwei prozessuale Taten darstellen, bestünde auch hier die Gefahr einer Gegenmotivation. Denn durch die Anzeige nach § 153 AO könnten möglicherweise auch Hinweise auf die andere prozessuale Tat geliefert werden, wodurch der Anzeigeerstatter von seiner Anzeige absehen könnte.

Bei telelogischer Auslegung des § 371 Abs. 4 AO ist also davon auszugehen, dass das Strafverfolgungshindernis auf die Steuerhinterziehung beschränkt ist.

e) Anwendbarkeit des § 46 a StGB

Sollte es aufgrund einer erstatteten Fremdanzeige bei dem Dritten zu einer Aufdeckung weiterer mitverwirklichter Straftaten kommen, so bietet § 46 a StGB die Möglichkeit, diese für den Dritten „unangenehme" Folge der Fremdanzeige abzumildern.

Die Anwendbarkeit des § 46 a StGB im Steuerstrafrecht wurde im ersten Teil der Arbeit bereits eingehend untersucht.[110] Nach der hier vertretenen Auffassung ist ein Täter-Opfer-Ausgleich nach § 46 a Nr. 1 StGB im Gegensatz zur Schadenswiedergutmachung nach § 46 a Nr. 2 StGB im Steuerstrafrecht nicht anwendbar.[111]

Wenn demnach neben der Steuerhinterziehung weitere Steuerstraftaten mitverwirklicht worden sind, besteht noch die Möglichkeit, nach § 46 a Nr. 2 StGB die Strafe hinsichtlich dieser Taten zu mildern oder von ihr abzusehen, sofern der Täter erhebliche persönliche Leistungen[112] erbringt.

Sollten neben der Steuerhinterziehung allgemeine Straftaten begangen worden sein, so sind sowohl § 46 a Nr. 1 als auch Nr. 2 StGB anwendbar.

Zwar wird die Milderung oder ein Absehen von Strafe gem. § 46 a StGB in dieser Konstellation nicht die Regel sein, dennoch bietet § 46 a StGB im Einzel-

---

109 Das gilt jedenfalls hinsichtlich sämtlicher mitverwirklichter *Steuer*straftaten. Bezüglich allgemeiner Straftaten sind auch hier das Steuergeheimnis nach § 30 Abs. 4 Nr. 4 AO und das Verwertungsgebot nach § 393 Abs. 2 AO zu berücksichtigen, sofern kein zwingendes öffentliches Interesse an der Verfolgung besteht.

110 Siehe Teil 1: A) III.

111 Siehe Teil 1: A) III. d).

112 BGH NStZ 2001, 200 (201); BGH NStZ 2000, 205 (205).

fall eine gerechte Ausgleichsmöglichkeit, wenn die Fremdanzeige an ihre Grenzen stößt.

f) Ergebnis

Insbesondere der systematische Zusammenhang von Selbst- und Fremdanzeige und der Sinn und Zweck des § 371 Abs. 4 AO gebieten es, das Strafverfolgungshindernis der Fremdanzeige entsprechend dem Strafaufhebungsgrund der Selbstanzeige auszulegen. Der Dritte wird demnach lediglich von der Strafverfolgung hinsichtlich der Steuerhinterziehung befreit.

Der Wortlaut des § 371 Abs. 4 AO und die geschichtliche Entwicklung stehen dieser Lösung jedenfalls nicht entgegen.

Sofern der Dritte wegen tateinheitlich mit der Steuerhinterziehung begangener Straftaten verfolgt wird, besteht durch die Anwendbarkeit des § 46 a Nr. 2 und ggf. auch Nr. 1 StGB die Möglichkeit, die Strafe zu mildern oder sogar von ihr abzusehen. Auf diese Weise können die Auswirkungen der hier vertretenen Ansicht abgemildert werden.

C) Manipulation der Anzeigelage

Nach den bisher erzielten Auslegungsergebnissen des § 371 Abs. 4 AO konnte häufig die Entstehung erheblicher Manipulationsgefahren verhindert werden. Im Folgenden soll untersucht werden, ob die Wirkungen einer Fremdanzeige dennoch manipulatorisch herbeigeführt und ggf. eingeschränkt werden können.

I. Manipulationslagen

Manipulationsgefahren entstehen immer dann, wenn an die Fremdanzeige geringere Wirksamkeitsanforderungen als an die Selbstanzeige gestellt werden. Sollte also eine Selbstanzeige für den Steuerpflichtigen nicht mehr Erfolg versprechend sein, könnte dieser versuchen, Straffreiheit noch zu erreichen, indem er eine Fremdanzeige zu seinen Gunsten erstatten lässt.

Im Rahmen der bisherigen Untersuchung des § 371 Abs. 4 AO sind an drei Stellen Manipulationsgefahren aufgezeigt worden, die überwiegend durch eine restriktive Auslegung begrenzt werden können.

Erstens wird in § 371 Abs. 4 AO im Gegensatz zu § 371 Abs. 1 AO nach herrschender und auch hier vertretener Meinung keine Richtigstellung neben der Anzeige gefordert.[113]

Dadurch könnte der ursprüngliche Täter der Steuerhinterziehung nach Veranlassung der Anzeige durch einen Anzeigepflichtigen risikofrei abwarten, was die Finanzbehörde von Amts wegen ermittelt, während er bei der Selbstanzeige unrichtig gemachten Angaben selbst offen legen und berichtigen müsste.[114] Durch eine enge Auslegung des Begriffs des „Dritten“[115] konnte diese Möglichkeit der Umgehung der Selbstanzeige für den Verursacher der fehlerhaften Ursprungserklärung abgewendet werden.

Für denjenigen, der seiner Anzeigepflicht aus § 153 AO nicht nachgekommen ist, ist eine Manipulation wegen der Umgehung der Richtigstellung rein theoretischer Natur. Zwar müsste auch er an sich gemäß § 371 Abs. 1 AO die unterlassenen Angaben nachholen, allerdings wird er sich stets darauf berufen können, dass er erst kürzlich die Unrichtigkeit der Erklärung positiv erkannt habe und sich deshalb zunächst über den Sachverhalt informieren müsse. Damit reduziert sich die Pflicht zur Nachholung der unterlassenen Angaben letztlich auf die Anzeigepflicht aus § 153 AO.

Das Finanzamt wird demnach eigene Ermittlungen anstellen und eine Schätzung vornehmen. Somit würde der aus § 153 AO Verpflichtete diesbezüglich in der Praxis keine Vorteile durch die Fremdanzeige im Vergleich zur Selbstanzeige erlangen.

Zweitens war nicht ganz klar, ob das Strafverfolgungshindernis der Fremdanzeige weiter reicht als der Strafaufhebungsgrund der Selbstanzeige. Auch hier wurde durch eine restriktive Auslegung des Strafverfolgungshindernisses[116] ein Unterlaufen der Selbstanzeige unmöglich gemacht.

Drittens sind die drei Ausschlussgründe des § 371 Abs. 2 AO im Rahmen des § 371 Abs. 4 AO auf einen Ausschlussgrund reduziert. Hier wurde die Entstehung einer Manipulationslage jedenfalls für denjenigen, der die Ursprungserklärung fehlerhaft abgegeben hat, verhindert, da dieser ebenfalls durch die restrikti-

---

113 Siehe Teil 2: B) I. 1. c).

114 *Weinreuter* DStZ 2000, 398, (400 f.); vgl. *Kohlmann*, § 371 Rn. 283.3, 55; BGH NJW 1974, 2293; OLG Hamburg wistra 1993, 274 (275); sollte der Steuerpflichtige bei der Berichtigung zu niedrige Angaben machen, wird er auch nur insoweit durch seine Selbstanzeige straffrei (Teilselbstanzeige), *Kohlmann*, § 371 Rn. 66.1; BGH wistra 1999, 27 (28); vgl. *Bilsdorfer* WiB 1996, 961.

115 Siehe Teil 3: A) II.

116 Siehe Teil 3: B) II. 4.

ve Interpretation des „Dritten“ gar nicht erst in den begünstigten Personenkreis fällt.[117]

Für denjenigen, der seiner Pflicht aus § 153 AO nicht nachgekommen ist, ist eine Manipulationsmöglichkeit allerdings denkbar. Das soll folgendes Beispiel verdeutlichen:

Der Geschäftsführer einer GmbH (G 1) hatte eine fehlerhafte Steuererklärung für die Gesellschaft abgegeben und dadurch eine vorsätzliche Steuerhinterziehung nach § 370 Abs. 1 Nr. 1 AO begangen. Sein Nachfolger G 2 hat diese Steuerhinterziehung zwar erkannt, ist aber seiner Berichtigungspflicht aus § 153 AO nicht nachgekommen und hat damit eine Steuerhinterziehung durch Unterlassen nach § 370 Abs. 1 Nr. 2 AO verwirklicht. G 1 ist zwischenzeitlich verstorben. Nunmehr ist ein Amtsträger der Finanzbehörde zur steuerlichen Prüfung in den Geschäftsräumen der GmbH erschienen, und G 2 befürchtet die Aufdeckung seiner Steuerhinterziehung.

Zu diesem Zeitpunkt kann G 2 gemäß § 371 Abs. 2 Nr. 1 a AO keine wirksame Selbstanzeige mehr erstatten. Allerdings könnte er die Selbstanzeige umgehen, indem er einen neuen Geschäftsführer G 3 einstellt und diesen eine Fremdanzeige erstatten lässt, da der Ausschlussgrund des § 371 Abs. 2 Nr. 1 a AO hier nicht gilt. Auf diese Weise könnte G 2 möglicherweise trotz einer laufenden Betriebsprüfung noch einer Strafverfolgung entgehen.

Fraglich ist, ob „Gestaltungsmöglichkeiten“ dieser Art hingenommen werden müssen oder ob eine Möglichkeit besteht, derartige Umgehungsversuche zu verhindern.

II. Einschränkungsmöglichkeiten

Die Literatur kommt bei der Suche nach Einschränkungsmöglichkeiten zu unterschiedlichen Ergebnissen.

1. Die Ansicht Joecks

Joecks[118] ist der Ansicht, dass eine Einschränkung der manipulatorischen Herbeiführung der Wirkungen der Fremdanzeige möglich sei.

Zunächst hält er eine solche Gestaltung nicht für rechtsmissbräuchlich, weil die Annahme eines Rechtsmissbrauches mit der geltenden Gesetzeslage nicht

117 Siehe Teil 3: A II.
118 *Joecks* in Franzen/Gast/Joecks, § 371 Rn. 230.

vereinbar sei.[119] In der Herbeiführung einer Fremdanzeigesituation durch die Bestellung einer Person i.S.d. §§ 34, 35 AO könne eine mittelbare Beauftragung zur Erstattung einer Selbstanzeige gemäß § 370 Abs. 1 AO gesehen werden. Da eine Selbstanzeige während einer Betriebsprüfung nicht wirksam erstattet werden könne, müsse – soweit man einen Vorrang der Selbstanzeige gegenüber den Wirkungen der Fremdanzeige annehme – in diesen Fällen der „Anstiftung zur Fremdanzeige" auch eine Fremdanzeige ausgeschlossen sein.[120]

2. Die Ansicht Rüpings

Auch *Rüping*[121] ist der Ansicht, dass eine „provozierte Fremdanzeige" dem Dritten rechtlich als Selbstanzeige zugerechnet werden müsse. Dieser Ausweg sei verfassungsrechtlich zulässig und bewirke, dass die strafbefreiende Wirkung durch die eingreifenden Sperren aus § 371 Abs. 2 AO ausgeschlossen werde.

3. Die Ansicht Samsons

Samson[122] hält jegliche Einschränkungsversuche bei einer Manipulation der Anzeigelage für unzulässig. Insbesondere könne keine Lösung über den allgemeinen Gedanken des Rechtsmissbrauches gefunden werden, weil die Lage bei § 371 Abs. 4 AO eine völlig andere sei als z.B. bei der Notwehrprovokation oder bei der Provokation eines rechtfertigenden Notstandes. Dort werde dem Manipulierenden durch Entziehung oder Einschränkung des Notwehrrechts der Schutz *seiner* Rechtsgüter verkürzt.

§ 371 Abs. 4 AO aber solle den Interessen des Fiskus und nicht denjenigen des Täters der Steuerhinterziehung dienen. Sofern der Steuerhinterzieher die Manipulationslage selbst herbeigeführt habe, in der ein Gegenmotiv entstehe, bestehe aber kein Grund, den gesetzlich intendierten Schutz des Steueranspruches zurückzunehmen. Ließe man aber die strafverfolgungshindernde Wirkung des § 371 Abs. 4 AO entfallen, könnte der zur Anzeige Bestellte möglicherweise von der Anzeige absehen.[123]

Darüber hinaus provoziere der Steuerhinterzieher durch die bewusste Herbeiführung der Anzeigelage nicht nur die Rechtsfolge aus § 371 Abs. 4 AO zu seinen Gunsten, sondern löse damit bei dem Vertreter auch die Pflichtenlage des § 153 AO und damit eine für diesen belastende Situation aus. Aufgrund der

119 *Joecks* in Franzen/Gast/Joecks, § 371 Rn. 230.
120 *Joecks* in Franzen/Gast/Joecks, § 371 Rn. 230.
121 *Rüping* in H/H/S, § 371 Rn. 224.
122 *Samson* wistra 1990, 245 (251).
123 *Samson* wistra 1990, 245 (251).

gleichzeitigen Belastung könne nicht behauptet werden, der Steuerhinterzieher habe nur eine für sich positive Lage provoziert.[124]

4. Die Ansicht Boelsens

Auch *Boelsen*[125] ist der Auffassung, dass eine manipulatorische Herbeiführung der Wirkungen der Fremdanzeige nicht möglich sei. Ein Missbrauch rechtlicher Gestaltungsmöglichkeiten nach § 42 AO sei nicht gegeben, weil § 42 AO eindeutig nur Steuerschuldverhältnisse betreffe, nicht aber Steuerstraftaten.[126] Auch ein Verstoß gegen zivilrechtliche Vorschriften wie §§ 134, 138 BGB scheide aus, da weder ein Verbotsgesetz existiere noch ein Sittenverstoß in der Verhinderung einer Bestrafung gesehen werden könne.[127] Schließlich sei eine Einschränkung auch aus strafrechtlichen Ansätzen nicht herzuleiten. Insbesondere sei die Situation weder mit der des Rechtsmissbrauches noch mit der der Anstiftung nach § 26 StGB vergleichbar. Der Manipulierende missbrauche keine Rechte, sondern nutze lediglich eine Gesetzeslücke aus.[128] Die mangelnde Übertragbarkeit des Rechtsgedankens der Anstiftung begründet *Boelsen* damit, dass es für den Angestifteten nicht von Interesse sei, ob der Anstifter bestraft werde oder nicht. Im Rahmen von § 371 Abs. 4 AO sei es für den Anzeigenden jedoch von essentieller Bedeutung, ob der Steuerpflichtige trotz seiner Fremdanzeige bestraft werde oder nicht.[129] Nach der geltenden Gesetzeslage sei also eine Manipulation der Anzeigelage hinzunehmen.

Dennoch weist *Boelsen* auf die ungerecht erscheinende unterschiedliche Behandlung von Selbst- und Fremdanzeige hin[130] und sieht eine Lösung in einer Änderung des § 153 AO. Die Norm könne derart geändert werden, dass die Nacherklärungspflicht des § 153 Abs. 1 AO für die Dauer der Betriebsprüfung suspendiert werde.[131]

124 *Samson* wistra 1990, 245 (251).
125 *Boelsen*, § 371 Abs. 4 AO, S. 110 ff.
126 *Boelsen*, § 371 Abs. 4 AO, S. 111.
127 *Boelsen*, § 371 Abs. 4 AO, S. 115 f.
128 *Boelsen*, § 371 Abs. 4 AO, S. 120.
129 *Boelsen*, § 371 Abs. 4 AO, S. 127 f.
130 *Boelsen*, § 371 Abs. 4 AO, S. 131.
131 *Boelsen*, § 371 Abs. 4 AO, S. 132 f.

5. Die Ansicht Daudes

Daude[132] schließt sich im Wesentlichen der Auffassung und Argumentation *Boelsens* an und sieht eine Lösung allenfalls im Wege einer Gesetzesänderung. Allerdings führt sie gegen den Änderungsvorschlag von *Boelsen* an, dass dadurch nicht der gesetzlich gewollte umfassende Schutz des Steueranspruchs gewahrt werde. Denn eine Suspendierung der Anzeigepflicht für die Dauer der Betriebsprüfung diene dem Steueranspruch nicht, wenn während der Prüfung die Steuerhinterziehung nicht entdeckt werde. In diesem Fall bestehe nämlich für den Täter der Steuerhinterziehung, für den seine Anzeigepflicht nach der steuerlichen Prüfung wieder auflebe, keine Veranlassung mehr, die Hinterziehung anzuzeigen.[133]

Eine wirksame Gesetzesänderung wäre nur dann möglich, wenn der Gesetzgeber „seine Intention, alle Steuerquellen um jeden Preis zu erschließen", überdenke.[134]

6. Die Ansicht Grötschs

Auch *Grötsch*[135] lehnt im Ergebnis eine Einschränkungsmöglichkeit bei einem Missbrauch der Anzeigelage ab. Seiner Ansicht nach käme für eine durch Auslegung zu erreichende Einschränkung zwar der Rechtsgedanke der Anstiftung nach § 26 StGB in Betracht, weil der Steuerpflichtige den ausschließlich für die Erstattung der Fremdanzeige bestellten Geschäftsführer zu dieser Anzeige „gewissermaßen anstifte".[136] Allerdings könne der Rechtsgedanke der Anstiftung nicht auf die missbräuchliche Herbeiführung einer Anzeigelage nach § 371 Abs. 4 AO übertragen werden, da bei dieser Vorschrift vornehmlich der Gewissenskonflikt des Anzeigenden im Vordergrund stehe.[137]

7. Stellungnahme

Möglichkeiten, die manipulatorische Herbeiführung der Wirkungen einer Fremdanzeige einzuschränken, könnten sich aus der AO selbst, aus dem BGB, dem StGB oder aus strafverfahrensrechtlichen Grundsätzen ergeben.

---

132 *Daude*, Drittanzeige, S. 117 ff.
133 *Daude*, Drittanzeige, S. 126 f.
134 *Daude*, Drittanzeige, S. 127.
135 *Grötsch* Stbg 1998, 559, 561 f.
136 *Grötsch* Stbg 1998, 559, 561.
137 *Grötsch* Stbg 1998, 559, 562.

a) „Erkennen" i.S.v. § 153 Abs. 1 AO

Eine Einschränkung könnte möglicherweise erreicht werden, wenn der zur Erstattung der Fremdanzeige Bestellte die Fehlerhaftigkeit der Erklärung nicht nachträglich i.S.v. § 153 Abs. 1 AO „erkannt" hätte, weil der Steuerpflichtige ihn bei der Bestellung von der Fehlerhaftigkeit der Erklärungen unterrichtet hat. Unter Erkennen ist lediglich positive Kenntnis zu verstehen.[138] Nicht erforderlich ist, dass der aus § 153 AO Verpflichtete selbst auf die Fehlerhaftigkeit aufmerksam werden muss. Ansonsten würde jeder aus § 153 AO Verpflichtete eine Steuerhinterziehung begehen, sobald nicht er persönlich, sondern zum Beispiel ein Mitarbeiter die Fehlerhaftigkeit der Erklärung bemerken und ihn darauf hinweisen würde. Eine solche auf Zufälligkeiten basierende Auslegung des Begriffs „erkennen" würde aber die Berichtigungspflicht nicht fördern und damit dem fiskalischen Zweck des § 153 AO widersprechen.

b) §§ 134, 138 BGB

Die Auslösung des Strafverfolgungshindernisses kann auch nicht durch die Annahme der Nichtigkeit der Bestellung des Anzeigepflichtigen verhindert werden. Die Bestellung ist zivilrechtlich wirksam, da sie weder gegen ein Verbotsgesetz i.S.v. § 134 BGB noch gegen die guten Sitten gemäß § 138 BGB verstößt.[139]

c) § 42 AO

In § 42 AO ist die Rechtsfolge eines Missbrauchs rechtlicher Gestaltungsmöglichkeiten ausdrücklich geregelt. Danach entsteht der Steueranspruch so, wie er bei einer den wirtschaftlichen Vorgängen angemessenen rechtlichen Gestaltung entstehen würde. Dennoch kann diese Vorschrift nicht zur Einschränkung der „Gestaltungsmöglichkeiten" bei der Fremdanzeige herangezogen werden. Die Anwendbarkeit des § 42 AO setzt eine Gesetzesumgehung voraus, die eine Minderung bzw. den Wegfall der Steuerpflicht bewirkt.[140] Bei der Herbeiführung der Fremdanzeigelage geht es aber nicht um eine Minderung oder den Wegfall der Steuerpflicht, sondern um die Erlangung eines Strafverfolgungshindernisses.[141] Denn die Steuer wurde bereits hinterzogen und wird in den meisten Fällen nach § 371 Abs. 4 S. 2, Abs. 3 AO nachentrichtet werden. Auch aus dem Standort des

---

138 Siehe Teil 2: A) II. 2. a).

139 Ausführlich hierzu *Boelsen*, § 371 Abs. 4 AO, S. 114 ff.

140 Klein/*Brockmeyer*, § 42 Rn. 4; Tipke/*Kruse*, § 42 Rn. 48; *Fischer* in H/H/S, § 42 Rn. 101.

141 Vgl. *Boelsen*, § 371 Abs. 4 AO, S. 111; *Daude*, Drittanzeige, S. 98 f.

§ 42 AO in der AO ergibt sich, dass sich die Norm lediglich auf Steuerschuldverhältnisse bezieht. Eine Anwendung im Rahmen der Steuerstraftaten verbietet sich zudem aus Gründen des § 369 Abs. 2 AO, der die Strafvorschriften der Steuergesetze und subsidiär die allgemeinen Strafgesetze für anwendbar erklärt, nicht aber die allgemeinen Steuergesetze.

d) Rechtsmissbrauch

Über §§ 369 Abs. 2, 385 Abs. 1 AO gelten die allgemeinen Straf- und Strafverfahrensgesetze auch im Steuerstrafrecht. Möglicherweise könnte in Manipulationsfällen die strafbefreiende Wirkung der Fremdanzeige wegen Vorliegens des Missbrauches eines prozessualen Rechts versagt werden. Die StPO sieht zwar keinen allgemeinen Missbrauchstatbestand vor, dennoch gilt im Strafverfahren – wie in jedem Prozess –, dass der Gebrauch prozessualer Rechte zum Erreichen rechtlich missbilligter Ziele untersagt ist. Ein Missbrauch prozessualer Rechte liegt vor, wenn ein Verfahrensbeteiligter die ihm durch die StPO eingeräumten Möglichkeiten zur Wahrung seiner verfahrensrechtlichen Belange benutzt, um gezielt verfahrensfremde oder verfahrenswidrige Zwecke zu verfolgen.[142] Das wird beispielsweise angenommen, wenn ein Beweisantrag nur zum Schein zwecks Sachaufklärung gestellt wird, tatsächlich damit aber verfahrensfremde Zwecke verfolgt werden.[143] Bei der Herbeiführung der Fremdanzeigelage bedient sich der Steuerpflichtige aber keiner strafprozessualen Rechte. Er verändert lediglich den Lebenssachverhalt, indem er eine Person i.S.d. §§ 34, 35 AO bestellt.[144] Deshalb kann von einem Missbrauch prozessualer Rechte nicht gesprochen werden.

Ebenso wenig besteht eine mit der absichtlichen Notwehrprovokation oder der Provokation des rechtfertigenden Notstandes vergleichbare Situation, in der das Notwehr- bzw. Notstandsrecht entfällt oder eingeschränkt wird. Zwar besteht hier eine Ähnlichkeit dergestalt, dass eine Notwehrlage bzw. eine Fremdanzeigelage herbeigeführt wird, um im Ergebnis trotz der Erfüllung eines Straftatbestandes Straffreiheit zu erreichen. Dennoch ist die Situation bei der Notwehr oder dem Notstand nicht auf die der Fremdanzeigelage übertragbar. Denn das Ziel einer absichtlichen Notwehrprovokation ist die Begehung einer Straftat unter dem Deckmantel der Notwehr. Dabei richtet sich der feindliche Wille gegen die andere beteiligte Person. Bei der Manipulation der Fremdanzeigelage soll

142 *Meyer-Goßner*, StPO, Einl. Rn. 111; *Pfeiffer* in KK, StPO, Einl. Rn. 22 a.
143 *Pfeiffer* in KK, StPO, Einl. Rn. 22 a.
144 So auch *Boelsen*, §371 Abs. 4 AO, S. 120.

demgegenüber die Strafbefreiung für eine bereits begangene Straftat durch die Mithilfe einer anderen Person erreicht werden. Insofern ist eine Vergleichbarkeit der Regeln nicht gegeben und ein Rechtsmissbrauch bei der Manipulation der Anzeigelage nicht anzunehmen.

e) Rechtsgedanke des § 26 StGB

Eine Einschränkung der manipulatorischen Herbeiführung der Wirkungen der Fremdanzeige könnte aber möglicherweise durch die Annahme einer „Anstiftung zur Fremdanzeige" erreicht werden.

Das ergibt sich aus Folgendem: Der Täter der Steuerhinterziehung möchte an sich Straffreiheit durch die Erstattung einer Selbstanzeige erreichen. Weil eine Selbstanzeige aber bereits gemäß § 371 Abs. 2 Nr. 1 a oder Nr. 2 AO ausgeschlossen ist, beauftragt er eine andere Person mit der Erstattung der Fremdanzeige, um dennoch im Ergebnis durch die Herbeiführung des Strafverfolgungshindernisses straffrei auszugehen. Gibt der Beauftragte die Fremdanzeige ab, ist darin zugleich ein Handeln in verdeckter Stellvertretung zu sehen.[145] Dabei braucht der Handelnde nicht erkennen zu lassen, dass er die Anzeige im Auftrag eines Dritten erstattet, sie also „verdeckt" abgibt.[146] Entscheidend ist lediglich, dass der Täter *tatsächlich* hinter der Selbstanzeige steht,[147] was bei der Beauftragung zur Erstattung der Fremdanzeige ja gerade der Fall ist, da an sich eine Selbstanzeige gewollt war.

In dieser Konstellation liegt also eine wirksame Selbstanzeige vor. Zugleich sind die Tatbestandsvoraussetzungen einer Fremdanzeige erfüllt. Die Möglichkeit, gezielt eine Fremdanzeigelage herbeizuführen und dadurch die Selbstanzeigeregelungen zu unterlaufen, zeigt, dass eine planwidrige Regelungslücke vorhanden ist und das Bedürfnis nach Einschränkung besteht.

Als strafrechtliche Grundlage für eine Begrenzung der Manipulationsmöglichkeiten könnte der Rechtsgedanke der Anstiftung gemäß § 26 StGB herangezogen werden. Nach § 26 StGB wird derjenige, der vorsätzlich einen anderen zu dessen vorsätzlich begangener, rechtswidriger Tat bestimmt, gleich einem Täter bestraft. Obwohl der Anstifter die Tat also nicht selbst begeht, sondern „nur" den Anstoß zur Tat gibt, wird er so bestraft, als hätte er sie selbst begangen.

---

145 So auch *Boelsen*, § 371 Abs. 4 AO, S. 121 ff. und *Daude*, Drittanzeige, S. 122.

146 BayObLG NJW 1954, 244 f.; *Kohlmann*, § 371 Rn. 41; *Joecks* in Franzen/Gast/Joecks, § 371 Rn. 83; *Rüping* in H/H/S, § 371 Rn. 43; vgl. *Bornheim* PStr 1999, 94 (96 f.).

147 *Kohlmann*, § 371 Rn. 41.

Eine Ähnlichkeit zur Manipulation der Fremdanzeigelage wird deutlich. Der Steuerhinterzieher „stiftet“ einen anderen zur Erstattung einer Fremdanzeige „an“, indem er ihn dazu beauftragt.

Bei einer Übertragung des Rechtsgedankens des § 26 StGB müsste den Steuerhinterzieher hier die Rechtsfolge treffen, die ihn bei eigener Erstattung der Selbstanzeige träfe. Hätte er die Selbstanzeige eigenhändig erstattet, käme er weder in den Genuss des Strafverfolgungshindernisses aus § 371 Abs. 4 AO noch wegen § 371 Abs. 2 Nr. 1 a oder Nr. 2 AO in den Genuss des Strafaufhebungsgrundes aus § 371 Abs. 1 AO. Folglich wäre er wegen Steuerhinterziehung gemäß § 371 Abs. 1 Nr. 2 AO strafbar.

Voraussetzung für eine Begrenzung der Manipulationsmöglichkeiten auf diesem Weg wäre neben der Zulässigkeit der Analogie eine vergleichbare Rechts- und Interessenlage.

aa) Analogieverbot gemäß Art. 103 Abs. 2 GG

Grundsätzlich ist die Bekämpfung von Gesetzesumgehungen im Strafrecht wegen des verfassungsrechtlichen Analogieverbotes ausgeschlossen,[148] weil sie tatbestandslos sind.[149] Das Reichsgericht[150] hat ausdrücklich festgestellt, dass derjenige, der „ein Strafgesetz umgeht, also einen Tatbestand nicht verwirklicht, aus dem Gesetz nicht bestraft werden kann, und zwar auch dann nicht, wenn er Zwecke verfolgt oder erreicht hat, denen das Gesetz entgegen treten will“. Gesetzesumgehungen dürfen folglich auch nicht durch ein Rechtsinstitut des Allgemeinen Teils bekämpft werden.[151]

Auf die Herbeiführung der Fremdanzeigelage i.S.v. § 371 Abs. 4 AO sind die eben beschriebenen Gesetzesumgehungen aber nicht übertragbar.[152] Bei den Manipulationsfällen des § 371 Abs. 4 AO liegt nämlich bereits eine tatbestandliche Steuerhinterziehung gemäß § 370 Abs. 1 Nr. 2 AO vor. Manipuliert wird also nicht an der Strafbarkeit der Tat, sondern allein am Eingreifen eines Strafverfolgungshindernisses.

Ob das Analogieverbot auch für Strafverfolgungshindernisse gilt, wird unterschiedlich gesehen. Die h.M. ist der Ansicht, dass verfahrensrechtliche Vor-

148 *Bruns* GA 1986, 1 (6 f.); *Stöckl* ZRP 1977, 134 (137).
149 RG JW 1918, 451 (452).
150 RG JW 1918, 451(452).
151 *Stöckl* ZRP 1977, 134 (137).
152 So auch *Boelsen*, § 371 Abs. 4 AO, S. 126.

schriften grundsätzlich analogiefähig sind, und zwar auch zu Lasten des Täters.[153] Etwas anderes soll allerdings für Ausnahmevorschriften gelten.[154]

Grötsch vertritt die Auffassung, dass auch eine Einschränkung des Strafverfolgungshindernisses gegen Art. 103 Abs. 2 GG verstoße.[155] Zur Begründung führt er an, dass eine Einschränkung eines strafrechtlichen Rechtfertigungsgrundes unzulässig sei, weshalb nichts anderes für die Einschränkung eines Strafverfolgungshindernisses gelten dürfe.[156]

Letztlich sollen im Rahmen dieser Untersuchung dahingestellt bleiben, ob das Strafverfolgungshindernis aus § 371 Abs. 4 AO analogiefähig ist, da jedenfalls eine vergleichbare Rechts- und Interessenlage im Verhältnis zu § 26 StGB eindeutig nicht gegeben ist.

bb) Vergleichbare Rechts- und Interessenlage

Zwar kann das Hauptmerkmal der Anstiftung, das Hervorrufen des Tatentschlusses durch den Anstifter bei dem Angestifteten, noch auf die Manipulation der Fremdanzeigelage übertragen werden. Denn erst durch Bestellung zum Geschäftsführer und die Beauftragung mit der Fremdanzeige wird der Entschluss zur Anzeigeerstattung durch den Täter der Steuerhinterziehung beim „Angestifteten" hervorgerufen.

Auch die Situation des Anstifters ist ähnlich.[157] Sowohl bei der Anstiftung nach § 26 StGB als auch bei der Manipulation der Fremdanzeigelage will der Anstifter den Taterfolg herbeiführen, benötigt dazu aber, aus welchen Gründen auch immer, eine andere Person, die die Tat ausführen soll.

Allerdings ist die Interessenlage beim Angestifteten in den beiden Fällen nicht vergleichbar.

Das ergibt sich daraus, dass die Norm des § 26 StGB keine strafrechtlichen Auswirkungen auf den Angestifteten hat, da dieser sich bereits selbst strafbar gemacht hat.[158] Bei der Manipulation der Anzeigelage löst der Steuerhinterzieher aber zugleich die Anzeigepflicht aus § 153 AO und damit eine Gegenmoti-

---

153 *Krey*, Deutsches Strafrecht, Allgemeiner Teil, Band 1, Rn. 85, 105; *Schmidt-Assmann* in Maunz/Düring, GG, Art. 103 II Rn. 233; *Rüping* in Dolzer/Vogel/Graßhof (Hrsg.), BK, Art. 103 II Rn. 76; S/S-*Eser*, StGB, § 1 Rn. 34, der aber Zurückhaltung bei analoger Anwendung von Verfahrensrecht empfiehlt.

154 S/S-*Eser*, StGB, § 1 Rn. 34; *Jescheck/Weigend* AT S. 136.

155 *Grötsch* Stbg 1998, 559 (561).

156 *Grötsch* Stbg 1998, 559 (561 Fn. 16).

157 So auch *Boelsen*, § 371 Abs. 4 AO, S. 124 f.

158 So auch *Boelsen*, § 371 Abs. 4 AO, S. 127; *Daude*, Drittanzeige, S. 123.

vationslage für den Beauftragten aus.[159] Im Unterschied zum Angestifteten droht dem zur Herbeiführung der Fremdanzeige Beauftragten die Strafverfolgung, sollte er seiner Anzeigepflicht aus § 153 AO nicht nachkommen. Aufgrund dieser unterschiedlichen psychologischen Lage des Angestifteten sind die Grundlagen beider Normen also äußerst verschieden.[160]

Zwar könnte eingewendet werden, dass sich eine psychologische Zwangssituation bei dem „Angestifteten" aufgrund des kollusiven Zusammenwirkens bzw. der Beauftragung gar nicht ergebe.

Da es sich hierbei allerdings um ein subjektives Element handelt, kann eine Gegenmotivationslage nicht zweifelsfrei ausgeschlossen werden.[161] So liegt es auch in dem hier dargestellten Fall, in dem G 2 einen neuen Geschäftsführer (G 3) während der Außenprüfung einstellt und dieser auf Anweisung des G 2 Fremdanzeige erstattet. Es ist zumindest nicht auszuschließen, dass G 3 die Anzeige aufgrund seiner Pflicht aus § 153 AO und der damit verbundenen Strafandrohung und nicht aufgrund des Auftrags von G 2 erstattet. Im Unterschied dazu ist bei der Anstiftung nach § 26 StGB die Durchführung einer vorsätzlichen rechtswidrigen Haupttat aufgrund einer rechtlichen Verpflichtung undenkbar.

Somit kann die Auslösung des Strafverfolgungshindernisses nicht durch die analoge Anwendung des § 26 StGB verhindert werden.

f) Mittelbare Beauftragung zur Selbstanzeige, § 164 BGB

Möglicherweise bedarf es für eine Begrenzung der Manipulationsmöglichkeiten aber gar keiner strafrechtlichen Grundlage.

Wie bereits festgestellt wurde, ist in der Fremdanzeigerstattung im Auftrag eines Dritten zugleich ein Handeln in verdeckter Stellvertretung enthalten.[162] In der Herbeiführung der Fremdanzeigelage durch die Bestellung einer Person i.S.d. §§ 34, 35 AO ist eine mittelbare Beauftragung zur Erstattung der Selbstanzeige gemäß § 370 Abs. 1 AO zu sehen. Somit liegt eine wirksame Selbstanzeige vor. Zwar sind an sich zugleich die Voraussetzungen einer Fremdanzeige gegeben. Da hier allerdings tatsächlich allein die Erstattung einer Selbstanzeige gewollt war, müssen die Wirkungen der Fremdanzeige hinter denjenigen der Selbstanzeige zurücktreten. Dem Auftraggeber ist die Fremdanzeige somit als Selbstanzeige nach §§ 164, 166 Abs. 2 BGB zuzurechnen. Sollte der Anzeigeerstatter hier nicht nur aufgrund des Auftrags, sondern auch aufgrund seiner Pflicht

---

159 So auch *Boelsen*, § 371 Abs. 4 AO, S. 128; *Daude*, Drittanzeige, S. 123; *Samson* wistra 1990, 245 (251); vgl. *Grötsch* Stbg 1998, 559 (561 f.).

160 So auch *Boelsen*, § 371 Abs. 4 AO, S. 128.

161 So auch *Boelsen*, § 371 Abs. 4 AO, S. 128; *Daude*, Drittanzeige, S. 123.

162 Siehe Teil 3 C) II. 7. e).

aus § 153 AO die Anzeige abgegeben haben, so kann sich der Auftraggeber entsprechend § 166 Abs. 2 BGB darauf jedenfalls nicht berufen, da er selbst die tatsächlichen Umstände und Beweggründe für die manipulatorische Ausweitung der Strafbefreiung aus § 371 AO kannte.

Zwar könnte auch hier eingewendet werden, dass bei dem Anzeigeerstatter Gegenmotivationen entstehen könnten, die dem fiskalischen Sinn und Zweck der Fremdanzeige entgegenstünden.

Eine solche Argumentation würde aber dazu führen, dass die Umgehung der Selbstanzeige mit der Berufung auf den fiskalischen Sinn und Zweck der Fremdanzeige gefördert würde. Mit anderen Worten: Durch die manipulatorische Herbeiführung der Fremdanzeigelage würde die Selbstanzeige bewusst mit der Begründung unterlaufen, dass der fiskalische Sinn und Zweck der Fremdanzeige gewahrt werden müsse. Wie bereits untersucht, dient die Fremdanzeige aber nicht ausschließlich fiskalischen Interessen. Daneben bleibt § 371 Abs. 4 AO immer auch eine Norm des materiellen Strafrechts, welche grundsätzlich der Strafverfolgung und nicht der Strafbefreiung dient. Die Systematik innerhalb des § 371 AO bietet einen sinnvollen Ausgleich von Anreiz und Druck, wodurch die fiskalischen Interessen innerhalb der strafrechtlichen Grenzen durchgesetzt werden können.[163] Würde man die Manipulation der Fremdanzeigelage unter Berufung auf die fiskalische Zielsetzung zulassen, würde man die strafrechtlichen Grenzen unterlaufen, die sich aus der Systematik des § 371 AO ergeben.

Allenfalls kann dieser Lösung entgegengehalten werden, dass sie einen Vorrang der Selbstanzeige vor der Fremdanzeige voraussetzt, welcher nicht ausdrücklich im Gesetz normiert ist.[164] Allerdings deutet sich ein Vorrang der Selbstanzeige aus dem systematischen Zusammenhang der Selbst- und der Fremdanzeige an. Die Fremdanzeige ist als Absatz 4 des § 371 AO der Selbstanzeige „örtlich" nachgeordnet und durch § 371 Abs. 4 S. 2, Abs. 3. AO inhaltlich mit der Selbstanzeige verbunden, wodurch angezeigt wird, dass ein Unterlaufen der Selbstanzeige vom Gesetzgeber wohl nicht gewollt ist.[165]

Somit ist die Erstattung einer Fremdanzeige durch eine durch den Täter der Steuerhinterziehung beauftragte Person als eine in verdeckter Stellvertretung abgegebene Selbstanzeige zu werten, die dem Täter der Steuerhinterziehung zuzurechnen ist. Eine das Strafverfolgungshindernis auslösende Fremdanzeige ist durch eine Manipulation der Anzeigelage nicht möglich.

163 Siehe bereits Teil 1: B) IV.

164 Vgl. *Daude*, Drittanzeige, S. 124.

165 Im Ergebnis wohl auch *Joecks* in Franzen/Gast/Joecks, § 371 Rn. 230.

8. Ergebnis

Die manipulatorisch herbeigeführte Fremdanzeige ist dem Dritten als Selbstanzeige zuzurechnen.

Durch diese Möglichkeit wird verhindert, dass der Täter einer Steuerhinterziehung, für den eine Selbstanzeige bereits ausgeschlossen ist, durch eine geschickte Gestaltung dennoch ein Strafverfolgungshindernis zu seinen Gunsten herbeiführen kann. Durch diese Einschränkungsmöglichkeit wird auch eine Gleichbehandlung der Begünstigten bei einer Selbstanzeige und einer Fremdanzeige erreicht.

Eine inhaltliche Gesetzesänderung ist somit nicht erforderlich. Eine Klarstellung des Regelungsumfanges des § 371 Abs. 4 AO durch den Gesetzgeber wäre allerdings wünschenswert.

Die Norm des § 371 Abs. 4 S. 1 AO könnte beispielsweise wie folgt neu formuliert werden:

„Wird die in § 153 vorgesehene Anzeige rechtzeitig und ordnungsgemäß erstattet, so wird ein Dritter, der die in § 153 bezeichneten Erklärungen abzugeben unterlassen oder unrichtig oder unvollständig abgegeben hat, *in den Fällen des § 370* strafrechtlich nicht verfolgt, es sei denn, dass ihm oder seinem Vertreter vorher die Einleitung eines Straf- oder Bußgeldverfahrens wegen der Tat bekannt gegeben worden ist *oder dass der Dritte eine andere Person mit der Erstattung der Anzeige aus § 153 beauftragt hat, nachdem ein Amtsträger der Finanzbehörde zur steuerlichen Prüfung oder zur Ermittlung einer Steuerstraftat oder einer Steuerordnungswidrigkeit erschienen ist oder nachdem die Tat ganz oder zum Teil entdeckt war und der Täter dies wusste oder bei verständiger Würdigung der Sachlage damit rechnen musste.*“

Ergebnisse der Untersuchung

Die Untersuchung hat gezeigt, dass sich die Fremdanzeige systematisch weder den strafrechtlichen Normen des Rücktritts noch der tätigen Reue, der Schadenswiedergutmachung oder der zeitlich begrenzten Steueramnestie zuordnen lässt.

§ 371 Abs. 4 AO beruht auf fiskalischen und strafrechtlichen Motiven und muss als Ergebnis eines komplizierten Interessenausgleichs und damit eines gesetzgeberischen Kompromisses verstanden werden.

Grundsätzlich ist die Fremdanzeige im Sinne der Aufdeckung von bisher verborgenen Steuerquellen auszulegen. Grenzen bestehen aber dort, wo die Fassung des § 371 Abs. 4 AO der Berücksichtigung von strafrechtlichen Grundsätzen und Wertungsrichtlinien Raum lässt. Fiskalische Zielsetzungen müssen also immer dort zurücktreten, wo ihre Durchsetzung mit strafrechtlichen Grundsätzen und der Gesetzessystematik des § 371 AO unvereinbar ist.

Für das Auslösen des Strafverfolgungshindernisses aus § 371 Abs. 4 AO ist lediglich die Anzeige des Mangels, nicht aber dessen Richtigstellung erforderlich.

§ 371 Abs. 4 AO darf nicht im Wege der Analogie auf solche Fälle erweitert werden, in denen sich der Anzeigepflichtige ebenfalls in Konfliktsituationen befinden kann. Das gilt namentlich für eine Anzeige durch einen bevollmächtigten Steuerberater und für die Erstattung einer Selbstanzeige nach Ablauf der Berichtigungsmöglichkeit aus § 153 AO sowie für die Abgabe der Ursprungserklärung gemäß § 149 AO durch den aus § 153 AO Verpflichteten, dessen Abgabe der Vorgänger pflichtwidrig unterlassen hat.

Der durch die Fremdanzeige begünstigte „Dritte" ist nur derjenige, der seine Anzeigepflicht aus § 153 AO verletzt hat. Nicht erfasst wird der Verursacher der fehlerhaften Ursprungserklärung.

Das Strafverfolgungshindernis schließt nicht die Strafverfolgung der gesamten prozessualen Tat, sondern lediglich die Verfolgung der begangenen Steuerhinterziehung aus. Hinsichtlich der mitverwirklichten Straftaten kommt aber § 46 a Nr. 2 und ggf. auch Nr. 1 StGB zur Anwendung.

Durch die hier vertretene restriktive Auslegung des § 371 Abs. 4 AO wird die Schaffung von Manipulationslagen erheblich begrenzt. Die noch vorhandenen „Gestaltungsmöglichkeiten" können durch die Zurechenbarkeit der manipulatorisch herbeigeführten Fremdanzeige als Selbstanzeige eingeschränkt werden, so dass ein Unterlaufen der Selbstanzeigeregelungen unmöglich ist.

Überdenkt man die Ergebnisse der vorliegenden Untersuchung, so lässt sich feststellen, dass die restriktive Auslegung des § 371 Abs. 4 AO eine Gleichbehandlung der Begünstigten bei der Selbst- und bei der Fremdanzeige ermöglicht und damit eine gerechte und zufrieden stellende Lösung bietet. Eine Klarstellung des Regelungsumfanges des § 371 Abs. 4 AO im Gesetzeswortlaut wäre allerdings im Hinblick auf die Rechtsklarheit und Rechtssicherheit wünschenswert.

Literaturverzeichnis

Achenbach, Hans: Der BGH zu den Strafbarkeitskriterien des nachträglich bösgläubigen Steuerberaters – Klärungen und offene Fragen, Stbg 1996, 299 – 304.

App, Michael: Anzeigepflicht gemäß § 153 Abs. 1 Nr. 1 AO von Einkünften des Ehegatten nach Zusammenveranlagung?, BB 1987, 1444.

Aselmann, Maike: Die Selbstbelastungsfreiheit im Steuerrecht im Lichte der aktuellen Rechtsprechung des Bundesgerichtshofs, NStZ 2003, 71 – 75.

Bäckermann, Fritz/van Helden, Wolf: Steuerstraftaten und Steuerordnungswidrigkeiten mit Verfahrens-recht, Heidelberg, Hamburg 1979.

Bannenberg, Britta: Wiedergutmachung in der Strafrechtspraxis: Eine empirisch-kriminologische Untersuchung von Täter-Opfer-Ausgleichs-projekten in der Bundesrepublik Deutschland, Bonn 1993.

Becker, Enno: Die Reichsabgabenordnung vom 13. Dezember 1919 nebst Ausführungsverordnungen; Erläuterte Handausgabe, 1. Aufl., Berlin 1922.

Becker, Enno/Riewald, Alfred/Koch, Karl: Reichsabgabenordnung mit Nebengesetzen, Band II, §§ 160 – 277 Reichsabgabenordnung, 9. Aufl., Köln, Berlin, Bonn, München 1965.

Bilsdorfer, Peter: Der Nachzahlungspflichtige bei Steuerverkürzungen, BB 1981, 490 – 493.

–: Aktuelle Probleme der Selbstanzeige, wistra 1984, 93 – 96.

–: Aktuelle Tendenzen des Steuerstrafrechts, DStZ 1985, 184 – 191.

–: Die Entwicklung des Steuerstraf- und ordnungswidrigkeitenrechts, NJW 1985, 2997 – 3001.

–: Anmerkung zu OLG Stuttgart, Beschluss vom 31.1.1996 – 1 Ws 1/96, WiB 1996, 961.

Bittmann, Folker/Rudolph, Carolin: Das Verwendungsverbot gemäß § 97 Abs. 1 S. 3 InsO, wistra 2001, 81 – 85.

Blesinger, Karl: Zur Anwendung des Täter-Opfer-Ausgleichs nach § 46 a StGB im Steuerstrafrecht, wistra 1996, 90 – 91.

Boelsen, Thies: Die Regelung des § 371 Abs. 4 der Abgabenordnung 1977, Frankfurt am Main, Berlin, Bern, New York, Paris, Wien 1994.

Bornheim, Wolfgang: Taktische Möglichkeit der Fremdanzeige und des Täter-Opfer-Ausgleichs, PStr 1999, 94 – 99.

Bornheim, Wolfgang/Birkenstock, Reinhard: Steuerfahndung – Steuerstrafverteidigung, Herne, Berlin 1998.
Boujong, Karlheinz (Hrsg.) : Karlsruher Kommentar zum Gesetz über Ordnungswidrigkeiten, 2. Aufl., München 2000. (zitiert: KK-OWiG-Bearbeiter).
Braun, Rainer: Steuerrechtliche Aspekte der Konkurseröffnung, Bergisch Gladbach, Köln 1987.
Brauns, Uwe: Die Auslegung des § 371 AO im Spannungsfeld strafrechtlicher und steuerpolitischer Zielsetzungen, wistra 1985, 171 – 179.
–: Zur Anwendbarkeit des § 46 a StGB im Steuerstrafrecht, – zugleich Erwiderung auf Blesinger, wistra 1996, 90 und Besprechung des Beschlusses des BayObLG vom 28.2.1996 – 4 StRR 33/96 – wistra 1996, 152 –, wistra 1996, 214 – 219.
Brenner, Karl: Von der Strafbarkeit des steuerlichen Garanten (§ 153 AO), DRiZ 1981, 412 – 415.
–: Muß der Steuerberater die Steuererklärung berichtigen, wenn er zugunsten seines Mandanten Steuern verkürzt hat?, BB 1987, 1856 – 1860.
von Briel, Olaf: Anmerkung zu BayObLG, Beschluss v. 28.2.1996, NStZ 1997, 33 – 34.
Bruns, H.-J.: Zur strafrechtlichen Relevanz des gesetzesumgehenden Täterverhaltens – Über das Verhältnis der „Rechtsfigur der Gesetzesumgehung" zu den Grundprinzipien des Art 103 II GG –, GA 1986, 1 – 33.
Burkhard, Jörg: Straffreiheit bei Selbstanzeige durch Dritte (sog. Drittanzeige)? – Besprechung von AG Kassel, Urt. V. 13.12.2000 561/503 Js 12195/00 272 Cs –, StBp 2003, 15 – 20.
–: Sinnhaftigkeit und Probleme des Gesetzes über die strafbefreiende Erklärung, StB 2003, 371 – 376.
Daude, Tanja: Die strafbefreiende Drittanzeige gemäß § 371 Abs. 4 AO, Göttingen 2001.
Dierlamm, Alfred: Anmerkung zu BGH, Urt. v. 18.11.1999 – 4 StR 435/99 (LG Schwerin) – NStZ 2000, 205 –, NStZ 2000, 536 – 537.
Dolzer, Rudolf/Vogel, Klaus/Graßhof, Karin: Bonner Kommentar zum Grundgesetz, Band 8: Art. 89 – 104; Stand: 111. Lieferung, Stand: Mai 2004. (zitiert: Bearbeiter in Dolzer/Vogel/Graßhof (Hrsg.), BK).
Dörn, Harald: Steuerstraf- oder bußgeldrechtliche Verantwortlichkeit des Steuerberaters, StB 1998, 157 – 160.
–: Nichtabgabe von Steuererklärungen – Zugleich Anmerkung zum Urteil des Hanseatischen Oberlandesgerichts v. 2.6.1992 – 1 Ss 119/91 –, wistra 1993, 241 – 248.
–: Leichtfertige Steuerverkürzung (§ 378 AO) und leichtfertiger Subventionsbetrug (§ 264 Abs. 1, Abs. 3 StGB) durch den Steuer-berater – Zu-

gleich Anmerkung zum Beschluss des BayObLG v. 9.11.1993 –, 4 St RR 54/93 –, wistra 1994, 215 – 219.
–: Anwendung der §§ 379, 380 AO auch bei Selbstanzeigen gemäß §§ 371, 378 Abs. 3 AO, wistra 1995, 7 – 10.
–: Anmerkung zu AG Bremen, Beschluss vom 17. Februar 1998 – 84 b Ds 860 Js 22051/97 –; LG Bremen, Beschluss vom 26. Juni 1998 – 42 Qs 84 b Ds 860 Js 22051/97 –, Stbg 1998, 562 – 563.
–: Unterrichtung der Dienstvorgesetzten über Steuerhinterziehungen von Beamten und Richtern, DStZ 2001, 77 – 80.
Dumke, Wolfgang: Zur Nachentrichtungspflicht für hinterzogene Steuern bei der strafbefreienden Selbstanzeige, BB 1981, 117 – 118.
Ebling, Klaus: Blümich EStG – KStG – GewStG – Kommentar, Band 3: §§ 25 – 29 EStG, Loseblattsammlung, München, 82. Lieferung, Stand: April 2004. (zitiert: Bearbeiter in Blümich).
Ehlers, Hans/Lohmeyer, Heinz: Steuerstraf- und Steuerordnungswidrigkeitenrecht einschließlich Verfahrensrecht, 4. Aufl., Stuttgart 1969.
Flore, Ingo/Dörn, Harald/Gillmeister/Ferdinan: Steuerfahndung und Steuerstrafverfahren, 2. Aufl., Neuwied, Kriftel, Luchterhand 1999.
Franzen, Klaus: Selbstanzeige und Nachzahlung fremder Steuern (§ 371 Abs. 3 AO), DStR 1983, 323 – 326.
Franzen, Klaus /Gast-De Haan /Joecks, Wolfgang: Steuerstrafrecht mit Steuerordnungswidrigkeiten und Verfahrens-recht, Kommentar §§ 369 – 412 AO Verfahrensrecht, § 32 ZollVG, 5. Aufl., München 2001. (zitiert: Bearbeiter in Franzen/Gast/Joecks).
Frotscher, Gerrit: Besteuerung bei Insolvenz, 5. Aufl., Heidelberg 2000.
Füllsack, Markus: Zusammenspiel von Selbstanzeige (§ 371 Abs. 1 AO) und strafbefreiender Fremdanzeige (§ 371 Abs. 4 AO) – Zugleich Anmerkung zu OLG Stuttgart wistra 1996, Seite 190 ff.-, wistra 1997, 285 – 291.
Gehre, Horst: Steuerberatungsgesetz mit Durchführungsverordnungen, Kommentar, 4. Aufl., München 1999.
Grote, Jens: Steuerhinterziehung außerhalb des Festsetzungsverfahrens und im Mineralölsteuerverfahren, Frankfurt am Main, Bern, New York, Paris 1989.
Grötsch, Andreas: Erlangung von Straffreiheit trotz Beteiligung an einer Steuerhinterziehung, Stbg 1998, 559 – 562.
Grunst, Bettina: Steuerhinterziehung durch Unterlassen, Frankfurt am Main, Berlin, Bern, New York, Paris, Wien 1996.
Harms, Monika/Jäger, Markus: Aus der Rechtsprechung des BGH zum Steuerstrafrecht – 2001/2002, NStZ 2002, 244 – 252.
Häsemeyer, Ludwig: Insolvenzrecht, 3. Aufl., Köln, Berlin, Bonn, München 2003.

Heerspink, Frank: Täter-Opfer-Ausgleich ohne Opfer?, Zur Anwendbarkeit des § 46 a StGB im Steuerstrafrecht, Dissertation Bonn, 2002.

Hellmann, Uwe: Anmerkung zu BGH, Beschluss v. 23.1.2002 – 5 StR 540/01 (LG Paderborn), JZ 2002, 617 – 620.

Hübschmann, Walter /Hepp, Ernst/Spitaler, Armin: Kommentar zur Abgabenordnung und Finanzgerichtsordnung, Loseblattausgabe, 10. Aufl., Köln 1995, Stand: Oktober 2004. (zitiert: Bearbeiter in H/H/S).

Jähnke, Burkhard/Laufhütte, Heinrich W./Odersky, Walter: Strafgesetzbuch, Leipziger Kommentar, Großkommentar, 11. Aufl.1992 ff., 34.; 45. Lieferung, Berlin 2000. (zitiert: LK-Bearbeiter).

Jarke, Annette: Strafbefreiende Drittanzeige nach § 371 Abs. 4 AO bei vorsätzlich falscher Steuererklärung? – Eine Anmerkung zu den Beschlüssen des OLG Stuttgart vom 31.1.96 sowie das AG Bremen vom 17. 2. 98 bzw. LG Bremen vom 26.6.98 –, wistra 1999, 286 – 290.

Jescheck, Hans Heinrich/Weigend, Thomas: Lehrbuch des Strafrechts, Allgemeiner Teil, 5. Aufl., Berlin 1996. (zitiert: Jescheck/Weigend, AT).

Joecks, Wolfgang: Der nemo-tenetur-Grundsatz und das Steuerstrafrecht, in: Festschrift für Günter Kohlmann, Köln 2003.

Joecks, Wolfgang/Randt, Karsten: Steueramnestie 2004/2005, München 2004.

Kaligin, Thomas: Strafbefreiungserklärungsgesetz – StraBEG, Praktikerkommentar, Stuttgart 2004.

Kapp, Reinhard/Ebeling, Jürgen: Erbschaftsteuer- und Schenkungsteuergesetz Kommentar, Lose-blattsammlung, 12. Aufl., Köln 2000, 45. Lieferung, Stand: Juni 2004. (zitiert: Kapp/Ebeling).

Klawitter, Tim: Der Täter-Opfer-Ausgleich (§ 46 a StGB) im Steuerstrafverfahren, DStZ 1996, 553 – 555.

Klein, Franz: Abgabenordnung – einschließlich Steuerstrafrecht –, 8. Aufl., München 2003. (zitiert: Klein/Bearbeiter).

Klengel, Jürgen D. W.: Das Strafbefreiungserklärungsgesetz – Stolpersteine auf der Brücke in die Steuerehrlichkeit, BB 2003, 2094 – 2098.

Koch, Karl/Scholtz, Rolf-Detlev: Abgabenordnung AO-Kommentar, 5. Aufl., Köln, Berlin, Bonn, München 1996. (zitiert: Bearbeiter in Koch/Scholtz).

Kohlmann, Günter: Steuerstrafrecht in der Bewährung, wistra 1982, 2 – 8.

–: Steuerstrafrecht mit Ordnungswidrigkeitenrecht einschließlich Verfahrensrecht, Kommentar zu den §§ 369 – 412 AO 1977, 7. Aufl., Köln 1997, 31. Lieferung; Stand: Juli 2003. (zitiert: Kohlmann).

Kottke, Klaus: Zum Verhältnis von Selbstanzeige und Steuererklärungs-Berichtigungspflicht, DStR 1996, 1350 – 1353.

–: Täter-Opfer-Ausgleich nach § 46 a StGB für Steuerhinterzieher?, DB 1997, 549 – 551.

–: Verhältnis der Selbstanzeige bei Steuerhinterziehung zum Rücktritt vom Versuch, DStZ 1998, 151 – 153.

Kretschmar, Lutz: Steuerhinterziehung bei Übereignung von Pfandgut?, DStZ 1982, 304 – 306.

Krey, Volker: Deutsches Strafrecht, Allgemeiner Teil, Band 1, Stuttgart, Berlin, Köln, 2001.

Kühn, Rolf/Hofmann, Ruth: Abgabenordnung, Finanzgerichtsordnung, Nebengesetze, 17. Aufl., Stuttgart 1995. (zitiert: Kühn/Hofmann).

Lackner, Karl/Kühl, Kristian: Strafgesetzbuch mit Erläuterungen, 24. Aufl., München 2004. (zitiert: Lackner/Kühl).

Leise, Horst/Dietz, Gottfried/Cratz, Egon/Rolletschke, Stefan/Kemper, Martin: Steuerverfehlungen, Kommentar zum Steuerstrafrecht, 74. Aktualisierung, Stand: Dezember 2003, München 2003. (zitiert: Bearbeiter in Leise/Dietz/ Cratz).

Lenckner, Theodor/Schumann, Heribert/Winkelbauer, Wolfgang: Grund und Grenzen der strafrechtlichen Selbstanzeige im Steuerrecht und das Wiederaufleben der Berichtigungsmöglichkeit im Fall der Außenprüfung, wistra 1983, S. 123 -128.

List, Heinrich: Die Selbstanzeige im Steuerstrafrecht, Dissertation München 1961.

Löffler, Christian: Grund und Grenzen der steuerstrafrechtlichen Selbstanzeige, Über die strafrechtliche Erklärung des § 371 AO, Baden-Baden 1992.

Lohmeyer, Heinz: Erstattung von Selbstanzeige durch Bevollmächtigte, DStR 1964, 446 – 449.

–: Die Berichtigung von Erklärungen nach § 153 AO, DStZ 1978, 366 – 369.

Marschall, Paul O.: Die Selbstanzeige im Umfeld steuerlicher Beratung (Teil II), BB 1998, 2553 – 2563.

Maunz, Theodor/Dürig, Günter: Grundgesetz Kommentar, Loseblattwerk, Band I, Art. 6 – 11, Band V, Art. 89 -146, 8. Aufl., München 2003, Stand: Februar 2003. (zitiert: Bearbeiter in Maunz/Dürig).

Meier, Bernd-Dieter: Konstruktive Tatverarbeitung im Strafrecht – Bestandsaufnahme und Reformperspektiven –, GA 1999, 1 – 20.

Meine, Hans-Gerd: Die Nachzahlungspflicht des GmbH-Geschäftsführers bei der Selbstanzeige einer Steuerstraftat nach altem und neuem Recht, wistra 1983, 59 – 63.

Meyer-Goßner, Lutz: Strafprozessordnung, Gerichtsverfassungsgesetz, Nebengesetze und ergänzende Bestimmungen, 47. Aufl., München 2004. (zitiert: Meyer-Goßner).

Möller, Markus H. G.: Die Berichtigungspflicht nach § 153 Abs. 1 AO und die strafrechtlichen Folgen einer Pflichtverletzung, Frankfurt am Main; Berlin; Bern; New York; Paris; Wien 1996.

Pfaff, Paul: Handbuch der Rechtsprechung zum Steuer-(Zoll-)straf- und ordnungswidrigkeitenrecht mit Verfahrensfragen, Herne, Berlin 1974.

–: Kommentar zur steuerlichen Selbstanzeige, 1. Aufl.; Berlin 1977.

–: Steuerzuwiderhandlungen und Wirtschaftskriminalität mit Verfahrensfragen, Berlin 1979.

–: Straf- und Bußgeldfreiheit bei Steuerzuwiderhandlungen, DStZ 1982, 361 – 366.

–: Aktuelle Fragen aus der Praxis der Außenprüfung, StBp 1983, 113 – 117.

Pfeiffer, Gerd (Hrsg.): Karlsruher Kommentar zur Strafprozessordnung und zum Gerichtsverfassungsgesetz mit Einführungsgesetz, 5. Aufl., München 2003. (zitiert: Bearbeiter in KK).

Quedenfeld, Dietrich/Füllsack, Markus: Verteidigung in Steuerstrafsachen, Heidelberg 1995.

Reiß, Wolfram: Anmerkung zu BGH, Urt. v. 4.7.1979 – StR 130/79, NJW 1980, 1291 – 1292.

Riegel, Ralf/Kruse, Harald: Strafbefreiende Selbstanzeige nach § 371 AO durch Bank-mitarbeiter, NStZ 1999, 325 – 329.

Rogall, Klaus: Das Verwendungsverbot des § 393 II AO, in: Festschrift für Günter Kohlmann, Köln 2003.

Rolletschke, Stefan: Steuerlicher Berater als Täter einer leichtfertigen Steuerverkürzung, – Eine Anmerkung zum Urteil des BFH vom 19.12.2002 – IV R 37/01, wistra 2002, 312 –, wistra 2004, 49 – 52.

Roxin, Claus: Über den Rücktritt vom unbeendeten Versuch, in: Festschrift für Ernst Heinitz, Berlin 1972.

Rudolphi, Hans-Joachim: Literaturbericht, Strafrecht – Allgemeiner Teil –, ZStW 85 (1973), 104 – 127.

Rüping, Hinrich/Kopp, Thomas: Steuerrechtliche Mitwirkungspflichten und strafrechtlicher Schutz vor Selbstbelastung, NStZ 1997, 530 – 534.

Samson, Erich: Steuerhinterziehung, nemo tenetur und Selbstanzeige – eine Dokumentation, wistra 1988, 130 – 136.

–: Strafbefreiende Fremdanzeige (§ 371 Abs. 4 AO) und Berichtigungspflicht (§ 153 Abs. 1 AO), wistra 1990, 245 – 251.

Schabel, Bernhard: Erneut: Zur Anwendbarkeit des § 46a StGB im Steuerstrafrecht, – Zugleich eine Stellungnahme zu Brauns, wistra 1996, 214 –, wistra 1997, 201 – 206.

Schick, Walter: Die Steuererklärung, StuW 1988, 301 – 334.

Schmitz, Alexandra: Aktueller Leitfaden zur Selbstanzeige bei Steuerhinterziehung unter Berücksichtigung neuester Rechtsprechung und Literatur, DStR 2001, 1821 – 1826.

Schönke, Adolf/Schröder, Horst: Strafgesetzbuch, Kommentar, 26. Aufl., München 2001. (zitiert: S/S-Bearbeiter).

Schuhmann, Helmut: Berichtigung von Erklärungen (§ 153 AO) und Selbstanzeige, wistra 1994, 45 – 48.

Schwarz, Bernhard: Kommentar zur Abgabenordnung, Loseblattwerk, 11. Aufl., Freiburg 1998 ff., Stand: November 2003. (zitiert: Bearbeiter in Schwarz).

Schwedhelm, Rolf/Spatscheck, Rainer: Täter-Opfer-Ausgleich und Schadenswiedergutmachung im Steuer-strafrecht, DStR 1995, 1449 – 1451.

Simon, H. Eberhard/Vogelberg, Claus-Arnold: Steuerstrafrecht, Stuttgart 2000.

Stöckl, Heinz: Bekämpfung der Gesetzesumgehung mit Mitteln des Strafrechts, ZRP 1977, 134 – 137.

Streck, Michael: Praxis der Selbstanzeige,DStR 1985, 9 – 13.

–: Die Steuerfahndung, 3. Aufl., Köln 1996.

Suhr, Gerhard/Naumann, Axel/Bilsdorfer, Peter: Steuerstrafrecht – Kommentar zu §§ 369 – 412 AO, 4. Aufl., Herne, Berlin 1986. (zitiert: Suhr/Naumann/ Bilsdorfer).

Teichner, Karl: Nacherklärungspflicht des Konkursverwalters im Besteuerungsverfahren?, NJW 1968, 688 – 689.

Theil, Clemens: Probleme beim Umgang mit der Selbstanzeige in der Praxis, BB 1983, 1274 – 1279.

Tipke, KlausLang, Joachim: Steuerrecht, 17. Aufl., Köln 2002.

Tipke, Klaus/Kruse, Heinrich-Wilhelm: Abgabenordnung – Finanzgerichtsordnung – Kommentar zur AO und FGO (ohne Steuerstrafrecht); Loseblattwerk; 16. Aufl., Köln 1996, Stand: August 2004. (zitiert: Tipke/Kruse).

Tröndle, Herbert/Fischer, Thomas: Strafgesetzbuch und Nebengesetze, 52. Aufl., München 2004. (zitiert: Tröndle/Fischer).

Wassmann, Hans Jörg: Die Selbstanzeige im Steuerrecht, Kommentar zu § 371 AO mit Rechtsprechungsanhang, Stuttgart, München, Hannover, Berlin, Boorberg 1991.

Weinreuter, Uwe: Selbstanzeige und Fremdanzeige im Steuerrecht, DStZ 2000, 398 – 410.

Wenzig, Herbert: Die Mitwirkungspflicht des Steuerpflichtigen und ihre Grenzen, DStZ 1986, 375 – 382.

Weyand, Raimund: Korrektur von Steuererklärungen nach § 153 AO, NWB, Fach 2, 5259 – 5262.

Woring, Siegbert: Täter-Opfer-Ausgleich im Steuerstrafrecht?, DStZ 1996, 459 – 461.